Schriftenreihe zur Praxis
der Leibeserziehung und des Sports

Band 157

Schriftenreihe zur Praxis
der Leibeserziehung und des Sports
Band 157

Dieter Niedlich / Arnd Krüger

# 200 neue Basketball-Drills

Verlag Hofmann
Schorndorf

Die Deutsche Bibliothek - CIP-Einheitsaufnahme

**200 neue Basketball-Drills /** Dieter Niedlich; Arnd Krüger. -
4., unveränd. Aufl. - Schorndorf: Hofmann, 2001
(Schriftenreihe zur Praxis der Leibeserziehung und des Sports; Bd. 157)
ISBN 3-7780-9573-0
NE: Niedlich, Dieter; Krüger, Arnd; Zweihundert neue Basketball-Drills; GT

Bestellnummer 9574



**4., unveränderte Auflage 2001**



Foto: Hendrik Deichmann

Erschienen als Band 157
der „Schriftenreihe zur Praxis der Leibeserziehung und des Sports"

Gesamtherstellung in der Hausdruckerei des Verlags
Printed in Germany · ISBN 3-7780-9573-0

# Inhalt

# Vorwort

*In einer Zeit von Drillen in einem Sportspiel zu sprechen, in der vielerorts lustbetonte Interaktion ohne systematische Übungswiederholung gefragt ist, erfordert, daß wir unser Verständnis von Sportspielen und der Notwendigkeit der systematischen Schulung von Übungsformen darlegen. Dies haben wir in den ersten beiden Kapiteln, jeder in seinem Schwerpunkt, verwirklicht.*
*Hieran schließen sich die 200 Drills an, die dem Buch den Namen gegeben haben. Wer die Drills nachzählt, wird feststellen, daß es ohne Übungsvariationen weniger als 200 und mit den Variationen weit mehr als 200 sind. Während des Entstehens des Buches haben wir Tausende von (vorwiegend amerikanischen) Drills gesichtet. Die hierbei entstandene, sehr umfangreiche Bibliographie wird an anderer Stelle veröffentlicht. Die interessantesten dieser Drills haben wir für dieses Buch ausgewählt.*
*Übungsformen eines komplexen Mannschaftsspiels zu systematisieren, wird nie vollständig gelingen. So stellt unsere Gliederung auch nur eine mögliche Variante der Strukturierung dar, die durch eine vierfache Möglichkeit der Auswahl dem Lehrer/Trainer eine Hilfestellung anbietet, ohne einen festen Lernweg vorzuprogrammieren.*
*Die hierarchische Handlungsstruktur des Sportspiels Basketball bedingt einen Aufbau von Grundlagen über Technik, Vortaktik zur Taktik. Dies wird in der Reihenfolge unserer Kapitel deutlich. In einem in Kürze in dieser Reihe erscheinenden zweiten Band (100 Basketball-Mannschafts-Drills) werden die Mannschaftsdrills als Taktikdrills besonders herausgestellt. Diese Trennung war einerseits aufgrund des Gesamtumfanges des Werkes erforderlich, andererseits bot sie sich insofern an, als bei den Taktik-Drills als Mannschaftsspielformen weniger als bei den individuellen Drills die Automatisierung von Einzelbewegungen im Vordergrund steht. Unter Einschluß des zweiten Bandes folgt die Reihenfolge der Kapitel der Handlungsstruktur.*
*Innerhalb eines jeden Kapitels sind die Drills vom Leichten zum Schweren geordnet, was jedoch nicht in jedem Fall bedeutet, daß die vorangegangenen Drills desselben Kapitels erfolgreich beherrscht sein müssen, um sich die nächsten vornehmen zu können.*
*Die Übungsvariationen eines jeden Drills stellen eine weitere Auswahlmöglichkeit dar. Die dynamische Verfügbarkeit einer komplexen sportmotorischen Fertigkeit erfordert, sie in unterschiedlichen Situationen zuvor verwendet zu haben. Während die durch Kapitel- und Drillnumerierung vorgegebenen Folgen hierarchischen Strukturen entsprechen, bewegen sich die Übungsvariationen meist auf demselben Komplexitätsniveau.*
*Die vierte Zugriffsmöglichkeit kann schließlich über die zu Beginn eines jeden Drills angegebene „Zielsetzung“ erfolgen. Hier hat der Lehrer/Trainer die Möglichkeit,*

*typische Defizite seiner Spieler bzw. seiner Mannschaftsteile und Mannschaft nach einer entsprechenden Analyse durch gezielt ausgewählte Drills auszugleichen.*
*Eine solche Gliederung ist auch bei uns nicht unumstritten gewesen. Jede analysierende Trennung in Teilelemente bedeutet eine Entfernung von der Struktur des Spiels. Beim Schulen erscheint eine Trennung von Angriff und Verteidigung sinnvoll. Im Spiel müssen aber beide ineinander übergehen. Die Elemente individueller Angriff, individuelle Verteidigung, Rebound und Fintieren nun aber zum Spiel 1—1 zusammenzufassen, würde dem pragmatischen Interesse des Buches widersprechen. Ähnliches gilt für alle herausgegriffenen Teilbereiche.*
*Die umfangreichen Arbeiten an dem Buch ließen sich nur durch die bereitwillige Mitarbeit vieler bewältigen, die vor allem beim Sichten, Übersetzen und Schreiben halfen. Unser Dank hierfür gebührt besonders*

Christiane ALBRECHT, Margarete BARTELS, Edelgard BERGEN, Meike KAUFHOLZ, Heike LÖSKE, Eva NOLTE und Armin SOWA.

*Unser ganz besonderer Dank gilt* Kurt NOLTE *für das Zeichnen der Abbildungen. Für evtl. Unstimmigkeiten sind jedoch allein die Autoren verantwortlich.*

Hamburg/Göttingen, Oktober 1982 DIE VERFASSER

DIETER NIEDLICH

# I. Spieltheoretische Überlegungen zur Konstruktion und Anwendung von Spiel- und Übungsformen im Sportspiel Basketball

## 1. Die Misere in der Sportspiel-Vermittlung

Die traditionellen Spieltheorien haben günstige Voraussetzungen geschaffen, daß sich die Spielerziehung — wie auch andere Bereiche der Erziehungstheorie — durch einen Mangel an Praxisrelevanz auszeichnet. Es ist daher nicht verwunderlich, daß viele wichtige Ergebnisse der osteuropäischen Forschung, insbesondere der DDR-Sportspielforschung, die viel mehr an der Praxis und ihren Bedingungsfaktoren orientiert sind, in der Bundesrepublik jahrelang unberücksichtigt geblieben sind. Viel bekannter wurde hier die US-amerikanische Methodikliteratur speziell zum Sportspiel Basketball. Diese wurde häufig unreflektiert übernommen, was nicht unproblematisch ist, da sie fast ausschließlich auf der Grundlage motorisch-kognitiver Lernziele aufgebaut ist und dem traditionell ausschließlich pragmatischen Interesse des Amerikaners an Lerntheorien entspricht. Dies hatte zur Folge, daß mit der Methodik auch gleich die amerikanischen Trainer und die englische Sprache mitübernommen wurden. Durch sachbezogenere Forschungen, speziell aus dem Bereich der Bewegungs- und Trainingsforschung (vgl. z. B. HAGEDORN/VOLPERT/SCHMIDT 1972), allerdings unter Berücksichtigung der bedingenden Faktoren von Schule und Verein, gilt es, besondere Voraussetzungen zu schaffen, um die Unzulänglichkeiten im praktisch-methodischen Bereich zu beheben, nämlich die Unfähigkeiten der Lehrenden und Lernenden, der Lehrer/Trainer und Spieler, den Stoff, hier das Sportspiel, zu strukturieren, elementarisieren und entsprechend zu vermitteln. Die Diskrepanz von Theorie und Praxis zeigt sich u. a. darin, daß Studenten und Studienreferendare, Übungsleiter und Trainer, nicht in der Lage sind, adäquate Übungsformen zu erstellen, Spielleistungen zu definieren, zu überprüfen und zu benoten. Für Innovationen im Sport ist es daher die Aufgabe, im Bereich der Sportspiele, die überlieferten Spieldefinitionen durch neue, in der Spiel-, Unterrichts- und Trainingspraxis überprüfbare, den Bedürfnissen und Interessen der Spielenden entsprechende Spieldefinitionen zu ersetzen.

Für die Spielforschung stellt sich zunächst die Aufgabe, die Grenzen und Möglichkeiten des Sportspiels selbst aufzudecken; es geht nicht so sehr um eine Analyse des Unterrichts, sondern primär um die Sachstruktur und die sich daraus ergebende Vermittlungslogik des Stoffes Sportspiel und den hieraus erwachsenen Konsequenzen für die Methodik.

## 2. Didaktische Entscheidungen im Sportspiel

Aus der Entscheidung für das Sportspiel geht zwingend die Forderung hervor, den Spielinteressenten durch das Spiel selbst zum Spiel zu motivieren und damit nach den Möglichkeiten dieses Spiels zu suchen. Hier wird deutlich, daß es nicht Intention der Sportspielerziehung sein kann, die Sportspiele im Interesse absoluter Lernziele zu opfern, vielmehr gilt es zunächst von den Inhalten her (vgl. BLANKERTZ 1972[6], 158) das Potential des Spiels zu sichten.

Wenn von Lernzielinhalten im Unterschied zu Lernzielen (erwünschten Qualifikationen nach Abschluß eines Lernprozesses) als der thematischen Angrenzung innerhalb des Sportunterrichts bzw. Trainings (vgl. BRETTSCHNEIDER 1976, 61) gesprochen wird, dann müssen in einer Analyse auch die spezifischen Merkmale einer Sportart sichtbar werden. Dies gilt hier einerseits in Abgrenzung zu den Individualsportarten, andererseits innerhalb der Sportspiele selbst, bei denen z. B. im motorischen Bereich der Unterschied zwischen dem Basketball- und Volleyballspiel grob durch Laufspiel bzw. Rückschlagspiel gekennzeichnet werden kann.

Ganz gleich, wie die didaktische Entscheidung ausfällt, es muß eine Vermittlung der Sportspiele auf der Grundlage der Bewegung erfolgen, es muß die Vermittlung von motorischen Fertigkeiten die Grundlage jeden Sportunterrichts bzw. Trainings bleiben. Ziel ist es, die motorischen Möglichkeiten so zu optimieren, daß in einem zweiten Schritt andere als nur motorische Lernziele überhaupt variabel verfügbar gemacht werden können.

Mit der Entscheidung für das Sportspiel ist also auch die Entscheidung für den Sport gefallen. Hier scheint die Gretchenfrage, nämlich die Frage nach der Sinngebung, schlechthin zu liegen. Wollen wir die Sportspielpraxis erreichen, ist es nötig, die bedingenden Faktoren der Spielwirklichkeit zu berücksichtigen. Beachtet werden muß daher die Tatsache, daß an die Sportspiele ganz bestimmte Erwartungen geknüpft sind und sie als Teil unserer Kultur auch einen hohen Bekanntheitsgrad erworben haben. Sportspiele als historisch entstandene Tätigkeiten sind stets im Zusammenhang mit ihrer, von den jeweiligen Gesellschaftsformen abhängigen Entwicklung zu interpretieren. Die Erfassung der Spielwirklichkeit darf daher nicht nur in der Gegenwart, sondern muß ebenso in ihrer Geschichte erfolgen. Für sinnvolle Innovationen im Sportspiel ist ein Verständnis für die Regelentwicklungen bedeutsam.

Wenn man heute von Sport spricht, muß man sagen, welchen Sport man meint (vgl. NEUMANN 1972, 1). So ist zu fragen, welche Sinngebung z. B. einflußreiche Spieldidaktiker dem Sport zuteilen und ob sie diesen überhaupt vermitteln wollen (vgl. DIETRICH/LANDAU 1974, 1977). Im Grunde liegt manchen nicht am Sportspiel mit seinen Zielen und Inhalten, sondern z. B. an Spontaneität oder Kreativität. Es wäre in der Tat folgenschwer, diese verborgene Zielsetzung nicht offenzulegen. Denn so wie manche Pädagogen den Sportlern vorwerfen, das angeblich einseitig leistungsorientierte Sportspiel einführen zu wollen, muß diesen Pädagogen entgegengehalten werden, daß sie das Wort Sportspiel zur Verhüllung anderer Ziele gebrauchen. Auch wenn diese angeben, das Sportspiel, z. B. das regelgerechte Basketball- oder

Fußballspiel als Ziel anzustreben, so steht dies nicht auf derselben Zielebene wie bei den Sportlern. Absicht der von uns dargestellten Spielerziehung, die für den Lehrer und Trainer gleichermaßen gilt, ist es, *Sport* zu vermitteln.

Das Sportspiel hat z. B. einen Freizeitwert als Lifetime-Sport. Durch eine klare Aussage dieser Spieldidaktiker über ihre Intentionen könnte eine Reihe von gravierenden Mißverständnissen ausgeräumt werden. Diese Autoren erfüllen nur bedingt den Anspruch, einen günstigen oder gar optimalen Weg zur Vermittlung des Sportspiels aufzuzeigen, da für sie der Prozeß des Spielens wichtiger ist, als erlerntes Sportspiel als Ergebnis. Es muß daher eine definitorische Abgrenzung des Sportspiels gegenüber „Spiel" erfolgen.

Mit der Entscheidung für das Sportspiel sind Lernzielentscheidungen implizit für einen umfangreichen Bereich kognitiver Lernziele gefallen, die bisher in der Bundesrepublik durch verzerrende Interpretation (auch vieler Trainer) bzw. durch Zweckentfremdung des Sportspiels fast völlig vernachlässigt wurden. Ein Spielkönnen im Sportspiel ist in großem Maße abhängig vom Stand der Kenntnisse (vgl. MAHLO 1965 u. 1966, 1974), vom bewußten, zielgerichteten Vorgehen (vgl. HAGEDORN u. a. 1972). Letztlich bedeutet die Entscheidung zum Sportspiel, sich in seinen didaktischen Zielsetzungen von Spielgedanken, den Grundregeln und von der Handlungsstruktur des betreffenden Spiels bestimmen zu lassen. Dies gilt nicht nur für den Lehrer, sondern ebenso für den sorgfältig planenden Trainer, der sich nicht nur auf seine praktischen Erfahrungen verlassen will. Selbst ein Trainer im Hochleistungsbereich muß sich, um eine hohe Leistung mit seiner Mannschaft zu erreichen, als Erzieher verstehen (vgl. WOODEN 1966).

Diskrepanzen in didaktisch-methodischen Positionen ergeben sich auch aus der Problematik der Inhalte des Sportspiels. Eine umfassende didaktische Analyse ist die Voraussetzung, um eine Rückkehr zur bildungstheoretischen Didaktik zu verhindern (vgl. BRETTSCHNEIDER 1975), d. h. es ist die Frage nach der didaktisch relevanten Struktur des Sportspiels auf den Zusammenhang von Lernziel und Inhalt zu richten. Eine wesentliche Grundlage didaktischer Entscheidungen ist dabei der Zusammenhang von Zielprojektionen und Vermittlungsvariablen sowie die Frage der Lernkontrollen. Dieser Zusammenhang als Gradmesser didaktisch-methodischer Entscheidungen hat nicht nur für den Lehrer, sondern genauso für den Trainer große Bedeutung. Wenn nämlich beim Sportspiel der Schwerpunkt der Evaluation auf Tests von Fertigkeiten gelegt wird, dann liegt entweder eine spielfremde Zielsetzung des Sportspiels vor oder es wird übersehen, daß Taktik das dominierende Merkmal im Sportspiel ist. Beispiele solcher fehlerhaft einseitigen Interpretation von Sportspiel geben teilweise die Richtlinien der Schulbehörden (vgl. Freie Hansestadt Hamburg, o. J.) oder Tests im Verein oder Verband. Diese offenkundige Diskrepanz von Zielen, Inhalten und Vermittlung schlägt sich dann in der Praxis im Versagen der methodischen Mittel und Wege nieder. Ihre Ursache ist im Fehlen einer übergeordneten Theorie des Sportspiels zu suchen. Ein Grund für die Bevorzugung des Abprüfens der Technik liegt jedoch auch in der Unfähigkeit, die Taktik der Operationalisierung, d. h. der Überprüfbarmachung zugänglich zu machen.

## 3. Strukturanalyse und Elementarisierung

Die Strukturanalyse hat zwei Ausgangspunkte. Sie geht zum einen aus vom Spielgedanken und dem Regelwerk, zum anderen von der Spielpraxis durch Auswertung der Fachliteratur und von Spielbeobachtungen. Mit Elementarisierung ist hier nicht der herkömmliche Begriff aus der Pädagogik gemeint, sondern aus erkenntnistheoretischer Sicht einen Gegenstand in seine einfachsten Elemente zu zerlegen (vgl. KLAUS/BUHR 1966[5]), um ihn erkennen zu können. Durch Strukturanalyse und Elementarisierung „der Spieltätigkeit selbst und ihrer Bedingungen" wird es möglich, ein Spiel zu bestimmen und seine „emotionale Wirksamkeit" (KONZAG u. a. 1973, 6) bzw. seine Handlungsmöglichkeiten abzuschätzen. Die Analyse der Spieltätigkeit bedeutet damit eine Analyse des Verhaltens, das sich an den verschiedensten spielimmanenten Bezugspunkten orientiert, wie z. B. Ball, Raum, Ziel, Partner, Gegner usw.

Durch Strukturanalyse und Elementarisierung sollen die Grundmuster des Spielverhaltens auf allen (Handlungs-)Regulationsebenen (intellektuell, perzeptiv-begrifflich, sensumotorisch; vgl. VOLPERT 1974) in ihren Elementen sichtbar gemacht werden. Auf der Grundlage des Motorischen soll das Sportspiel elementarisiert werden, ohne daß dabei seine Grundelemente wegfallen oder verändert werden. Die Grundelemente werden aus dem nicht mehr reduzierbaren Spielgedanken des Sportspiels abgeleitet, einer Spieldefinition, die der Spielwirklichkeit entspricht und in der Praxis überprüfbar ist (vgl. z. B. Regelhefte). Dies erfordert u. a. eine Abgrenzung zu den Individualsportarten aber auch innerhalb der Spiele selbst, um etwa die Grundelemente des Basketball — im Unterschied zum Fußballspiel — deutlich zu machen. Zur Klärung müssen somit die Begriffe „Spielgedanke", „Spielidee", „Spielpraxis" u. a. herangezogen werden.

Durch diese Analyse erlangen wir Erkenntnis nicht nur über die unterschiedlichen Möglichkeiten der Sportarten bzw. Sportspiele, sondern auch über etwaige Gemeinsamkeiten, was für eine Lernübertragung von einer Sportart zur anderen innerhalb einer vereinheitlichten Methodik von großer Bedeutung ist. Durch die Bewußtmachung gemeinsamer Grundstrukturen, wie etwa „die im Prinzip gleichen taktischen Mittel für mehrere Spiele" (DÖBLER 1964, 225), ist es möglich, eine Lernübertragung herzustellen und dadurch bessere Möglichkeiten zum Erlernen anderer Sportspielarten zu schaffen (vgl. KONZAG u. a. 1973, 6 ff.).

Neben den Möglichkeiten werden durch die Strukturanalyse auch die Grenzen des betreffenden Spiels bewußt gemacht, z. B. das Problem von Individuum und Kollektiv im Mannschaftsspiel oder die Bedeutung des Spiels als übergeordnete Norm (über dem Sportspiel).

Ausgehend von der Zielsetzung des Zielspiels, können die Grundelemente der Einführung des Spiels abgeleitet werden. Die Elementarisierung soll das Spiel nicht nur zum Zweck der ersten Einführung in seine Elemente zerlegen, sondern will diese Elemente, hierarchisch geordnet für die gesamte Spielvermittlung bis hin zum Zielspiel zusammenstellen. Durch die hierarchische Handlungsstruktur des Sportspiels, die ja auch eine Hierarchie des Lernens darstellt, werden die Ebenen

der Handlungsregulation und damit ein System von Planungsvorgängen bestimmt (vgl. WEINBERG 1978). Hiervon werden wiederum die Grundmuster, Grundelemente usw. abgeleitet, die von der Sachvermittlungslogik her für alle Lern- und Altersstufen gelten. Auf die hierarchische Handlungsstruktur wird im übernächsten Kapitel näher eingegangen.
Durch Strukturanalyse und Elementarisierung entsteht ein Raster von verschiedenen Ebenen und Elementen, der es dem Lehrer/Trainer wie Spieler möglich macht, nach Klärung der Lernvoraussetzungen mit seiner Mannschaft, seiner Gruppe oder als Individuum in das Spiel einzusteigen und der jeweiligen Zielsetzung und dem Leistungsstand entsprechend Sport- und Übungsformen zu finden. Diese Formen sollen — wie im letzten Kapitel genauer ausgeführt wird — spielgerecht und freudvoll sein.

## 4. Definitionsgrößen des Sportspiels

Woher gewinnen wir die Kriterien zur Bestimmung eines bestimmten Sportspiels und seiner Abgrenzung zu anderen Sportarten und innerhalb der Sportspiele selbst? Ausgangspunkt ist dabei die Spielwirklichkeit, d. h. die tatsächlichen sozialen Handlungen der Spielpraxis als Sportspiel nach internationalen Regeln.
Eine Untersuchung des Sportspiels, mit deren Hilfe seine (erzieherischen) Möglichkeiten offengelegt werden, muß daher von der Analyse dreier grundlegender Bereiche ausgehen: Vom Spielgedanken, den Spielregeln sowie der Spielpraxis des Sportspiels. Zentraler Ansatzpunkt ist stets der konkrete Spielgedanke.
Die definitorische Abgrenzung von Spiel allgemein ist insofern wichtig, als diese Definition allen Spielen, ganz gleich ob Sportspiele, Kleine Spiele oder auch Gesellschaftsspiele u. a. als eine übergeordnete Norm voransteht. Aus der didaktisch-methodischen Diskussion wird ersichtlich, daß der Lehrer wie der Trainer nicht daran vorbeikommen, ihre Auffassung von Spiel zu bestimmen. Diese Spieldefinition nimmt dann eine normative Funktion ein. Eine Setzung dieser Normen ist unerläßlich, wenn man von Spielerziehung sprechen will. Derjenige Trainer wird in ein großes Dilemma kommen, der beispielsweise erst während des Spiels die Frage lösen will, ob er den „gefährlichsten" Spieler der Gegenmannschaft auch durch andere als in den Spielregeln vorgegebenen Mitteln ausschalten soll. Die Klärung solch übergeordneter Fragen leitet sich aus der grundsätzlichen Spieldefinition ab. In Übereinstimmung mit SUTTON-SMITH (1978) und anderen wird Spiel als eine Tätigkeit, die bestimmt wird durch Regeln, gleichgewichtige Opposition von Kräften und durch einen ungewissen Ausgang, verstanden (vgl. NIEDLICH 1978, 56 ff.).
Weniger schwierig ist es, einen Konsens über die Definition von Sportspiel zu finden, da es ein national oder international schriftlich normiertes Regelwerk besitzt. Das Sportspiel ist somit ein spielerischer Wettkampf zwischen zwei Mannschaften mit gleicher Spielerzahl, dessen Ausgang durch die Merkmale techno-motorische Fertigkeiten, taktisch-strategisches Handeln und Zufall bestimmt wird. Es hat jedoch ein Streben zum Rationalen und danach, den Zufall einzuschränken. Das Sportspiel ist zugleich Bewegungsspiel, Taktikspiel und Mannschaftsspiel (vgl. NIEDLICH 1978, 70).

Die Forderung nach praktisch-methodischer Realisierung setzt die Klärung der häufig synonym gebrauchten Begriffe Spielgedanke, Spielidee, Grundidee u. a. voraus. Generell kann gesagt werden, daß die Spiel-Idee einen gedanklichen (ideellen) von der Realisierung noch entfernten Plan (Ziel) darstellt, während der Spielgedanke schon eine feste, viel konkretere Konzeption umreißt. In nahezu allen Regelheften der internationalen Sportspiele sind den Regeln Bestimmungen zum Spielgedanken des betreffenden Spiels vorangestellt. Die daraus abgeleitete Grundidee, d. h. die Spielidee des Sportspiels allgemein, lautet verkürzt dargestellt: Es stehen sich zwei Mannschaften gegenüber, deren Ziel es ist, Tore (Körbe, Punkte) zu erzielen bzw. Tore (Körbe, Punkte) der Gegenmannschaft zu verhindern. Hier wird durch die Spielidee bzw. den Spielgedanken ein weiteres aufgebbares Kriterium des Sportspiels festgelegt, nämlich gegnerische Behinderung bzw. Beeinflussung im Sinne eines Kampfspiels. Es findet ein Wettkampf zwischen zwei Mannschaften statt; das Sportspiel ist also ergebnisorientiert; Wettbewerb und damit Leistung sind daher ganz wesentliche Merkmale.

Die eben schriftlich nicht fixierte Spielidee wird also gewonnen aus der Interpretation des Spielgedankens, der Spielregeln und der Spielpraxis. Die abstrakte Spielidee und der konkrete Spielgedanke sollten nicht synonym gebraucht werden. Die spezielle Grund- bzw. Spielidee des Basketballspiels könnte lauten: Das Basketballspiel ist ein Spiel (Sportspiel) des kleinen, engen Raumes auf ein übersprunghohes, horizontales Ziel mit der Grundidee, Körperkontakt zu vermeiden (vgl. NAISMITH 1975³, 5 ff.).

Die Spielidee bzw. die Spielwirklichkeit ist natürlich offen für verschiedene Interpretationen, wie die tatsächlich existierenden Spielstile (z. B. brasilianisch, englisch usw.) zeigen. Auf der anderen Seite ist die an die spielimmanenten Bedingungsfaktoren gebundene Spielwirklichkeit objektiv vorfindbar; es muß nur immer gesagt werden, welche Spielwirklichkeit im Detail gemeint ist, z. B. Mann—Mann- oder Raumverteidigung, 2—1—2- oder 4—2—4-Aufstellung usw.

Die Spielregeln sind einerseits die Ausführungsbestimmungen, andererseits Erweiterung und Fortführung des angegebenen Spielgedankens. Die Spielpraxis kann man überall dort vorfinden, wo als Ziel das wettkampfmäßig betriebene Sportspiel gespielt wird, nämlich im regionalen und internationalen Bereich im Verband, in den Bereichen Verein, Hochschule, Schule und ebenfalls in Betrieb und Freizeit. Von den institutionellen Voraussetzungen her, das Sportspiel den internationalen Regeln gemäß zu betreiben, muß für die Bundesrepublik die Institution Verein an erster Stelle genannt werden.

Der Spielgedanke des Sportspiels wird also bestimmt von den Einflußgrößen allgemeine Spielidee, Spielidee des Sportspiels, Bestimmungen zum Spielgedanken, Spielregeln und Spielpraxis. Aus der Abgrenzung zu anderen Bereichen und Sportarten kann für das Sportspiel folgender, nicht mehr reduzierbare und unaufgebbare Spielgedanke zusammenfassend festgestellt werden: Der Spielgedanke des Sportspiels impliziert die allgemeine Spielidee, die bestimmt wird durch Regeln, gleichgewichtige Opposition von Kräften und ungewissen Ausgang. Das Sportspiel ist ein Spiel nach internationalen Regeln, die den Spielgedanken und die Spielregeln festlegen. Es ist ein spielerischer Wettkampf zwischen zwei Parteien mit gegnerischer Behinderung/Beeinflussung mit dem Ziel, Tore zu erzielen bzw. zu verhindern. Das Sportspiel ist zugleich Bewegungsspiel, Taktikspiel und Mannschaftsspiel (vgl. NIEDLICH 1978, 70). Aus dem oberen Ziel, Tore (Punkte) zu erzielen und zu verhindern, ergibt sich das Primat der Taktik vor der Technik; das Ziel ist verbindlich vorgegeben, die Art der zur Realisierung nötigen Fertigkeiten ist nicht vorgeschrieben. Dominieren in leichtathletischen oder schwimmerischen Disziplinen die techno-motorischen und die konditionellen Handlungskomponenten, so steht im Spiel an erster Stelle die strategisch-taktische Komponente eines Entscheidungshandelns. Nicht die Richtigkeit eines technischen Ablaufs, sondern die Richtigkeit einer situativen Entscheidung steht im Spiel im Vordergrund. Sie vollzieht sich in den Grenzen einer selbstgewählten oder vorgegebenen Regelnorm als Auseinandersetzung mit dem Gerät, dem Mitspieler, dem Gegner u. a. Dieses situative Entscheidungshandeln besteht im Lösen von selbstgestellten Aufgaben und Problemen; man unterscheidet zwei Prozesse, das Ausnutzen lösungsreifer Situationen und das bewußte Schaffen lösungsreifer Situationen. Im Hauptteil dieses Buches wird bei den Drills besonders hierauf eingegangen.

## 5. Hierarchische Handlungsstruktur des Sportspiels

Wie aus der Analyse des Sportspiels deutlich wurde, wird seine Handlungsstruktur im wesentlichen bestimmt vom Spielgedanken und im besonderen durch seine taktische Zielsetzung, nämlich das Lösen von Spielaufgaben, die durch mannschaftsorientierte, technisch-taktische Fertigkeiten und Fähigkeiten realisiert werden. Handlung soll hier verstanden werden als bewußtes, zielgerichtetes, rückgemeldetes Verhalten (vgl. VOLPERT 1974, 18 ff.). Unter allen Sportarten bieten sich die Sportspiele für eine Handlungsstrukturanalyse insbesondere daher an, da das komplexe Handlungssystem dieser einen viel größeren Raum zumindest für bewußte Ausführungen, auch während des Spiels, bereitstellt, als dies etwa bei einigen Disziplinen der Individualsportarten ist, z. B. 100-m-Lauf oder 100-m-Schwimmen, bei denen die Vielzahl der Bewegungswiederholungen zu automatisierten Handlungen und damit zumindest zu einer Reduzierung der Bewußtheit führt.
Zielgerichtetes Verhalten bedeutet, daß dem Ziel eine größere Bedeutung zukommt als der Ausführung. Im Fall des Sportspiels besagt dies, daß die techno-motorischen Fertigkeiten nur Mittel-Zweck-Funktionen zum Lösen von Spielaufgaben haben.

In einem 2—2-Angriffsspiel, Flügel- und Centerspieler, muß der Flügel unter mehreren möglichen Spielprozessen zur Erreichung des Zieles „freier Korbwurf" beispielsweise folgende Vorgänge reflektieren und antizipieren: Ist er selber (Flügel)
a) eng oder
b) sinkend gedeckt. Hieraus folgt bei b) ein Stand-/Sprungwurf; bei a) Pass an den Center.

Wird der Center bei Ballerhalt

c) eng oder

d) sinkend gedeckt, dann folgt bei c) Abstreifen am Center, Rückpass, Wurf des Flügels; bei d) ein Wurf des Centers beispielsweise. Wird beim Abstreifen übernommen, ergeben sich weitere detailierte Möglichkeiten (vgl. HERCHER u. a. 1973, 246).

Aus diesem Beispiel wird deutlich, daß die Regulation der Tätigkeit über ein System von Planungsvorgängen von oben nach unten erfolgt, wobei die Handlungsregulation in die intellektuelle (taktische und strategische Pläne), perzeptiv-begriffliche (Handlungsschemata oder Könnensformen) und die sensumotorische (Bewegungen, Fertigkeiten, Bewegungsentwürfe) Ebene unterschieden werden (vgl. SCHULKE/WEINBERG 1978).

Die hierarchische Ordnung besagt, daß die vorhergehenden Entwicklungsstufen, hier das Spielverhalten, die Grundlage für jede folgende Stufe bilden, d. h. in jeder neuen enthalten sein müssen. Die unteren Stufen gilt es daher möglichst rasch zu automatisieren, um die Stufen des Könnens, hier das Spielkönnen, schnell erreichen und praktizieren zu können. Die unteren Stufen der Spielfertigkeiten werden von niedrigen, die Formen des Spielkönnens (Handlungen höherer hierarchischer Ordnung und damit größerer Flexibilität) von höchsten Regulationsebenen geregelt. Erst durch die Automatisiertheit einer Handlung, beispielsweise der Fertigkeiten mit dem Ball, ist der Spieler frei und entlastet für komplexe Leistung auf der Ebene des Spielkönnens. Es müßten etwa Dribbeln, Fangen und Passen automatisiert sein, um Formen des Zusammenspiels wie Passen-und-Schneiden (Spiel 2—2) verwirklichen zu können.

In einer erweiterten Definition wird Handeln als effizient bezeichnet, wenn es sein Ziel erreicht (vgl. VOLPERT 1974, 41), wobei gleichzeitig die Kriterien der zeitlichen und ökonomischen Zielerreichung beinhaltet sind. Effizientes Handeln ist realistisch, stabil-flexibel und hierarchisch-sequentiell organisiert. Das bedeutet beispielsweise, die relevanten Gegebenheiten und Widerstände der Umwelt- und spielimmanenten Bedingungen zu berücksichtigen, sich an veränderte Situationen und Lösungsalternativen zu halten. In allen Sportspielen haben sich in der Spielpraxis bestimmte effiziente Handlungsweisen herausgebildet, die sich im besonderen aus dem durch die Regeln vorgegebenen Ziel-Spielraum und aus der Anzahl der Spieler ergeben, die jeweils in den von diesem Raum abhängigen Spielsituationen tätig sind.

Bei der Analyse komplexer Systeme ist es meist nicht möglich, die Eigenschaften der Elemente in allen Einzelheiten festzustellen, häufig können nur Teilaspekte erfaßt werden. Das Gesamtsystem Sportspiel muß zu Beginn der Analyse in größere Einheiten oder Subsysteme (vgl. FUCHS-WENGER 1972) aufgegliedert werden. In der hierarchischen Strukturierung sind die größeren Einheiten die Grundlagen (psychophysische, Motivation, Partner-, Gruppenverhalten), Fertigkeiten (Grund-, Teilfertigkeiten, Bewegungsverbindungen) und das Spielkönnen (Vortaktik, Taktik, Strategie) mit der damit verbundenen, stetig ansteigenden Komplexität der Handlungspläne (vgl. HAGEDORN/NIEDLICH/SCHMIDT 1976[2]). Auf der Ebene des Spielkönnens wird unterteilt in die Hauptstrukturen Angriff und Verteidigung, mit weiteren Teilsystemen wie Positionsangriff und Schnellangriff bzw. Mann—Mann-, Zonen- und Press-Verteidigung u. a. (vgl. HAGEDORN 1968, 25—40 u. div. andere Fachliteratur). Es erfolgt eine weitere Elementarisierung auf diesen obersten Ebenen in individual-taktische (1—1), gruppentaktische (2—2, 3—3, 4—4) und mannschaftstaktische (5—5) Ebenen.

Bei einer Analyse ganzheitlicher Systeme reicht es nicht aus, die Elementeigenschaften darzulegen, sondern es müssen auch die Beziehungen zwischen den Elementen erfaßt werden. Die Systemerscheinungen verlangen zur Beschreibung ihrer Eigenschaften besondere Begriffe; im Sportspiel (Basketball) werden diese im wesentlichen durch die Begriffe Bewegungsspiel, Taktikspiel, Mannschaftsspiel wiedergegeben. Die bedingenden Elemente des Sportspiels wie Ball, Raum, Ziel, Partner, Gegner u. a. werden ergänzt durch die zum Vollzug notwendigen regulierenden motorischen, techno-motorischen, taktischen u. a. Elemente.

Die zergliedernde Analyse in Einzelelemente muß stets den Bezug zum Gesamtsystem im Auge haben. Es ist daher wichtig, in einer funktionalen Analyse die Interaktionen der Elemente z. B. in ihrem zeitlichen Ablauf zu erfassen; dies ist im Sportspiel Basketball z. T. schon durch die Verfahrensweise des sogenannten Aktiogrammes erfolgt (vgl. HAGEDORN/VOLPERT/SCHMIDT 1972 u. bes. HERCHER u. a. 1973). Grundsätzlich sind die Anzahl und die Eigenschaften der Elemente abhängig von der speziellen Zielsetzung des Sportspiels. Da die Elemente den Anforderungen der Zielsetzung genügen müssen, werden sie aus der Analyse der möglichen Prozesse (Ausnutzen und Schaffen lösungsreifer Situationen) zur Zielerreichung abgeleitet. Im konkreten Fall bedeutet dies, daß z. B. die Mann—Mann-Verteidigung andere Elemente und Elementeigenschaften nach sich zieht als die Zonen-Verteidigung, der Positions- andere als der Schnellangriff. Die hierarchisch geordneten, zeitlich-räumlich ausgerichteten Elemente des Teilzieles Schnellangriff 2—1 lauten z. B.: Rebounden — 1. Pass geben — in bestimmten Angriffslinien und -reihen laufen und dribbeln — Mann binden — Überzahlverhältnis herstellen u. a. Die Beziehungen der Elemente werden also sichtbar in der vom Ziel abhängigen hierarchischen, reihenfolgemäßigen Verknüpfung; d. h. also einmal durch ihren zeitlich-räumlichen, auf dem Spielfeld genau zugeordneten, ökonomischen Ablauf und zum anderen sichtbar in der in der Spielsituation beteiligten Spielerzahl.

Bei der Analyse des Systems Sportspiel können drei oder vier wesentliche methodische Schritte unterschieden werden:

- Analyse der Elemente (den Anforderungen der Zielsetzung genügen; häufig größere Einheiten/Subsysteme u. a.);
- Analyse der Beziehungen (z. B. Bewegungsverbindungen, Interaktionen u. a.);
- Analyse des Systemverhaltens (z. B. Praxis mit Zielsetzung vergleichen).

Die hierarchische Handlungsstruktur nimmt eine Mittlerrolle ein zwischen didaktischer Setzung und methodischer Gestaltung, denn durch hierarchisierende Strukturierung und Elementarisierung der Handlung gelangen wir zur Methodik.

## 6. Konsequenzen für die Vermittlung

Wenn man bei der hierarchischen Ordnung der Handlung als Strukturmerkmal des Sportspiels dem Spielkönnen in der obersten Ebene als entscheidendes Ziel zustimmen kann, dann ist schon vorweg eine gewisse Wertentscheidung getroffen. Aus diesen Zielen wiederum ergeben sich die methodischen Konsequenzen, beim Sportspiellernen, Sprech-, Denk- und Vorstellungsprozesse (vgl. VOLPERT 1971, 81 ff.) zu betonen. Die Rationalität des Sportspiels zieht effektive Lehrmethoden nach sich. Das Defizit an adäquaten Vermittlungsmodellen im Sportspiel ist entweder auf einen anderen, nicht den Zielen des Sportspiels entsprechenden didaktischen Ansatz zurückzuführen oder auf die Mißachtung des Implikationszusammenhangs von Zielprojekten und Vermittlungsvariablen. Aber gerade die Berücksichtigung dieser besonders in der Bundesrepublik bisher vernachlässigten Lernziele des Sportspiels weist neue Möglichkeiten und damit neue Methoden für die Sportspielerziehung. Aus der Definition des Sportspiels, speziell ein taktisch-strategisches Spiel zu sein, ergibt sich für den Sportspielunterricht konsequenterweise der Einsatz folgender Lehrmittel, und zwar aus pragmatischen Gründen vor Ort, d. h. in der Sporthalle: Schreibtafeln, Magnettafeln, Leinwand und Projektoren (im Geräteraum der Sporthalle) zur Vorführung von Bildern und Fotos, Filmen, Videobändern u. a. Der Trend zur Versportlichung der Spiele hat zur Folge, daß es zwar in jeder Sporthalle Basketball- und Volleyballgeräte und -einrichtungen gibt, es jedoch an den einfachsten Mitteln zur theoretischen Schulung wie Wandschreib- und Magnettafeln mit Spielfeldern fehlt. Der Hinweis auf diese Defizite kann nicht ernst genug genommen werden, denn ohne den Einsatz einiger dieser Mittel ist eine Vermittlung obiger Lernziele kaum realisierbar.

Die hierarchische Struktur des Sportspiels macht unmißverständlich klar, daß die Spieler im Spiel nur das spielen können (Spielkönnen), was sie erlernt haben. Ein effektives Zusammenspiel beispielsweise ist nur möglich, wenn bestimmte Formen des Fangens, Passens und Dribbelns beherrscht werden. Konsequenterweise würde dies bedeuten, daß erst dann gespielt werden kann, wenn bestimmte Elemente vorher geübt worden sind. In der Schule und auch im Verein kann das Spiel aber bereits deshalb begonnen werden, weil bestimmte Formen von Fertigkeiten und auch von Spielkönnen einfach schon beherrscht werden, z. B. Fangen und Zuspielen (zwar meist einhändig), gewisse Dribbeltechnik, Freilaufen u. a. Wenn also gewisse Fertigkeits- und Könnensformen vorhanden sind, kann das Spiel in Gang gesetzt werden. Zur Realisierung des Sportspiels Basketball müßten z. B. für den Angriff folgende, nicht mehr reduzierbare Elemente in ihren Grundformen umgesetzt werden, im Grunde so wie es der „Erfinder" NAISMITH 1891 schon getan hat: Bestimmte Regeln akzeptieren / Rollen übernehmen (Spielidee allgemein); gegen gegnerische Behinderung zwischen zwei Körben spielen (Spielidee des Sportspiels); Regeln beherrschen (besonders Foulregel beachten) / Rollen spielen (Regeln des Sportspiels); bestimmten Positionsangriff (5—5) und Schnellangriff (1—0 oder 2—1) spielen; Positionen (5—5) einnehmen (Spielpraxis des Sportspiels); passen und laufen oder blocken und abrollen (2—2), Raum aufteilen (5—5) (Taktikspiel); Lösungswege besprechen, gemeinsam vorgehen (Mannschaftsspiel); laufen, springen, werfen, passen, fangen u. a. (Bewegungsspiel). Man kann sagen, daß neben einigen elementaren Fertigkeiten mehr die Bereitschaft, Rollen und Aufgaben im taktischen und mannschaftlichen Sinne übernehmen und durchführen zu wollen, die Voraussetzung bildet, ein Spiel in Gang zu setzen.

Diese Vorgehensweise stellt keinen Widerspruch zum Lernen im Sinne der hierarchischen Handlungsstruktur dar. Die reine Übungsmethode geht einmal an der Motivation der Kinder/Spieler vorbei, zum anderen ist bei bloßem Üben von Fertigkeiten (ohne Spiel) kein Transfer zur Spielfähigkeit möglich. Eines ist unbestritten: Man kann Spielen nur durch Realisieren von Spielen lernen, d. h. man muß Spielerfahrung sammeln.

Zum anderen ist es konsequent, daß, wenn menschliches Handeln hierarchisch geordnet ist, gewisse Grundlagen und Fertigkeiten zu einem Spielkönnen nötig sind. Das bedeutet wiederum, daß das Spiel nicht nur durch Spielen gelernt werden kann. Denn die technomotorischen und taktischen Elemente, aus denen sich das Spiel ja zusammensetzt, können durch Spielen nur mosaikhaft und begrenzt gelernt werden. Die geringe Häufigkeit bestimmter Elemente im Spiel, wie z. B. Sternschritt oder Wurf macht deutlich, wie wenig Übungs- bzw. Lerneffekt die Spielmethode für bestimmte Fertigkeiten hergibt.

Das Verfügbarmachen der technischen Fertigkeiten einerseits als Vorbedingungen für ein spieltaktisches Verhalten andererseits zur technischen Auflösung der Spielsituation erfordert neben der Spielmethode die Übungsmethode als unverzichtbaren Bestandteil der Sportspielvermittlung. Die Integration dieser spieltechnischen Fertigkeiten in ein spieltaktisches Verhalten, um sie in den Spielsituationen abrufbar zu machen, erfordert sogar ein Einschleifen von Verhaltensmustern. In diesem Sinne sind z. B. auch Untersuchungen mit dem kinästhetischen Training zu sehen, beispielsweise die Verbesserung der Ballkontrolle beim Dribbler, um eine schnellere Automation und damit schnellere Bereitstellung für die angestrebte höhere Stufe des Spielkönnens zu erreichen. Das bedeutet aber, daß es völlig konsequent ist, die technischen Fertigkeiten, wenn nötig, zu drillen, um sie der Taktik verfügbar zu machen Der geschmähte Drill hat also doch eine wesentliche Bedeutung beim Spiellernen.

Ob man Kleine Spiele oder Sportspiele betreiben will, ist eine Frage des Anspruchs, den man stellt. Ein wesentlicher Unterschied zwischen den Kleinen Spielen und den Sportspielen besteht darin, daß an das Sportspiel als Bewegungs-, Taktik- und Mannschaftsspiel selbst bei der ersten Einführung gewisse Voraussetzungen und Bedingungen geknüpft sind, wie etwa Rollen übernehmen, Normen akzeptieren, auf zwei Körbe spielen u. a., ohne die das Spiel beispielsweise zu einer Staffel zwischen zwei Körben werden kann. Kleine Spiele mit ihrem eigenen Regelwerk und eigener Spielidee werden in dem Augenblick unwichtig, wenn das spezielle Sportspiel strukturiert, elementarisiert bzw. vermittelt werden soll. Kleine Spiele haben bei der Einführung des Spiels, davor liegt die Vorbereitung allgemeiner Art, nur noch die Aufgabe, die technisch-taktischen Fertigkeiten spielerisch, lustvoll zu üben. Die Frage ist dann aber, wie weit eine Lernübertragung zum angestrebten Zielspiel möglich ist, wenn nicht unmittelbar spielnah bzw. spielgerecht geübt wird. Die hierarchische Handlungsstruktur des Sportspiels macht deutlich, daß die Kleinen Spiele das Sportspiel nicht effizient vermitteln helfen, sondern spielnahe/spielgerechte, aus der Spielpraxis des Zielspiels gewonnene Übungs- und Spielformen. Aus der Analyse wird ebenso ersichtlich, daß es unrealistisch ist, das Sportspiel von der Einführung an über bestimmte aufsteigende Spiele, sogenannte Spielreihen zu strukturieren und erlernen zu wollen. Es ist zu fragen, welchen Sinn und Nutzen Spiel- und Übungsreihen mit der Betonung auf Reihen haben sollen. Ziel der methodischen Vermittlung kann es doch nur sein, ein bestimmtes Zielspiel schnell und freudvoll zu erreichen, d. h. also spielnahe/spielgerechte und freudvolle Formen der Vermittlung zu finden. Ein dogmatisches Festhalten an ganz bestimmten aufeinanderfolgenden Spielen in Form von Spielreihen muß zum einen aus Transfergründen abgelehnt werden, zum anderen ist eine solche Kette von Spielen in der Praxis gar nicht realisierbar, zumindest nicht im Sinne des angestrebten Sportspiels. Wenn beispielsweise das Basketballspiel das Ziel sein soll, dann kann konsequenterweise nur das eine Spielreihe sein, die zum angestrebten Zielspiel Basketball führt und damit Spielidee und Spielgedanken des Basketballspiels beinhaltet. Falls es überhaupt nötig ist, derartige Spielreihen in einer Kette aufzureihen, dann müßten im Basketball z. B. Spielformen wie Spiel mit 1 Center und 4 Außen (2—1—2-Aufstellung), 2 Center und 3 Außen (1—3—1-Aufstellung) oder 4 Innen und 1 Außen (Stack, 1—2—2-Aufstellung) u. a. (aus dem Strukturmerkmal Angriff) genannt werden.

Viele der Kleinen Spiele wie Spielreihen müssen als Mittel zur Optimierung des Unterrichts- und Trainingsprozesses bei der Vermittlung des Sportspiels abgelehnt werden, wenn sie die Spielidee des Zielspieles verfälschen.

Der Übergang von spielnahen und spielgerechten Übungsformen zu den Spielformen ist fließend. Der wesentliche Unterschied besteht in ihrem unterschiedlichen Lerncharakter, auf der einen Seite ein Entscheidungsfreiraum des Handelns durch die vorgegebene Form (Spielform), auf der anderen Seite häufiger Wiederholungscharakter (Übungsform) bis hin zur stereotypen Abfolge (Drill).

Spielform soll verstanden werden als eine Form des tatsächlichen (Sport-)Spiels, als ein Spielsystem (oder Teilsystem), hier des Basketballspiels wie z. B. Mann—Mann-Verteidigung oder 2—1—2-Angriff, nämlich als (Ausdrucks-)Form des Spiels, Mann—Mann bzw. 2—1—2 zu spielen. Ausgehend vom Spielgedanken sind an der Spielform alle Spieler der Mannschaft beteiligt. In Trainings- bzw. Übungsspielen können solche Spielformen variierend eingesetzt und geübt werden: Es gibt Mannschaften, die getreu der Maxime, Spielen kann nur durch Spielen gelernt werden, Spielen und Üben dieser Spielformen als einzigen Unterrichts- bzw. Trainingsinhalt setzen.

Spielgerechte Übungsformen unterscheiden sich von Spielformen nur durch ihren intensiveren Wiederholungscharakter. Denn mit SINGER (vgl. 1968, 256) muß in Abgrenzung zu spielnahem Üben gefordert werden, daß beim spielgerechten Üben alle auf dem Spielfeld agierenden Mitglieder der Mannschaften (5—5) beteiligt sein müssen. Das bedeutet nicht individuell oder in Gruppen, sondern in der Mannschaft mit den potentiellen Mannschaftsmitgliedern zu üben, um einen Transfer zum Spiel zu erzielen. Mannschaftsmitglied zu sein bedeutet für die methodische Praxis feste Mannschaften zu bilden und mit diesen zu spielen und zu üben. Dieses Schulen als Mannschaft muß auch in der Schulpraxis berücksichtigt werden. Das Mannschaftsspiel mit seinem komplexen Handlungsgefüge hat variable Größen,die nur im Mannschaftsverband erfahren werden.

Übungsformen sind dann spielgerecht oder spielnah, wenn sie den tatsächlich im Spiel vollzogenen, taktischen Formen, den sogenannten Standard-Spielsituationen oder Standard-Spielformen, wie z. B. Positionsangriff 2—1—2, Mann—Mann-Verteidigung ab ⅓-Feld u. a., entsprechen. Für spielnahe Übungsformen spielt es dabei keine Rolle, ob die ganze Mannschaft (5—5) oder Teile 2—2, 3—3 beteiligt sind; allerdings besteht bei nicht-kollektiven Formen die Gefahr einer vom Gesamtziel isolierten Betrachtungs- und Spielweise.

Spielgerechte und spielnahe Übungsformen haben einen Entscheidungsfreiraum innerhalb einer speziellen Aufgabe des Zielspieles und durch die zeitlich-räumlich festgelegte Form weitaus häufigeren Wiederholungscharakter als die Spielformen. Dennoch müssen diese Formen dem taktischen Plan des bestimmten Spiels entsprechen. Beispiele dafür sind: 1—3—1-Angriff gegen Mann—Mann-Verteidigung (5—5) auf einen Korb oder aus dieser Aufstellung ein 2—2-Spiel des rechten Flügels mit dem Center. Auch beim Aufwärmen sollten spielnahe Übungsformen Verwendung finden. Traditionelle Formen wie der Korbleger-Circus u. a. gestatten, abgesehen vom Aufwärmeffekt, kaum einen Transfer zum Basketballspiel als Taktikspiel, noch sind sie besonders zuspielintensiv. Sie sollten daher, zumindest in der Schule, bei geringer Übungszeit vermieden und statt dessen spielnahe Formen wie die Standard-Situationen Kreuzen-über-Post (vgl. Federacion Espanola de Baloncesto 1971) verwendet werden. Diese Formen sind trotz ihrer Zielgerichtetheit sehr lustbetont und freudvoll, da sie einen großen Freiraum für variables Handeln haben. Allerdings sind diese freudvollen Spiel- und Übungsformen wenig sinnvoll, wenn sie nicht das Zielspiel berücksichtigen. Im Basketball können die Spielaufgaben durch einen schier unerschöpflichen, großen Handlungsspielraum von technischen und taktischen Elementen gelöst werden. Dieser Handlungsspielraum ist bei den Kleinen Spielen auf einige wenige technische Elemente reduziert.

Die historische Betrachtung des Basketballspiels macht klar, daß seine Entwicklung primär durch das Interesse und die Freude am Angriffsspiel vorangetrieben wird. Die besondere Motivation aller Spieler zum Angriff und besonders zum Spiel 1—1 muß, obwohl daraus Defizite für das Spiel entstehen können, bei der Erstellung von lustvollen Spiel- und Übungsformen genutzt werden. Für die affektive Seite des Spiels ist die Beschaffenheit des Spielgerätes von großer Bedeutung. Der große handliche Basket-Ball lädt geradezu zum freudvollen, kreativen Handeln bzw. Lösen von Spielaufgaben ein, die beispielsweise die Vielzahl der Pass- und Wurfarten oder die nahezu unbeschränkten Möglichkeiten des Dribbelns zeigen. So können in der Phase des lustbetonten Aufwärmens im Beispiel Kreuzen-über-Post phantasievolle und fintenreiche Zuspielarten benutzt und erfunden werden, wie Pass durch die Beine, Pass mit dem Ellenbogen oder mit der Hacke, angeschnittener Pass usw.

Ballgewöhnungsübungen erfüllen damit zwei Funktionen, sie nehmen einen wichtigen Platz in der unteren Ebene der hierarchischen Handlungsstruktur als Voraussetzung individueller und teilkollektiver Könnensformen ein und sie bieten beste Möglichkeiten für die Realisierung affektiver Lernziele, und zwar selbst in der intensiven Form des Drills. Denn mehr als andere Sportspiele lädt das Basketballspiel — mit seinem Korb und Spielbrett — zum Spiel und damit intensiver Beschäftigung mit dem Ball ein, wobei das Spiel 1—1 die intensivste, die Spiele 2—2 und 3—3 die beliebtesten Formen sind.

Für die Vermittlung des Basketballspiels gilt es neben der besonderen Berücksichtigung von Ballkontrolle (1—0) und Spiel 1—1, die Spiele 2—2 und 3—3 als Ausschnitte aus dem jeweiligen Zielspiel für die Übungs- und Spielformen heranzuziehen.

Wie die Analyse des Systems Sportspiel deutlich macht, ist eine Theorie des Sportspiels im allgemeinen und des betreffenden Spiels im besonderen Voraussetzung zur Konstruktion von Spiel- und Übungsformen. Daher gilt es, alle vorher gemachten Darlegungen bei der Konstruktion in Betracht zu ziehen. Trotzdem sollen hier noch einmal die grundlegenden und speziell praktisch-methodischen Konstruktionsmerkmale zusammenfassend dargestellt werden.

— Analyse der Zielsetzung bzw. des Zielspiels:
  Das Basketballspiel ist primär ein Taktikspiel. Es hat ganz bestimmte Spielformen, Spielsysteme, Standard-Situationen in Angriff und Verteidigung entwickelt. Es ist ein positionsgebundenes Spiel mit den Spielrollen Aufbau, Flügel und Center, wobei der 2—1—2-Angriff dominierend ist.

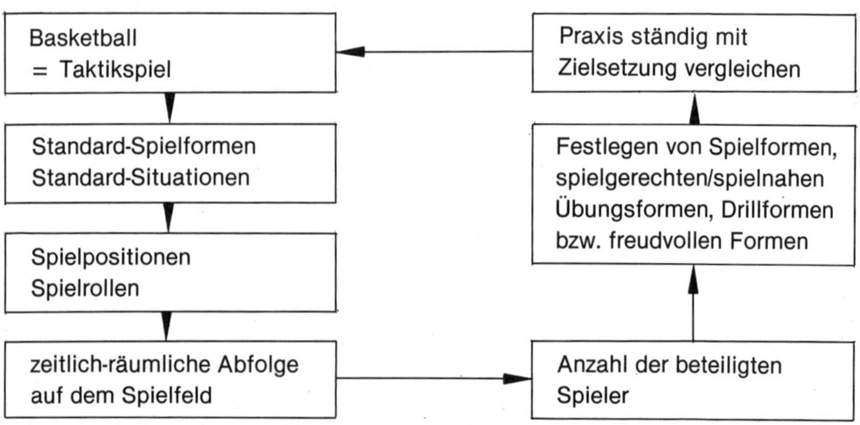


*Abb. 1 Modell zur Konstruktion von Übungs- und Spielformen.*

— Analyse der Elemente und ihrer Beziehungen:
Durch die Theorie des Basketballspiels und seiner hierarchischen Handlungsstruktur werden die verschiedenen Systeme, Teilsysteme, Elemente und deren Verknüpfungen und Interaktionen deutlich. Es muß die Einordnung in die eigene, angestrebte Spielpraxis erfolgen, das Aktiogramm ist dabei hilfreich.

— Konstruktion der Spiel- und Übungsformen:
Folgende wesentliche Schritte müssen beachtet werden:
  — Angabe des Spielsystems, der Standard-Situationen;
  — Angabe der Spielposition, Spielrolle;
  — Angabe der zeitlich-räumlichen Abfolge auf dem Spielfeld;
  — Angabe der Anzahl der beteiligten Spieler;
  — Festlegen von Spielformen, spielgerechten/spielnahen Übungsformen, Drillformen bzw. freudvollen Formen.
  — Analyse des Systemverhaltens;
  Praxis ständig mit der Zielsetzung vergleichen.

**Literatur**

ARTUS, H. G. u. a.: Reform der Sportlehrerausbildung. Gießen 1973.
BLANKERTZ, H.: Theorien und Modelle der Didaktik. München 1972.
BRETTSCHNEIDER, W.-D.: Grundlagen und Probleme einer unterrichtsrelevanten Sportdidaktik. Ahrensburg 1975.
CAILLOIS, R.: The Structure and Classification of Games. In: LOY, J. / KENYON, G. S.: Sport, Culture and Society. New York 1971³, 44—55.
DIETRICH, K. / LANDAU, G.: Beiträge zur Didaktik der Sportspiele. Teil I, II, III. Schorndorf 1974, 1977, 1977.
DÖBLER, H.: Die Systematik der Spiele als Grundlage einer vergleichenden sportpädagogischen Betrachtung. In: Körperkultur 1964/3, 217—231.
DÜRRWÄCHTER, G.: Volleyball. Spielend lernen — spielend üben. Schorndorf 1970³.
Freie und Hansestadt Hamburg. Behörde für Schule, Jugend und Berufsbildung (Hrsg.): Richtlinien und Lehrpläne. Bd. IV Oberstufe des Gymnasiums 1.—3. Teilband. Regensburg o. J.
FUCHS-WEGNER, G.: Verfahren der Analyse von Systemen. In: KURZROCK, R. (Hrsg.): Systemtheorie. Berlin 1972, 82—90.
HAGEDORN, G.: Das Basketball-Spiel. Köln 1968.
HAGEDORN, G. / NIEDLICH, D. / SCHMIDT, G.: Basketball-Handbuch. Berlin 1976².
HAGEDORN, G. / VOLPERT, W. / SCHMIDT, G.: Wissenschaftliche Trainingsplanung. Trainingsanalyse und Trainingsprogramm im Basketball. Frankfurt/M. 1972.
HERCHER, W. (Gesamtredaktion): Basketball. Berlin-Ost 1973.
HILMER, J.: Grundzüge einer pädagogischen Theorie der Bewegungsspiele. Hannover 1969.
JOST, E. (Rez.): Grundzüge einer pädagogischen Theorie der Bewegungsspiele. SCHALLER, H.-J.: Zur pädagogischen Theorie des Spiels. In: Sportwissenschaft 1974/4, 409—415.
KLAUER, K.-H.: Methodik der Lehrzieldefinition und Lehrstoffanalyse. Düsseldorf 1974.
KLAUS, G. / BUHR, M.: Philosophisches Wörterbuch. Leipzig 1966⁵.
KONZAG, G. (Gesamtredaktion): Übungsformen für die Sportspiele. Berlin-Ost 1973.
MAHLO, F.: Theoretische Probleme der taktischen Ausbildung in den Sportspielen. In: Körperkultur 1965a/9, 809—815 (I); 1965b/11, 970—979 (II); 1965c/12, 1075—1081 (III); 1966a/1, 22—29 (IV); 1966b/2, 102—113 (V); 1966c/3, 228—238 (VI).

MAHLO, F.: Die Ausbildung von Spielfähigkeiten im Sportunterricht. In: Körpererziehung 1974/12, 550—558.

NAISMITH, J.: Rules for Basket Ball. Springfield 1975³.

NEUMANN, H.: Wissenschaftstheoretische Aspekte der Sportwissenschaft. In: Sonderdruck aus: Mitteilungen der Technischen Universität Carolo-Wilhelmina zu Braunschweig, 1972/4.

NIEDLICH, D.: Zum Problem der Elementarisierung des Sportspiels. Ahrensburg 1978.

NIEDLICH, D.: Didaktisch-methodische Überlegungen zum Sportspiel. In: KRÜGER, A. / NIEDLICH, D. (Hrsg.): Ursachen der Schulsport-Misere in Deutschland. London 1979, 164—177.

SCHALLER, H.-J.: Zur pädagogischen Theorie des Spiels. Ahrensburg 1978.

SCHULKE, H.-J. / WEINBERG, P.: Sport. In: BAUER, K. W. / HENGST, H. (Hrsg.): Kritische Stichwörter zur Kinderkultur. München 1978, 326—332.

SINGER, R. N.: Motor Learning and Human Performance. New York 1968.

SUTTON-SMITH, B.: Games, the Socialisation of Conflict. In: Sportwissenschaft 1973/1, 41—46.

SUTTON-SMITH, B.: Die Dialektik des Spiels. Schorndorf 1978.

VOLPERT, W.: Sensumotorisches Lernen. Zur Theorie des Trainings in Industrie und Sport. Frankfurt/M. 1971.

VOLPERT, W.: Handlungsstrukturanalyse als Beitrag zur Qualifikationsforschung. Köln 1974.

VOLPERT, W. / WILKE, K.: Psychologische Aspekte des Sports in der Primarstufe. In: HAGEDORN, G. / VOLPERT, W. u. a.: Theoretische Grundlegung. Frankfurt 1972, 30—45.

WEINBERG, P.: Handlungstheorie und Sportwissenschaft. Köln 1978.

Arnd Krüger

# II. Der Drill im Basketball

## Bewegungstheoretische Voraussetzung zur Antizipation von Bewegungen

### 1. Einleitung

Im Basketball, wie in allen anderen Sportspielen, sind Kondition, individuelle Fertigkeiten (Technik) und zweckmäßiges mannschaftliches Zusammenspiel (Taktik) ausschlaggebend für Höhe des Spielniveaus, Erfolg oder Mißerfolg, Sieg oder Niederlage. Während in manchen Sportspielen das ganzheitliche Üben auch auf höchsten Leistungsstufen eine lange Tradition hat (z. B. im Fußball), sind in dem aus den USA kommenden Basketball stets Spielzüge getrennt geübt worden, wobei die jeweils aktuellen Grundlagen der Bewegungslehre häufig mit berücksichtigt wurden. So sind die „Drills" als Form des wiederholenden Übens einzelner technischer oder taktischer Komponenten des Basketballs so alt wie der Sport selbst.

Während in Deutschland die Spielbewegung und die Begeisterung für die Sportspiele im ausgehenden 19. Jahrhundert gerade als Trotzreaktion gegen den turnerischen Drill entstanden, hat es in den USA einen solchen Einfluß des „Schulturnens" — von einzelnen Zentren abgesehen — nie gegeben. In Deutschland wurden mit Fußball und Feldhandball Spiele besonders populär und einflußreich für das Denken und Handeln der Leibeserzieher, die sich durch ihre vielen Mitspieler, ihre großflächige Anlage und ihren Körperkontakt ermöglichendes Regelwerk wenig für die Programmierung von Spielzügen und viel für Intuition, Spielwitz und gefühlvolle Interaktion eignen. In den USA, wo es den Bruch zwischen Turnen und Sport nicht gegeben hat, wurden Spiele populär, bei denen sich einzelne Spielzüge genau planen und schulen ließen: American Football, Baseball, Volleyball, Basketball. Eine sich früher und schneller als in Deutschland entwickelnde, angewandte Bewegungsforschung tat ein übriges, um Drillen rational zu erklären und weiterzuentwickeln. Durch die Dominanz des Fußballspiels und der Spielpädagogik hat sich bis heute die Sportspielforschung der Bundesrepublik Deutschland sehr selten die hinreichend vorhandenen Ergebnisse der Bewegungsforschung zu eigen gemacht (vgl. Andresen/Hagedorn 1976; 1980).

Die Bedeutung des Drills für den Basketball erklärt sich jedoch nicht nur aus Herkunft und Tradition des Spiels, sondern vor allem auch aus seiner Struktur. In keinem Mannschaftsspiel (wenn man Volleyball und andere Rückschlagspiele ausklammert), kommen während des Spieles so häufig Angriffszüge über das ganze Spielfeld vor (ca. doppelt so viele wie im Hallenhandball). Ergebnisse mit mehr als

50 erzielten Körben und mehr als 100 Angriffen pro Mannschaft sind keine Seltenheit. Dadurch, daß die Mannschaft nur 5 Spieler hat, sind zudem die Auswahlmöglichkeiten beim Anspiel und die Angriffsformationsmöglichkeiten stärker begrenzt als bei größeren Mannschaften. Ballbehandlung mit der Hand läßt ein größeres Maß von Genauigkeit zu als mit dem Fuß. Durch den von keinem Torwart behinderten Präzisionswurf zum Abschluß kommt außerdem auch während des Spiels mehr Aufmerksamkeit der Wurfgenauigkeit und der Geschicklichkeit im Vermeiden von Körperkontakt zu. Das Verbot des Körperkontakts bei relativ kleinem Spielfeld begünstig zudem Versuche, durch automatisierte oder teilautomatisierte Spielzüge den Ball zu einem Werfer in einer günstigen Position zu passen, noch bevor die gegnerische Mannschaft reagiert hat. Die einfache Reaktion des Menschen dauert zwischen 0,18 Sek. für optische und 0,14 Sek. für akustische Reize (vgl. WHITING 1969, 37). Zum Ausführen einer Bewegung sind weitere ca. 0,3 Sek. erforderlich. Innerhalb der Reaktionszeit gewinnt ein Spieler einen Schritt Vorsprung, innerhalb Reaktions- und Bewegungszeit fliegt der hart geworfene Pass 9 m, also weiter als mit einer Bewegung (einem Schritt) einzuholen ist. Lange bevor die Wissenschaft von der Programmierung von Bewegungen und Spielzügen sprach, wurde in der Praxis in Drill-Form im sich dafür besonders eignenden Basketball bereits Technik und Taktik programmiert.

Im folgenden sollen aus der Sicht der Bewegungstheorie Fragen des technischen und taktischen Fertigkeitserwerb und deren Automation angesprochen werden, während der Problembereich der Kondition hier ausgeklammert wird. Die spezielle Kondition des Basketballers ist sehr unterschiedlich schulbar. Sie kann auch im Rahmen von hinreichend vielen Trainingsspielen angesprochen werden — auch wenn gezieltere Methoden erfolgversprechend sind. Beim Erwerb und der Verfestigung individueller wie mannschaftlicher Fertigkeiten kommt man jedoch kaum ohne ein Zerlegen in Teilschritte aus, die wiederholt werden müssen, wenn das Spielniveau gesteigert werden soll. Hierbei sind eine Reihe von Gesetzmäßigkeiten zu berücksichtigen, auf die im einzelnen eingegangen wird,

Voraussetzung für motorisches wie für jedes andere Lernen, ist das Lernen wollen. Wenn die Drills nicht in eine Form gebettet werden, die sie als stimulierende Lernsituation kennzeichnen, erfüllen sie kaum ihren Zweck. So sind neben den allgemeinen Gesichtspunkten des motorischen Lernens immer auch die der besonderen pädagogischen Situation zu berücksichtigen. Der Sportlehrer/Trainer als Lehrer wird sich somit an der Trainingsgruppe orientieren müssen, um die konkreten Gegebenheiten aufgrund der Gesetzmäßigkeiten der Bewegungslehre optimal auszugestalten.

Die pädagogisch zu verantwortende Entscheidung, welcher Drill wie oft, wann, in welchem Zusammenhang im Einzelfall zu wählen ist, kann glücklicherweise niemand dem Lehrer abnehmen. Es ist jedoch möglich, sich nicht auf Versuch und Irrtum allein zu verlassen, sondern auch auf die systematisierten Kenntnisse der Bewegungstheorie sowie auf die erprobten Drills amerikanischer und deutscher Trainer zurückzugreifen.

## 2. Das Erlernen von Fertigkeiten am Ball

WHITING (1969) hat in seinem grundlegenden Werk 5 unabhängige Ballfertigkeiten identifiziert:

1. Das Verfolgen des fliegenden Balles in der Luft mit den Augen, gefolgt vom Fangen des Balles mit den Händen;
2. das Verfolgen des fliegenden Balles in der Luft mit den Augen, sofort gefolgt von einer eigenen plötzlichen Bewegung wie beim Tip-In;
3. das genaue Werfen des bereits festgehaltenen Balles (wie beim Korbwurf bzw. Freiwurf);
4. das genaue Werfen des bereits festgehaltenen Balles zu einem sich bewegenden Ziel (Pass);
5. nicht visuell gesteuerte Ballsicherheit (z. B. beim Dribbeln).

Die beiden ersten Fertigkeiten haben gemeinsam, daß bei ihnen viel Information über die Flugbahn des Balles in kurzer Zeit verarbeitet werden muß, wozu meist nicht einmal eine halbe Sekunde zur Verfügung steht. Bei der vierten Möglichkeit muß ebenfalls beim Pass zum sich bewegenden Mitspieler das Antizipationsvermögen geschult werden, nun aber bei der Ballabgabe.
In vielen Bereichen unterscheidet sich das Lernen von spezifischen Basketballfertigkeiten nicht vom motorischen Lernen überhaupt. Es müssen daher vorab einige grundsätzliche Bemerkungen zum motorischen Lernen gemacht werden, ehe wir uns den fünf speziellen Fertigkeiten zuwenden. Unter motorischem Lernen verstehe ich hier eine relativ überdauernde, systematisch herbeigeführte Veränderung im motorischen Verhalten, die auf Erfahrung (und nicht auf Alter, Wachstum, Alkohol usw.) zurückzuführen ist.

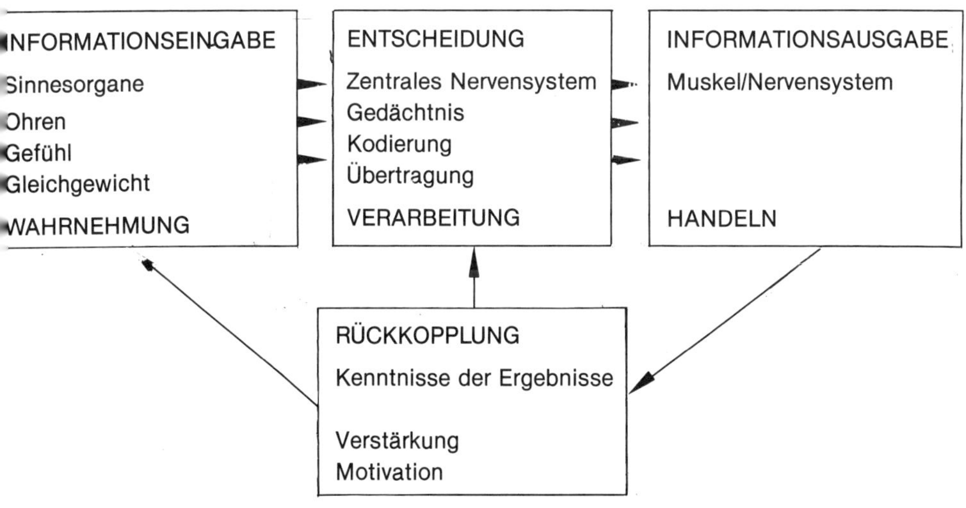


*Abb. 2 Mechanismus des Fertigkeitserwerbs.*

Bei der Anwendung dieser Fertigkeiten kann man von einem dreistufigen Weg sprechen, nämlich *funktional* von Informationseingabe zu Informationsverarbeitung zu Informationsausgabe, wobei der Weg *biologisch* von den Sinnesorganen zum zentralen Nervensystem zum Muskelsystem verläuft und wobei sich die Kette von Wahrnehmung zur Verarbeitung zum Handeln zieht.
Was wir in unserer Definition von Lernen als „Erfahrung" bezeichnet haben, ist ein komplexes Gebilde von Rückkopplungsmechanismen, das entsprechend *Abb. 2* verläuft.

Das Erlernen von Fertigkeiten kann somit als eine Rückkopplung von Wahrnehmung und Handlung verstanden werden. Bei der Rückkopplung handelt es sich um Information über richtig und falsch sowie eine Verstärkung der positiven Ergebnisse und eine Abschwächung der negativen. Bei den methodischen Hinweisen in unseren Drills spielt daher die Frage der Motivation immer eine Rolle, da hiervon Schnelligkeit und Anhalten des Lernerfolges beeinflußt wird.

Worin unterscheiden sich Fertigkeiten von fehlenden Fertigkeiten? Im Basketball lassen sich diese in vielen Situationen leicht operational fassen: Einen Ball fangen, einen Korb erzielen, einen Freiwurf verwandeln, beim Dribbeln nicht den Ball verlieren, beim Rebound den Ball bekommen. Beim Erlernen von Fertigkeiten ist auf deren hierarchische Organisation, einen Ausführungsplan mit Unterplänen, zu achten sowie auf das sich mit Übung oder deren Fehlen verändernde Koordinationsmuster.

Beim Erlernen von Fertigkeiten am Ball werden bestehende Fertigkeiten neu verwendet. Diese Programmierung des motorischen Verhaltens (vgl. Meinel 1976, 84) kann als ein einheitlicher Vorgang aller beteiligten Steuerungsebenen verstanden werden. Diese Programmierung bedeutet nun aber nicht, daß bestimmte Bewegungen bei allen Wiederholungen stereotyp identisch ausgestaltet werden, sondern viel eher, daß sie sich innerhalb bestimmter zweckmäßiger Grenzen bewegen. Diese Grenzen sind bei Sportspielen weiter gefaßt als z. B. beim Gerätturnen, da bei ersteren die Störanfälligkeit durch den Gegner mitprogrammiert wird. Die Erhaltung des programmierten Bewegungsablaufes in allen Einzelheiten ist bei komplexen Bewegungen unökonomisch. Bernstein (1975, 212) spricht in diesem Zusammenhang von zwei Taktiken des Koordinationssystems, die angewandt werden, um unterschiedliche motorische Aufgabenstellung zu realisieren.

Kinder und Erwachsene (die Pubertät bedeutet hier etwa die Trennlinie) erlernen Fertigkeiten auf teilweise unterschiedliche Art: Während Kinder in der Lage sind, neue Programme von neuen Fertigkeiten aufzustellen und zu lernen, verwenden Erwachsene bereits erlernte Programme als Unterprogramme von neuen Bewegungsprogrammen. Dies bedeutet, bezogen auf das Basketballspiel, daß nur der auf ein hohes Spielniveau kommen kann, der bereits vor der Pubertät genügend unterschiedlichen Bewegungsreizen ausgesetzt wurde, die er als Teilprogramme in basketballspezifische Bewegungsprogramme einbringen kann.
Beim Abrufen eines erlernten Programmes kommt es auf die richtige Reihenfolge der Bestandteile an. Viele Sportler verwenden bewußt oder unbewußt eine Vorpro-

grammphase, die dazu dient, das richtige Programm abzurufen. MEINEL (1976, 126) bezeichnet dies als eine „Vorbereitungsphase", die die Hauptphase der Bewegung, z. B. mit Anlauf, Anschwung oder Angleitbewegungen vorbereitet. Aus der Sicht der Koordinationstheorie gehört hierzu aber auch z. B. das mehrfache, beidhändige Auftippen des Balles vor dem Freiwurf, um sich auf den Wurf selbst einzustimmen. Die Fähigkeit, Bewegungen unter Einbeziehen früherer Teilbewegungen neu zu programmieren, ist nicht bei allen Menschen in gleicher Weise ausgeprägt, deshalb sind unterschiedliche Wiederholungszahlen bei den Fertigkeitsdrills angebracht. Hinzukommt, daß die Anzahl und Ausgestaltung der vorhandenen Teilprogramme aufgrund vorheriger Erfahrung bei jedem Menschen verschieden sind. Bei den methodischen Hinweisen oder den Durchführungsvorschlägen ist daher häufig bei unseren Drills zu lesen, „... bis es fünfmal hintereinander richtig gemacht wurde". Ein solcher Hinweis kommt der individuellen Lerngeschwindigkeit eher entgegen als der Hinweis, zehn- oder zwanzigmal etwas zu üben. Auch der Verweis auf die Dauer der Übung hilft weiter eher bei deren Einsatz als Konditionstraining als beim Einsatz des Lernens von Fertigkeiten.

Beim Lernen von Fertigkeiten unterscheidet man drei Phasen der Steuerung:

1. bewußtseinsgesteuerte,
2. teilautomatisierte,
3. automatisierte Bewegungen.

Im Hinblick auf das Erscheinungsbild der Bewegung kann man auch von Grobkoordination, Entwicklung der Feinkoordination und Stabilisierung der Feinkoordination sprechen. Mit der Stabilisierung der Feinkoordination wird die Fertigkeit bereits auf die nächste Bewußtseinsebene verschoben und damit als Teilprogrammierung eines neuen Programmes variabel verfügbar, weil automatisiert.

## Erste Lernphase: Planformation

Während der ersten Lernphase spielen die Rezeptoren als Informationseingabemöglichkeiten die entscheidende Rolle. Es hat sich herausgestellt, daß dann ein Bewegungsprogramm (Plan) aufgestellt werden kann, wenn möglichst viele Informationseingabekanäle genutzt werden. Der Lernende soll die Bewegung sehen, die verbalen Anweisungen hören und die Bewegung fühlen. Die Rezeptoren des Menschen sind in ihrer Aufnahmekapazität jedoch begrenzt. Beim sportlichen Anfänger sind in der ersten Phase visuelle und akustische Reize besonders wichtig, während beim Erfahrenen kinästhetische Information automatisierte frühere Bewegungen über das motorische Gedächtnis abrufen.

Der Lehrer sollte sich jedoch hüten, zu viel Information auf einmal eingeben zu wollen, da die Aufnahme- und Verarbeitungskapazität begrenzt sind. WELFORD (1952, 1959, 1967) hat hierfür das Einkanal-Modell entwickelt (vgl. RÜSSEL 1976, 83), das die begrenzte Kapazität damit erklärt, daß der Mensch nur einen Eingabekanal für Informationen habe, durch den gleichzeitig Informationen aufgenommen werde. In der ersten Lernphase sollte jedoch eindeutig sein, was vom Sportler in welcher Weise erwartet wird.

Viele Lehrer verlassen sich beim Vermitteln dieser Information auf das Vormachen. Dies hat Vor- und Nachteile: Durch die visuelle Information wird die Bewegungssequenz eindeutig dargestellt. Da aber das Auge mehr auf einmal sieht, als das Bewußtsein verarbeiten kann, ist es wichtig, durch andere Information auf das Wesentliche des Gesehenen hinzuweisen, damit die Spieler auch die strukturbestimmenden Teile des Bewegungsablaufes auswählen können. Bei unserem Drill kann dies durch Erklärung, bei erfahrenen Spielern aber auch durch Vorzeigen der Abbildungen der Drills erfolgen. Ist ein hoher Grad von Automation erreicht (Phase 3), genügt häufig schon allein der Name eines Drills, um ein bestimmtes Bewegungsmuster abzurufen.

**Zweite Phase: Übung**

In der zweiten Phase müssen die richtigen zeitlichen Merkmale des Ablaufes beherrscht werden. Timing kann einerseits durch Übung geschult werden, andererseits sind es vor allem zusätzliche akustische Reize (zählen 1, 2; Hände klatschen des Lehrers usw.), die das Timing unterstützen. Während es bei den visuellen Hilfen der ersten Phase erforderlich ist, daß Blickkontakte zwischen Lehrer und Schüler bestehen, damit das Geforderte auch wahrgenommen werden kann, kann man akustische Reize von allen Seiten wahrnehmen. Hierher gehört z. T. auch, daß man visuelle Reize bewußt ausschaltet, um gezielt das Stadium der Automation zu erreichen, z. B. beim Dribbeln, ohne auf den Ball zu sehen.

In dieser zweiten Phase gewinnt auch die Rückkopplung die größte Bedeutung. Hierbei ist es wichtig, darauf zu achten, daß die Spieler möglichst schnell in Kenntnis über ihre Ergebnisse bei der Ausführung einer bestimmten Fertigkeit gesetzt werden. Hierbei genügt es häufig nicht, sich darauf zu verlassen, daß der Spieler schon selbst sieht, ob ein Pass ankam oder ein Korbwurf traf. Gerade bei neu zu erlernenden komplizierten Bewegungen muß innerhalb kurzer Zeit eine Verstärkung durch Lehrer oder Mitspieler gegeben werden. Die Länge der Zeit richtet sich nach dem Grad der Schulung des kinästhetischen Empfindens und der Komplexität der Übung.

Durch einen zweckmäßigen Aufbau der Programmierung (vgl. HAGEDORN/NIEDLICH/SCHMIDT 1974, 252) des motorischen Lernens, können hier unnötige Umwege vermieden werden. Unsere Drills stellen solche Lernsituationen her. Damit der Lehrer die Programmierung der Schüler sinnvoll unterstützen kann, muß er jedoch die Übungen auch selbst durchgeführt haben, um die korrekte Übungssequenz, das Timing, die richtige Geschwindigkeit, und den richtigen Krafteinsatz einschätzen zu können. Nur so können zum richtigen Zeitpunkt die richtigen Korrekturhinweise gegeben werden, die beim Weg über Versuch und Irrtum die Anzahl der Irrtümer begrenzen. Auch wenn Irrtum ein wesentlicher Bestandteil des Lernprozesses ist, so sollte die Anzahl der unkorrigierten Fehlversuche in Folge nicht so groß sein, da sich sonst das Lernen von eben diesem Fehler einstellt. Da Neulernen schneller vonstatten geht als Umlernen, ist darauf zu achten, daß nichts Falsches geschult wird.

Die Fertigkeiten im Sportspiel Basketball sind so komplex, daß der Übungserfolg bei vielen Anfängern nur sehr langsam vonstatten geht. Bei hochqualifizierten Spielern hat die Lernkurve häufig schon ein Plateau erreicht, so daß auch hier kein schneller Übungserfolg zu verzeichnen ist. Hier genügt es nun nicht, einfach zu drillen in der Hoffnung, daß häufiges Üben schon von selbst ein positives Ergebnis erzeugt. Der Lehrer muß sich modifizierend, lobend, tadelnd einschalten, muß Analysen von Spielverhalten anbieten, um den Lernprozeß zu begünstigen. Wenn die Spieler jedoch nicht motiviert sind hinzuzulernen, Teilziele des Fertigkeitserwerbs anzustreben, dann kann sich der Lehrer noch so sehr anstrengen, er wird keinen Erfolg erzielen. Da Spieler gern spielen und auch gewinnen wollen, muß bei der Anordnung der Drills im Training darauf geachtet werden, daß Drillformen die Fertigkeiten isoliert schulen und Drillformen, die Fertigkeiten in Spielformen zusammen mit taktischen Spielzügen schulen, gemischt verwendet werden. Zu Letzteren gehören dann z. B. vereinfachte Spielsituationen (drei gegen drei u. a.).
Im Basketball gibt es in vielen Situationen schnelle Kenntnis der Ergebnisse — ein Pass kommt entweder an oder nicht an — dort, wo sie aber nicht gleich vorhanden sind, müssen sie im Interesse des Lernprozesses schnell gegeben werden, um den Rückkopplungsprozeß in Gang zu bringen.

**Dritte Phase: Automation**

Voraussetzung, um eine technische Fertigkeit regelmäßig taktisch richtig einzusetzen, ist deren Automation, d. h. die motorische Programmierung ist abgeschlossen, der Bewegungsplan kann jederzeit abgerufen werden, wenn es die Taktik erfordert. Zeichen hierfür sind das ziemlich regelmäßige Beherrschen der Zielfertigkeit, eine Perfektionierung des Timings, eine Ökonomisierung der Bewegung. Die Bewegungssteuerung hat sich zu einem niedrigeren Zentrum verlagert, wodurch die Entscheidungszentren wieder frei sind, die Fertigkeit taktisch richtig einzusetzen. Erst die Automation macht aus dem Sportspiel als Glücksspiel ein taktisches Geschicklichkeitsspiel. Auf dieser Regulationsebene können dann auch Variationen als Unterpläne eingebaut werden, die das Bewegungsmuster dynamisch verfügbar machen. In diesem Sinne sind auch die Übungsvariationen unserer Drills zu verstehen. Sie bringen nicht nur Abwechslung in das Training — wirken also lernmotivierend — sie verbreitern auch den dynamischen Stereotyp.
Auf dieser Ebene ist dann auch der Einsatz von Hilfsmitteln zur Selbstkontrolle — Spiegel, Film, Viedeo — erfolgreich, da hierdurch die Rückkopplungsmechanismen weiter aktiviert werden. Mit einer entsprechenden Menge Übung kann jede auch noch so komplizierte Fertigkeit automatisiert werden (vgl. KLEIN 1979). Damit dies aber erfolgen kann, sind häufig sehr viele Wiederholungen erforderlich.
Bei der Automation von komplexen Fertigkeiten werden erst Teilautomationen vorgenommen. Die Aufteilung in einzelne automatisierbare Bewegungssequenzen verläuft nicht bei jedem Lernenden gleich, sondern orientiert sich an den motorischen Vorerfahrungen. Während es für den Lernprozeß wichtig ist, daß er in der richtigen Geschwindigkeit und mit dem gewünschten Maß an Präzision durchgeführt wird, ist es in der Regel leichter, eine Fertigkeit langsamer und mit weniger Präzision

durchzuführen. Bei der Ausübung von komplexen Drills ist es daher die Frage, ob eher auf Schnelligkeit oder auf Präzision verzichtet werden kann, wenn man neu lernt. Eine eindeutige Antwort der Bewegungsforschung liegt hier nicht vor. In der ersten Lernphase ist in der Regel eine Verringerung der Geschwindigkeit angezeigt, um die richtigen Sequenzen zu schulen, in der zweiten eher eine Verringerung der Genauigkeit. Geht jedoch die Genauigkeit gänzlich verloren, muß erneut gewechselt werden: Größere Genauigkeit bei verringerter Geschwindigkeit (vgl. WHITING 1969, 81), um nicht eine falsche Fertigkeit zu automatisieren. In der dritten Lernphase sind dann richtiges Timing und entsprechende Genauigkeit automatisiert, wobei im Basketball gelernt werden muß, die Geschwindigkeit variabel zu gestalten, um dieselbe Fertigkeit vielseitig taktisch einsetzen zu können. Der Besonderheit der einzelnen Fertigkeiten ist jedoch Rechnung zu tragen *(Abb. 3).*
Ähnlich lassen sich alle spezifischen Spiele analysieren. Aus der Klassifikation der Fertigkeiten lassen sich die Aufgaben des Lehrers beim Vermittlungsprozeß ablei-

| **Klassifikation** | Bewegungsmuster | Freiwurf | Fangen | Korbwurf im Spiel | Pass zu stehenden Mitspielern | Pass zu sich bewegenden Mitspielern | Dribbling |
|---|---|---|---|---|---|---|---|
| Art der Informationseingabe | offen | | X | X | X | X | X |
| | geschlossen | X | | | | | X |
| Geschwindigkeitsvorgabe | von innen | X | | | | | X |
| | von außen | | X | X | X | X | X |
| Zustand des Systems vor der Bewegung | Objekt und Körper in Ruhe | X | | | | | |
| | eines bewegt sich | | | X | X | | |
| | beide bewegen sich | | X | | | X | X |
| Typ der Bewegung | Körperstabilität | X | | | | | X |
| | Körperbewegung | | X | X | X | X | X |
| | Objektbewegung | X | X | X | X | X | X |
| Wesentliche Quellen der Rückkopplung | von innen | X | X | | | | X |
| | von außen | X | X | X | X | X | X |
| Ziel | Punktrichter durch Form zu beeindrucken schön machen | | | | | | |
| | Punkterfolg richtig machen | X | X | X | X | X | X |
| | Schnelligkeit schnell machen | | X | | | | X |

*Abb. 3 Klassifikation einzelner Basketballfertigkeiten (modifiziert nach* ROBB).

ten. Aus dieser Klassifikation wird auch deutlich, daß je nach Fertigkeit eine andere Form des Vermittlungsprozesses besonders effektiv ist. Insgesamt ist jedoch nur durch wiederholtes, isoliertes Üben einzelner Fertigkeiten eine Steigerung des Fertigkeitsniveaus und damit die Möglichkeit des taktischen Einsatzes der Fertigkeiten zu erzielen.

### 3. Das Erlernen von taktischen Spielzügen

Taktische Spielzüge setzen sich aus einer Summe von Einzelfertigkeiten der Spieler zusammen, die so aufeinander abgestimmt sind, daß sie den Gegner überraschen und ihm nach Möglichkeit keine Chance geben, eine Bewegung zu antizipieren bzw. auf sie rechtzeitig zu reagieren. Aufgrund der eingehenden Information, der vorhandenen, gespeicherten taktischen Information sowie des Vorstellungsvermögens (Spielwitz) wird die Entwicklung des Spielverlaufes analysiert, wodurch der Spieler sich an einer zweckmäßigen Stelle in das Spielgeschehen einschalten kann. Es erfordert eine erhebliche Erfahrung, alle Informationen zweckmäßig einkalkulieren und verarbeiten zu können. Entsprechend ihren Erfahrungen, ihren gestellten Aufgaben (Rollen) und Temperamenten (Persönlichkeiten) treffen Spieler Entscheidungen, die ein mögliches Spielgeschehen vorwegnehmen. Das individuelle Verhaltensprogramm wird bei der Auswahl der konkreten Handlung in Gang gesetzt. Ziel des Angreifers ist es nun, durch Finten und neue unbekannte Spielzüge das Programm des Gegners auszumanövrieren, so daß dieser der konkreten Situation nicht gerecht wird. Nach MEINEL (1975, 89) beruht das Handeln des Spielers auf einer engen Verbindung von Situationsantizipation und Ziel- und Programmantizipation.
Inwieweit es gelingt, die Bewegungen des Gegners richtig vorherzuahnen, hängt von der eigenen Erfahrung, der Anzahl der Variationsmöglichkeiten aus einer bestimmten Situation (wenn es nur zwei gibt, hat man eine 50%ige Chance auch ohne Erfahrung) und der eigenen Übung ab. Die Übung kann zudem noch erhöht werden, indem sie auf die Gewohnheiten eines bestimmten Gegners ausgerichtet wird durch vorherige effektive Spielbeobachtung und gezielte Informationseingabe. Um die Informationen richtig verarbeiten zu können, ist ein aktives Mitvollziehen der jeweiligen Handlungen erforderlich.
Der Spieler will nun durch Finten und möglichst spätes Zuerkennengeben der wahren Absichten seinen Gegenspieler nach Möglichkeit dazu verleiten, erst ein falsches Programm einzuschalten. Das Umschalten von einem Programm zum nächsten erfordert mehr Zeit als das Einschalten eines Programmes. Dies ist nicht nur dann der Fall, wenn bereits eine entsprechende Bewegung eingeleitet worden ist („jemanden auf dem falschen Fuß erwischen"), sondern auch das Schalten des Programmes ohne Bewegung erfordert eine gewisse Zeit.
Wenn eine Reaktion auf zwei dicht aufeinanderfolgende Reize verlangt wird, zeigen Forschungsergebnisse, daß die zweite Reaktion verzögert einsetzt. Dieser zeitliche Abstand zwischen den zwei Reaktionen auf die zwei Reize ist dann relativ am längsten, wenn der Abstand zwischen den Reizen möglichst kurz ist. Der Abstand verringert sich kontinuierlich, je weiter die beiden Reize auseinanderliegen. Hierfür sind sehr unterschiedliche Erklärungen gegeben worden (Literatur bei BERTELSON

1966, KANTOWITZ 1974, SMITH 1969), am einleuchtendsten jedoch die bereits oben angesprochene Erklärung WELFORDS (1952, 1959, 1967), daß es nur einen Informationseingabekanal gebe, wenn dieser bzw. die den Reiz verarbeitenden Zentren noch voll seien, der nächste Reiz warten müsse, bis der ihm vorausgegangene verarbeitet sei. Es gibt jedoch noch eine weitere Gesetzmäßigkeit: Je schneller die erste Reaktionsbewegung ist, umso leichter und schneller läßt sich das zu steuernde Programm noch verändern. Hieraus leiten WILLAMS und SULLIVAN (1978) ab, daß die motorische Kontrolle aus zwei Teilen bestehe, nämlich einem bewußten Befehl und einem sich anpassenden Reflex. Hieraus läßt sich für die Praxis ableiten, daß, wenn man schon falsch reagiert hat, da man auf eine Finte des Gegners hereingefallen ist, man sich möglichst schnell bewegen muß, um das Reflexpotential des Muskels zu nutzen, um die zweite Reaktion nicht unnötig zu verzögern.

Einen wesentlichen Einfluß auf das Ausgestalten der taktischen Varianten haben Reaktions- und Antizipationsvermögen. Bei den Reaktionen unterscheidet man zwischen einfachen und komplexen oder Auswahlreaktionen. Bei den einfachen erfolgt auf einen Reiz eine Reaktion (Knall — Sprintstart). Bei den Auswahlreaktionen folgt auf Reize $x_1$, $x_2$, $x_3$, $x_4$, $x_n$, Reaktionen $y_1$ bis $y_n$ wobei die Anzahl der Reize beim Basketball häufig sehr groß und die möglichen Reaktionsvarianten damit auch zahlreich sind. Die Auswahlreaktionszeit setzt sich zusammen aus Eingabe der Information (über das Auge durch die chemische Umwandlung 0,04 Sek. langsamer als über das Ohr), Verarbeitung der Informationen (Auswahl der Reaktionen), Ausgabe der Informationen. In unseren Drills ist von Reaktionsschulung die Rede. Die ein- und ausgehenden Nervenleitgeschwindigkeiten lassen sich praktisch nicht schulen, der Auswahlmechanismus läßt sich jedoch beschleunigen und auch die auf die Reaktionszeit folgende Bewegungszeit läßt sich durch Übung der Programmschaltung effektiver und damit schneller abwickeln.

In der Forschung hat lange Zeit die Frage eine Rolle gespielt, ob die Anzahl der möglichen zu treffenden Auswahlen einen Einfluß auf die Wahlzeit hat. Bereits 1885 fand MERKEL, daß die Zeit der Auswahlreaktion entsprechend der Zahl der Reize zunimmt. Dies wurde von HICK (1952) als lineare Beziehung zwischen der Reaktionszeit und dem Logarithmus der alternativen Anzahl bestimmt *(Abb. 3)*. SCHMIDKE (1961) konnte zeigen, daß auch über die üblichen zehn Wahlmöglichkeiten hinaus ein weiterer Anstieg (bei ihm bis 36 Alternativen) von ca. 0,3 Sek. bis 2,0 Sek. Auswahlreaktionszeit vorkommen konnte (vgl. SAGE 1976, 244). Nach genügend Training ließ sich die Alternativenzeit jedoch auf das Maß von zehn bis zwölf Auswahlen reduzieren. Eine mit der Alternativenzahl im Zusammenhang stehende Auswahlreaktionszeit würde die Sportspiele erheblich verlangsamen und zu der paradoxen Situation führen, daß der besonders erfahrene Spieler besonders lange zu einer Reaktion braucht, da er über besonders viele alternative Reaktionen verfügt. MOWBRAY (1960) fand außerdem, daß bei wenig komplizierten Auswahlreaktionen die Reaktionszeit sich auch auf das Niveau von nur zwei Alternativen durch entsprechende Übung drücken läßt.

Bei Auswahlreaktionen spielt das auch bereits beim Lernen von komplexen Bewe-

gungen angesprochene Schnelligkeits-Genauigkeitskontinuum eine Rolle. Je schneller reagiert wird, umso größer die Möglichkeit, daß man falsch reagiert, da noch nicht alle differenzierenden Reize verarbeitet worden waren und man eigentlich versucht hatte, nicht zu reagieren, sondern aufgrund einzelner Anzeichen die Antwortbewegung vorwegzunehmen, die Auswahl also zu antizipieren.
Lange ist die antizipierende Reaktion als eine einfache Reaktion auf ein vorgezogenes, auslösendes Signal verstanden worden. Aus der Art, wie eine Hand vor dem Abwurf gehalten wird, läßt sich die Wurfrichtung antizipieren, was einem Spieler die Chance gibt, einen Ball, der nicht für ihn bestimmt war, abzufangen. Die jüngere Forschung (vgl. SCHMIDT 1968) unterscheidet nun jedoch zwischen Wahrnehmungs- und Erfahrungsantizipation. Bei der Wahrnehmungsantizipation werden Wahrnehmungsreize und Erfahrungen zu einem auslösenden Element vereint: Nur so ist ein anderes als das kindliche Fangen eines Balles aufgrund der wahrgenommenen Geschwindigkeit des noch weiter weg fliegenden Balles überhaupt möglich. Bei der Erfahrungsreaktion schiebt der reagierende Spieler in seinen Zentren die häufigste Reaktionsart in eine abrufbereite Position aufgrund vorhergegangener Erfahrungen mit einem bestimmten Gegenspieler. So kommt es nicht zu einer echten vielschichtigen Auswahlreaktion zwischen gleichwertigen Alternativen, sondern zu einem anderen Auswahlmuster, nämlich der Frage, Reaktion wie erwartet ja oder nein und nur im Falle des Nein müßten neue Auswahlen — diesmal auf der Ebene der Wahrnehmungsreaktionen — getroffen werden. Beim Basketball spielen beide Arten von Antizipation eine bedeutende Rolle und stehen häufig in direktem Zusammenhang. Aus den Bewegungen des Gegners kann man aufgrund der Erfahrung entnehmen, wie er weiterspielen wird. Damit ist es nicht mehr eine Auswahlreaktion aus sehr vielen alternativen Möglichkeiten, sondern die Auswahl ist erheblich eingeschränkt, so daß nun die Wahrnehmungsantizipation der Ballbewegung wesentlich vereinfacht wird.
Voraussetzungen für Antizipation und schnelle Reaktion sind ein hohes Maß an Aufmerksamkeit, die bewußte selektive Lenkung verbunden mit taktischem Mitdenken der Aufmerksamkeit sowie ein weites Blickfeld (peripheres Sehen). Aufmerksamkeit ist in gewissem Umfang trainierbar. Die situationsspezifische Aufmerksamkeit wird durch ein Vorsignal positiv beeinflußt, dessen günstigster Zeitpunkt zwischen ein und drei Sekunden vor dem Ereignis liegt. Die Reaktionsbereitschaft muß zumindest mit dem Beginn der Vorperiode einsetzen. Wichtiger als eine allgemeine Aufmerksamkeit ist jedoch die selektive Aufmerksamkeit auf das Wesentliche im Spiel. Wie schwierig es ist, das Wesentliche systematisch zu beobachten, haben die Versuche gezeigt, in der Sportspielforschung quantitative und qualitative Merkmale zu vereinen. Dies läßt sich vor allem mit spielnahen Drills schulen, bei denen zunächst einzelne Möglichkeiten des zu beobachtenden motorischen Verhaltens ausgeklammert werden. Durch die allmähliche Erweiterung der Anzahl der Wahlmöglichkeiten bei Auswahlreaktion und Antizipation können Bewegungen und Spielzüge in Zusammenhang gebracht werden. Die Schulung des taktischen Vermögens durch Filme und auf der Tafel gehören ebenfalls hierher, um die gesamte Spielsituation einschätzen zu können.

Für das Reaktionsvermögen (hier Auswahlreaktionen) gibt es wie für andere körperliche Aktivitäten ein optimales Aktivationsniveau. LEVITT und GUTIN (1971) haben bei einer Auswahl von fünf Alternativen gezeigt, daß die schnellsten Reaktionen bei Pulswerten um 115 Schläge pro Minute die ungünstigsten bei vollständiger Auslastung (175 Pulsschläge pro Minute und mehr) auftraten. BROOKE und andere (1972) versuchten die Faktoren näher zu bestimmen, die bei der Ermüdung die zentralen Mechanismen beeinflussen. Sie gingen davon aus, daß durch die anaerobe Belastung über damit verbundenes Unwohlsein laufend über den eigenen Körper Information in das zentrale Nervensystem abgegeben werde, wodurch die Aufnahmefähigkeit für andere Informationen begrenzt sei. Sie fanden dabei eine Korrelation von Verringerung der Aufmerksamkeit und Erhöhung der Pulswerte im Maximalbereich von $r = 0{,}68$. Eine genauere Analyse zeigte, daß die Aufmerksamkeitswerte stärker noch als mit Schmerz mit der Sauerstoffversorgung zusammenhing. Im Training gibt es drei Möglichkeiten, hierauf Einfluß zu nehmen: Durch ein aerobes Training können die Voraussetzungen für gute Versorgung der Entscheidungszentren gelegt werden, durch entsprechende sportartspezifische Konditionsübungen wie sie mit unseren Konditionsdrills gegeben sind, läßt sich die Ermüdungswiderstandsfähigkeit verbessern, die Ermüdungsschwelle hinausschieben, durch Drillen von Auswahlreaktionen und Antizipationen unter Ermüdungsbedingungen läßt sich zudem eine Programmierung der Entscheidungszentren erreichen, die die Ermüdung mit einbezieht.

Als letzte der Voraussetzungen für Antizipation und günstige Reaktion muß auf das periphere Sehen eingegangen werden. Das normale Blickfeld beträgt ca. 170° für beide Augen horizontal, 47° über der Mittellinie und 65° unter der Mittellinie vertikal. Die normalen peripheren Blickfelder sind größer für Weiß als für jede andere Farbe, gefolgt von Blau und Rot. Das kleinste Blickfeld besteht für Grün (vgl. SAGE 1976, 265). Durch systematisches Training kann das Blickfeld vergrößert werden, wodurch WILLIAMS und THIRER (1975) fanden, daß die Durchschnittswerte für Sportler bei 185° horizontal, 52° vertikal nach oben und 70° nach unten betrugen, also eine Erweiterung des Blickfeldes von bis zu 15° in der Horizontalen und 10° in der Vertikalen. STROUP (1957) fand, daß die Erweiterung des Blickfeldes bei Basketballspielern von allen Spielsportlern am größten ist. Vor allem bei der Schulung für Anfänger muß somit darauf geachtet werden, daß bei den Drills das periphere Sehen mitgeschult wird.

Im Hinblick auf die Anordnung der Lernerfahrungen im Training ist zwischen Ganz- und Teillernverfahren zu unterscheiden. In der Praxis kommen bei den Drills beide zur Anwendung, da sowohl Aufgabenbeschaffenheit als auch die Charakteristika des Lernenden die jeweilige Situation beeinflussen. Trotzdem lassen sich allgemeine Prinzipien aufstellen. Im allgemeinen erfordert die Teilmethode mehr Zeit als die Ganzheitsmethode, was jedoch gerechtfertigt ist, wenn die Gesamtheit der Übungen auf einmal den Lernenden überfordert. CROSS (1973) bestätigt dies für das Erlernen von Basketball bei 14- bis 15jährigen amerikanischen Jungen. Einfache Fertigkeiten (z. B. Passen und Fangen) ließen sich eher ganzheitlich, komplexe Bewegungen (Stoppen, Sternschritt, Werfen) eher nach der Teilmethode schulen. NIEMEYER (1958) weist darauf hin, daß immer dann, wenn es zu komplexen Interaktionen mit Gegnern kommt, die Teilmethode erfolgreicher ist im Sinne einer Reduktion der Auswahlmöglichkeiten. Zwar führte die Ganzheitsmethode in fortgeschritteneren Lernstufen zu besserem mannschaftlichen Spielverständnis, zu genaueren Leistungen führte jedoch die Teilmethode. FITTS und POSNER (1967) haben gezeigt, daß dann, wenn die Teilfertigkeiten unabhängig voneinander sind, es zweckmäßiger ist, die Fertigkeiten getrennt zu schulen. Wenn es sich jedoch um synchron oder sich aufeinander beziehende Komponenten handelt, scheint die Ganzheitsmethode — soweit überhaupt meßbar — effektiver. Eine Ausnahme hiervon stellt allerdings das Lernen beim Anfänger dann dar, wenn die Bewegung als ganze zu komplex ist. Die Ganzheitsmethode hat außerdem den Vorteil, daß hinterher Teillernschritte nicht noch miteinander verbunden werden müssen. Besonders, wenn es sich um schnelle Bewegungsfolgen handelt (vgl. KNAPP 1963), ist die Ganzheitsmethode unverzichtbar, da die Teile ohne die Übergänge ihren Charakter verlieren. Unsere Drills stellen durch den vereinfachten Ganzheitsansatz mit den betreffenden methodischen Hinweisen ein in dieser Hinsicht zweckmäßiges Verfahren dar.

Bei der Organisation des Lernens taucht immer wieder die Frage nach dessen Verteilung auf, nach massiertem bzw. verteiltem Üben, d. h. nach dem Ausmaß, in dem einzelne Übungsversuche (hier Drills) von anderen durch längere Pausen getrennt sind. Auch wenn Vorkenntnisse und Struktur der jeweiligen Bewegung eine Rolle spielen, so kann man als Faustregel aus der Forschung ableiten, daß bei verteiltem Üben der Lernanstieg relativ steiler ist, daß also bei gleicher Anzahl von Lernversuchen das Lernen über einen längeren Zeitraum effektiver ist. Dies setzt jedoch voraus, daß die Übung jedes einzelne Mal so oft wiederholt worden ist, daß sie eingeprägt werden kann. Wird der zeitliche Abstand zwischen den Übungen zu groß, verringert sich jedoch auch die Effektivität (vgl. RÜSSEL 1976, 116). Insgesamt ist jedoch auch davon auszugehen, daß — bei gleichem Zeitaufwand — das Training effektiver ist im Hinblick auf motorisches Lernen, das häufiger in kürzeren Trainingseinheiten stattfindet gegenüber dem, das seltener mit längeren Trainingseinheiten absolviert wird. Während des Lernprozesses verändert sich die Gewichtung der einzelnen motorischen Komponenten im Hinblick auf ihren Einfluß auf die Gesamtleistung (vgl. FLEISHMAN und HEMPEL 1954), so daß sich auch der Wirkungsgrad von Übungszusammenfassungen verändert. Der erfahrene Lehrer wird jedes einzelne Mal so lange üben lassen, bis ein sichtbarer Erfolg erzielt wurde, schon um Freude und Motivation am Lernen aufrechtzuerhalten. Für unseren Zusammenhang bedeutungsvoll sind auch die Ergebnisse von COOK (1934), der für hochqualifizierte Spieler fand, daß sie mit massiertem Üben am effektivsten in der Lage waren, einen motorischen Stereotyp aufzubrechen und eine Fertigkeit, Technik oder Taktik hinzuzulernen.

Das Gedächtnis dient der Erinnerung an gelernte Bewegungen. Man unterscheidet zwischen Kurzzeit- und Langzeitgedächtnis. Entspricht Länge und Einsatz der Pausen zwischen Lernen und Abfragen des Gelernten einem Bedürfnis, wirkt sich die

Pause positiv, wird die Pause zu einem beliebigen Zeitpunkt erzwungen, ggf. als Störung negativ aus. Das Gedächtnis hat wenigstens eine vierteilige Funktion:

1. Informationsregistrierung,
2. Informationskodierung und -Speicherung,
3. Informationsdekodierung und -Erinnerung,
4. Informationsreproduktion.

Im Hinblick auf das Erlernen und Erinnern der technischen und taktischen Komponenten im Basketball ist es nun die Frage, wie oft geübt werden muß, um ein Behalten zu begünstigen. Die Bewegungsforschung hat gezeigt, daß rhythmische Fertigkeiten (z. B. Dribbeln) am leichtesten zu behalten sind. Das Erzeugen eines bestimmten Rhythmus zur Ausübung einzelner Teilaufgaben bei den Drills wirkt sich somit förderlich auf die Gedächtnisfähigkeit aus. Zusammenhängende Handlungen ohne Rhythmus sind mit einigen Schwierigkeiten zu behalten. Bei den Drills muß daher darauf geachtet werden, daß sie von den Spielern durchschaut, d. h. für sich als zusammenhängende Handlungen erkannt werden. Fertigkeiten ohne innere Beziehung zueinander gelten nämlich als schwer zu behalten. „Sinnlose" Bewegungen sowie solche, die man nicht oft geübt hat, und somit auch nicht eigentlich im Gedächtnis gespeichert hat, sind sehr schwer zu behalten (vgl. CRATTY 1975, 408).

Hieraus leitet sich auch eine weitere Begründung für die Drills ab: Nur was durchschaut und hinreichend geübt wurde, ist gedächtnisfähig und damit auch als Information unter taktischen Gesichtspunkten wieder einsetzbar. Natürlich sind Intuition und Spielwitz erforderlich, um eine Taktik variabel zu gestalten, aber das Abrufen von gespeicherter Information ist für den Trainer/Lehrer die Voraussetzung, um ein wie auch immer geartetes Spielkonzept zu verwirklichen.

Die angesprochenen Gedächtnisstrukturen gelten sowohl für das Kurzzeit- wie für das Langzeitgedächtnis. Die Trennungslinie wird meist bei ca. 30 Minuten aufgrund der biologischen und biochemischen Speicherungsmechanismen angenommen (vgl. SAGE 1976, 172 f.).

Bewegungseigenschaften, die überlernt werden, werden besser und länger behalten als solche, die nur bis zum einmaligen Können gelernt werden. Unter Überlernen versteht man das Lernen, das stattfindet, nachdem die Eigenschaft bereits 100%ig herausgebildet wurde. Überlernen und Verständnis sowie Bewegungsrhythmus stehen jedoch in einem engen Zusammenhang. Das endlose Drillen einer Übung ist weniger effektiv als das Vermitteln, das auch mentales Training einschließt und neben den motorischen Wiederholungen Verständnis für Rhythmus und Struktur der Bewegung vermittelt.

## 4. Drills und motorisches Lernen

In unserem Begründungszusammenhang von Bewegungstheorie und Drills wurde nur am Rande auf die vieldiskutierten Theorien des motorischen Lernens (zuletzt: DAUGS 1979) eingegangen. Dies erschien in unserem Zusammenhang gerechtfertigt, geht es doch nicht darum, einzelne Theorien zu beleuchten, sondern zu zeigen, warum Basketball-Trainer Spielfertigkeiten drillen und warum solche, die unter Berücksichtigung gesicherter Erkenntnisse drillen, ihr Spielniveau heben und viel Freude am Spiel haben. Solche Erkenntnisse sind aber die empirischen Eckdaten, an denen sich alle Theorien orientieren, um sich in Übereinstimmung mit der Wirklichkeit zu bringen.

Wenn ein Lehrer/Trainer vor eine für ihn neue Klasse/Mannschaft tritt, ist er mit einer Fülle an Variablen konfrontiert. Einige dieser Faktoren kann er kontrollieren, andere muß er erkennen und akzeptieren, wie sie sind, z. B. die motorischen Vorerfahrungen der Schüler/Spieler. Im Basketball ist dann eine Mischung von Ganz- und Teillernmethode im Prozeß der Herausbildung der technischen und taktischen Fertigkeiten am günstigsten. Hierfür bieten wir einzelne Drills als Hilfen an, die in ihrer Gesamtheit taktisch variabel einsetzbar sind.

Die taktischen und strategischen Grundentscheidungen wollen wir dem Lehrer nicht abnehmen, bringen sie doch von der Persönlichkeit der Spieler, ihren Vorerfahrungen, dem Trainer, dem Gegner, dem Spielniveau, der Motivation usw. sehr unterschiedliche Voraussetzungen mit. Es ist jedoch möglich, auf allen Fertigkeitsniveaus zu drillen, d. h. isolierte Spielzüge nach der Teillernmethode zu lernen und durch Überlernen zu stabilisieren.

**Literatur**


ALEXANDER, E. D.: Faking: Basketball's Most Neglected Fundamental. In: Coach & Athlete 41 (1978) 4, 20 ff.

ALLARD, F. / GRAHAM, S. / PAARSALN, M. T.: Perception in Sport: Basketball. In: J. Sport Psych. 2 (1980), 1, 14—21.

ALLAWAY, M. H.: Zur Antizipation von Fremdhandlungen im Sportspiel. Diss. DHfK Leipzig 1964.

ANDRESEN, R. / HAGEDORN, G. (Hrsg.): Zur Sportspielforschung. Berlin 1976.

ANDRESEN, R. / HAGEDORN, G. (Hrsg.): Beobachten und Messen im Sportspiel. Berlin 1980.

BERNSTEIN, N. A.: Bewegungsphysiologie. Leipzig 1975.

BERTELSON, P.: The Refractory period of choice reactions with regular and irregular interstimuli intervals. In: Acta Psychol. 27 (1967) 45—56.

BROER, M. R.: The Effect of basic Skills instruction on Basketball. In: Res. Quart. 29 (1958), 4, 379 ff.

BROOKE, J. D. / HAMLEY, E. J. / STONE, P. T.: Disturbances of Attention and Metabolic Homeostasis During the Performance of an Exhausting Physical Activity. In: Whiting (Hrsg.), 1972, a. a. O.

BROOKE, J. D. / WHITING, H. T. A. (Hrsg.): Human Movement, a Field of Study. London 1973.

BRUYA, L. D.: Effect of selected Movement Skills on positive self concept. In: Percept. Mot. Skills 45 (1977), 1, 252 ff.

COOPER, J. M. / SIEDENTOP, D.: The Theory and Science of Basketball. Philadelphia 1969.

CRATTY, B. J.: Motorisches Lernen und Bewegungsverhalten. Frankfurt/M. 1975.

CROSS, T. J.: A comparison of the whole method, the minor game method and the whole part method teaching basketball to ninthgrade boys. In: Res. Quart 8 (1937), 1, 49—54.

DAUGS, R.: Programmierte Instruktion und Lerntechnologie im Sportunterricht. München 1979.

DELTOW, B.: Die Prinzipien des Basketballtrainings. In: Th. u. Pr. der Kk 15 (1966), 3, 238 ff.

DELTOW, B. / KRÜGER, W. / HERCHER, W.: Einige grundsätzliche Bemerkungen zur Technik, Taktik und Methodik des Basketballspiels in der DDR. In: Th. u. Pr. d. Kk 16 (1967), 425 ff.

DICKSON, J.: The Relationship of Depth Perception to Goal Shooting in Basketball. Diss. Iowa State 1953 (Microfilm).

DROWATZKY, J. N.: Motor Learning. Principles and practices. Minneapolis. Minn. 1975.
FARFEL, W. S.: Bewegungssteuerung im Sport. Berlin (O) 1977.
FETZ, F.: Bewegungslehre der Leibesübungen. Frankfurt/M. 1972.
FITTS, P. M. / POSNER, M. T.: Human Performance. Belmont, Calif. 1967.
FLEISHMANN, E. A. / HEMPEL, W. E.: Changes in factor structure of a complex psychomotor test as a function of practise. In: Psychometrika 19 (1954) 239—252.
FOMIN, A. N. / FILIN, P. W.: Altersspezifische Grundlagen der körperlichen Erziehung. Schorndorf 1975.
FROST, R. B.: Psychological Concepts Applied to Physical Education and Coaching. Reading, Mass. 1971.
GÖHNER, U.: Bewegungsanalyse im Sport. Schorndorf 1979.
HAGEDORN, G. / NIEDLICH, D. / SCHMIDT, G.: Basketball-Handbuch. Berlin 1974.
HICK, W. E.: On the Rate of gain of Information. In: U. Exp. Psychol. 4 (1952), II ff.
JAGACINSKI, R. J. / ISAAC, P. D. / BURKE, M. W.: Application of Signal Detection Theory to Perceptual Motor Skills: Decision Processes in Basketball Shooting. In: J. Mot. Behav. 9 (1977), 3, 225 ff.
JAGACINSKI, R. J. / NEWELL, K. M. / ISAAC, P. D.: Predicting the Success of a Basketball Shot at various stages of Execution. In: J. Sport Psych. 1 (1979), 4, 301—310.
JESSEN, K. / VOLKAMER, M.: Untersuchungen zur Wurfsicherheit bei Basketballspielern. In: VOLKAMER, M. (Hrsg.): Experimente in der Sportpsychologie. Schorndorf 1972, 71 ff.
KANTOWITZ, B. H.: Double stimulation. In: Ders. (Hrsg.): Human information Processing: Tutorials in Performance and Cognition. Hillsdale, N. J. 1974.
KLEIN, R. M.: Automatic and strategic processes in skilled performance. In: Nasppa (Hrsg.): Psychology of Motor Behavior and Sport. Champaign, Ill. 1979, 270—287.
KNAPP, B.: Skill in Sport. London 1963.
KOHL, K.: Zum Problem der Sensumotorik. Frankfurt/M. 1956.
KUNZE, G.: Programmierter Unterricht im Sport — Dargestellt am Beispiel des Positionswurfes. In: KOCH, K. / BERNHARD, G. / UNGERER, D.: Motorisches Lernen, Üben, Trainieren. Schorndorf 1972.
LA GRAND, L.: Coach's Guide to Winning Basketball. West Nyack, N. Y., 1967.
LAWTHER, J. D.: The Learning of Physical Skills. Englewood Cliffs, N. J. 1968.
LEVITT, S. / GUTIN, B.: Multiple Choice Reaction Time and movement time during physical exertion. In: Res. Quart. 42 (1971), 405—410.
LOIBL, J.: Biomechanische Untersuchung der Freiwurfbewegung im Basketball. In: Beiheft zu Leistungssport (1980) 23, 111—146.
MAHLER, D.: Die Entwicklung der Gewandtheit im Basketballspiel. In: Th. u. Pr. d. Kk. 16 (1967), 12, 1077 ff.
MEINEL, K.: Bewegungslehre. Berlin (O) 1976.
MERKEL, J.: Die zeitlichen Verhältnisse der Willenstätigkeit. In: Philos. Studien 2 (1885), 73 ff.
MESCHTSCHERJAGIN, I. A.: Die Vervollkommnung des peripheren Sehens — Ein Mittel zur Verbesserung der Taktik bei Basketballspielern. In: Th. u. Pr. d. Kk, 9 (1960), 6, 532 ff.
MEYERS, A. W. / SCHLESER, R.: A cognitive behavioral Intervention for Improving Basketball Performance. In: J. Sport Psych. 2 (1980), 1, 69—73.
MORGAN, W. P. (Hrsg.): Contemporary Readings in Sport Psychology. Springfield, Ill., 1970.
MOORE, I. W.: The Psychology of Athletic Coaching. Minneapolis, Minn. 1970.
MORRIS, G. S. D. / KREIGHBAUM, E.: Dynamics of Visual Acuity of Varsity Women Volleyball and Basketball Players. In: Res. Quart. 48 (1977), 2, 480 ff.
MORTIMER, E. M.: Angles of projection in Basketball and initial velocities in learning to shoot. In: Res. Quart. 22 (1951), 2, 234 ff.
MOWBRAY, G. H.: Choice Reaction Times for skilled Responses. In: Quart. J. Exp. Psych. 12 (1960), 193—202.
NIEMEYER, R. K.: Parts vs. Whole methods and massed vs. distributet practice in the learning of selected large muscle activities. Proceedings College Phys. Ed. Association for Men 5 (1958), 122—125.

RIEDER, H. (Hrsg.): Bewegungslehre des Sports. 2 Bände. Schorndorf 1973; 1977.
ROBB, M. D.: The Dynamics of Motor-Skill Acquisition. Englewood Cliffs, N.J. 1972.
RÜSSEL, A.: Psychomotorik. Darmstadt 1976.
SAGE, G. H.: Introduction to Motor Behavior. A neuro. psychological Approach. Reading, Mass. 1977.
SCHMIDT, R. A.: Anticipation and Timing. In: Psychol. Bull. 70 (1968), 631 ff.
SCHMIDTKE, H.: Zur Frage der informationstheoretischen Analyse von Wahlreaktionsexperimenten. In: Psychol. Forsch. 26 (1961) 157 ff.
SCHNEIDER, W. / SCHIFFIN, R. M.: Controlled and automatic human informations processing: I. Detection, Search and Attention. In: Psychol. Review 84 (1977), 1—66.
SHICK, J.: Relationship between Hand Eye Dominance and Lateral Errors in Basketball Freethrow Shooting. In: Percept. Mot. Skills 44 (1977), 2, 549 ff.
SHIFFIN, R. M. / SCHNEIDER, W.: Controlled and automatic human information processing: II. Perceptual Learning; automatic attending, and a general theory. In: Psychol. Review 84 (1977), 127—190.
SINGER, R. N.: Coaching Athletics and Psychology. N.Y. 1971.
SMITH, M. C.: The effect of varying information on the psychological refractory period. In: Acta Psychol. 30 (1969), 220—231.
STALLINGS, L. M.: Motor Skills — Development and Learning. St. Louis, Mo. 1976[3].
STELMACH, G. E.: Efficiency of motor learning as a function of intertrial rest. In: Res. Quart. 40 (1969), 198—202.
STELMACH, G. E. (Hrsg.): Motor Control: Issues and Trends. N. Y. 1976.
STROUP, F.: Relationship between measurement of field of motion perception and basketball ability in college men. In: Res. Quart. 28 (1957), 72—76.
TUSSING, L.: Basketball's effect on vision. In: Res. Quart. 11 (1940), 1, 16 ff.
TUTKO, T. A. / RICHARDS, J. W.: Psychology of Coaching. Boston 1971.
WELFORD, A. T.: The „psychological refractory period" and the timing of high speed performance — a review and a theory. In: Pr. J. Psychol. 43 (1952), 2—19.
WELFORD, A. T.: Evidence of a single channel decision mechanism limiting performance in a serial reaction task. In: Quart. J. Exper. Psychol. 11 (1959), 193—210.
WELFORD, A. T.: Single-Channel operation in the brain. In: Acta Psychol. 27 (1967), 5—22.
WHILDEN, P. P.: Comparison of two methods of teaching Basketball. In: Res. Quart. 27 (1956), 2, 235 ff.
WHITING, H. T. A.: Acquiring Ball Skill. A Psychological Interpretation. London 1969.
WHITING, H. T. A. (Hrsg.): Reading in Sport Psychology. London 1972.
WHITING, H. T. A. u. a.: Personality and Performance in Physical Education and Sport. London 1973.
WHITING, H. T. A. (Hrsg.): Reading in Human Performance. London 1975.
WILKE, K.: Die Bedeutung der Eigenrealisierung von Bewegungen für deren Beherrschung und didaktische Vermittlung. In: Training und Beanspruchung, Bd. 3. Frankfurt/M. 1973, 96 ff.
WILLIAMS, J. M. / THIRER, J.: Vertical and Horizontal peripheral vision in male and female athletes and nonathletes. In: Res. Quart. 46 (1975), 200—205.
WILLIAMS, L. R. T.: Refractorisness of an extended movement to directional change. In: J. Mot. Behavior 3 (1971), 289—300.
WILLIAMS, L. R. T.: Effects of number of Alternatives on the psychological refractoriness of an extended movement. In: J. Mot. Behavior 6 (1974), 227—234.
WILLIAMS, L. R. T. / SULLIVAN, S. J.: Effects of Movement Speed on the Refractoriness of an Extended Movement to Reversal. In: Journal of Human Movement Studies 4 (1978), 4, 70—84.
WOODEN, J. R.: Practical Modern Basketball. N. Y. 1966.
WOODEN, J. R.: They call me coach. Waco. Tex. 1973.

Dieter Niedlich / Arnd Krüger

# III. 200 neue Basketball-Drills

Basketball gehört zu den schnellsten Spielen der Welt; in ihm kommen mit die meisten Aktionen pro Zeiteinheit vor. Dies erfordert eine intensive Schulung, bis bestimmte Spielelemente beherrscht werden. Wir haben uns bei unserer Auswahl von Drills zur Schulung der Elemente im wesentlichen auf solche beschränkt, die kein besonderes Spielsystem voraussetzen, da wir die individuellen Besonderheiten von Lehrer/Trainer, Spielern und Mannschaft nicht noch weiter einschränken wollen, als es Drills insgesamt bereits tun können. Unabhängig von Spielauffassung und Spielsystemen gibt es jedoch Grundzüge und individuelle Fertigkeiten, die in jedem System vorkommen. Für diese sind unsere Drills vorgesehen, wobei wir versucht haben, zweckmäßige, interessante und auch neue Drills zu verwenden, die alle bereits vielfach in der Praxis — vor allem in Deutschland und den USA — verwendet wurden. Diese wenden sich an die wesentlichen individuellen Fähigkeiten und Fertigkeiten der Spieler, nämlich Kondition (= Schnelligkeit, Ausdauer, Kraft, Gewandtheit), Aufwärmen (= Erreichen des optimalen Aktivationsniveaus), Technik (= Dribbeln, Fangen, Werfen, Passen, Fußarbeit, Fintieren, Rebound, Tippen) und Vortaktik (= Drills mit mehreren Spielern auf jeder Seite, Individuelle Verteidigung).

Bei jedem Drill ist die vorrangige Zielsetzung angegeben, sowie Durchführung, methodische Hinweise und ggf. Übungsvariationen. Die meisten Drills lassen sich auch mit anderen als den angegebenen Zielsetzungen durchführen, so läßt z. B. mit den meisten bei entsprechendem Trainingsumfang bzw. -intensität die Kondition schulen. Aus den methodischen Hinweisen und den Durchführungsanweisungen lassen sich leicht neben den angegebenen Übungsvariationen weitere finden, die vielleicht den Spielauffassungen von Lehrer/Trainer, Spielern und Mannschaft näher kommen. Die Drills in den hier angegebenen Formen lassen jedoch bereits ein breites Spektrum an Möglichkeiten zu.

# 1. Kondition

Die körperlichen Voraussetzungen für das Basketballspiel sind teils angeboren (u. a. Körpergröße), werden außerhalb des Spielfeldes (u. a. Maximalkraft) und auf dem Spielfeld selbst erworben. Das konditionelle Anforderungsprofil an den Basketballspieler beinhaltet eine spezifische Schnelligkeits- und Schnellkraftausdauer, daneben Reaktions-, Bewegungs- und Antrittsschnelligkeit, Schnellkraft, Körper-, Lauf-, Sprung- und Wurfgewandtheit sowie eine allgemeine Biegsamkeit und Beweglichkeit. Während in einem allgemeinen Konditionstraining auch ohne Ball gezielt eine Grundlage in der Vorbereitungsperiode für die folgende Saison gelegt werden kann, beinhalten unsere Konditionsdrills bereits die spezielle Kondition unter Zuhilfenahme des Balles, was zusätzlich der Technik- und Taktikschulung zugute kommt und die Spielfreude erhöht. Bei einer entsprechenden Übungsfrequenz lassen sich die konditionellen Voraussetzungen jedoch auch mit den meisten Drills der anderen Kategorien schulen.

## 1.1 Linien-Sprint-Drill *(Abb. 4)*



**Zielsetzung:**

Mit dem Drill soll Beschleunigungsvermögen, Gewandtheit, anaerobe Ausdauer und Antizipation von Geschwindigkeitsveränderungen geschult werden.

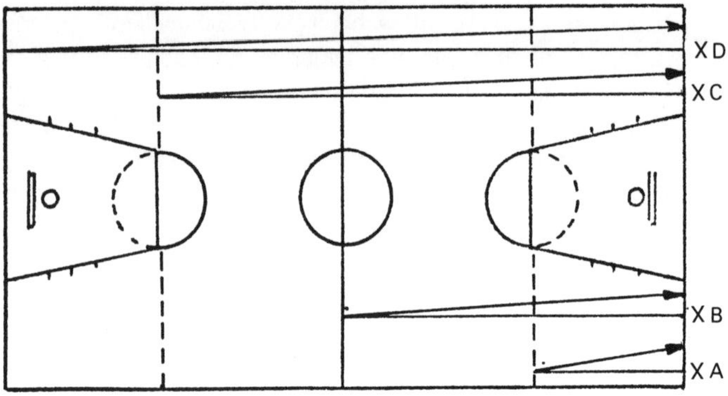


*Abb. 4*

**Durchführung:**

1. Die Spieler nehmen Aufstellung an der Endlinie, große und kleine Spieler stehen getrennt.
2. Der Coach gibt mit einem Pfiff das Startsignal. Die Spieler sprinten bis zur Freiwurflinie bzw. ihrer gedachten Verlängerung, wenden und sprinten zurück zur Endlinie.
3. Dort wenden sie und sprinten zur Mittellinie. Dort wenden sie und sprinten zurück zur Endlinie.
4. Dort wenden sie und sprinten zur gegenüberliegenden Freiwurflinie. Dort wenden sie und sprinten zurück zur Endlinie.
5. Dort wenden sie und sprinten zur gegenüberliegenden Endlinie. Dort wenden sie und sprinten zurück zur Endlinie als Ziel.

**Methodische Hinweise:**

Der Drill wird meist am Ende des Trainings durchgeführt, um noch einmal Kräfte zu mobilisieren bzw. vor Freiwurfdrills, um eine spielgerechte Belastung zu erzeugen.

**Übungsvariationen:**

Durchführung partnerweise als Geschicklichkeits-, Dribbel- bzw. Schnellangriffsdrill mit zwei Bällen, einem Ball und ohne Ball.

## 1.2 Konditionsdrill zusammen mit technischen Fertigkeiten *(Abb. 5)*

**Kondition**

**Zielsetzung:**

Um der Monotonie von körperbildenden Übungen entgegenzuwirken, werden diese zusammen mit technischen Fertigkeiten (hier Dribbeln) als Konditionsdrill kombiniert.

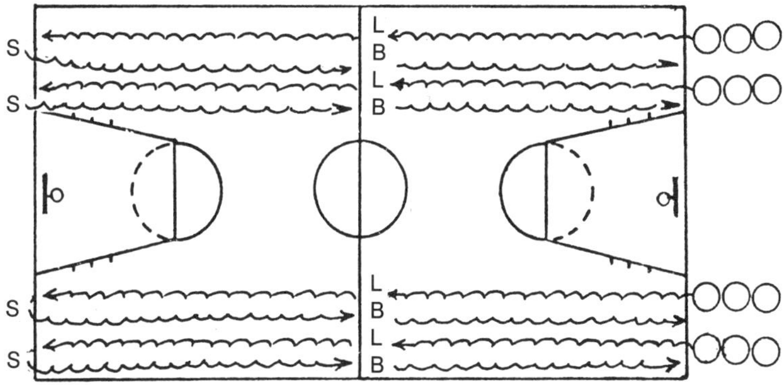


*Abb. 5*

**Durchführung:**

1. Die Spieler werden in gleichgroße Gruppen eingeteilt. Die Spieler stehen in Reihen hintereinander an der Endlinie.
2. Der erste Spieler jeder Gruppe hat einen Ball. Auf den Pfiff des Trainers hin, dribbeln sie mit der rechten Hand bis zur Mittellinie.
3. Dort stoppen sie und machen 5 schnelle Liegestütze (L).
4. Danach nehmen sie den Ball wieder auf und dribbeln mit der linken Hand weiter an die andere Endlinie.
5. Dort halten sie den Ball mit einer Hand fest, springen 5mal vor der Wand hoch und schlagen dabei mit der freien Hand hoch dagegen (S).
6. Danach dribbeln sie (mit einer beliebigen Hand) zur Mittellinie zurück und stoppen wieder. Die Beine werden gerade durchgestreckt und der Boden muß dabei 5mal mit beiden Händen berührt werden (B).
7. Dann nehmen sie den Ball wieder auf, dribbeln zu ihrer Reihe zurück und übergeben den Ball an den nächsten Spieler.
8. Dieser Drill kann von allen in gleichem Tempo oder als Wettbewerb — welche Gruppe schafft den Drill am schnellsten — durchgeführt werden.

**Methodische Hinweise:**

Die Spieler sind angewiesen, sowohl die technischen Fertigkeiten (hier das Dribbeln) wie die körperbildenden Übungen und Bewegungsaufgaben genau durchzuführen.

**Übungsvariationen:**

1. Die Übungsintensität kann beliebig erhöht werden.
2. Statt des Dribbelns können auch die technischen Fertigkeiten wie Passen oder Werfen zu den körperbildenden Übungen genommen werden.

## 1.3 Dribbel-Staffel-Drill *(Abb. 6)*

**Zielsetzung:**

Durch den Drill werden Dribbelsprints geschult, gleichzeitig werden durch den Wettbewerb Begeisterung bei den Spielern und Ballkontrolle gefördert.

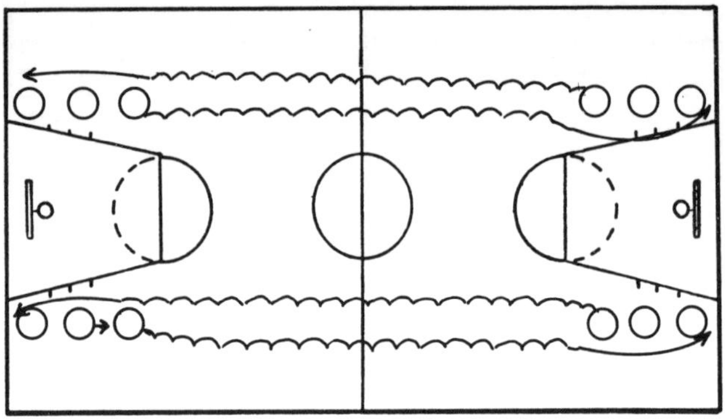

*Abb. 6*

**Durchführung:**

1. Die Spieler werden in vier kleine Gruppen eingeteilt. Der erste jeder Gruppe steht am Ende der Freiwurflinie mit dem Gesicht zur Mittellinie.
2. Je zwei Gruppen stehen sich gegenüber. Jede Gruppe hat die gleiche Anzahl von Spielern.
3. Die ersten Spieler zweier, an einer Freiwurflinie stehenden Gruppen, holen einen Ball.
4. Auf ein Signal hin geht der Drill los und die ersten dribbeln so schnell wie möglich zum gegenüberstehenden Mann. Beim Vorbeigehen gibt der Dribbler einen Bodenpass und der neue Ballbesitzer dribbelt zum zweiten Mann der ersten Reihe.
5. Der Drill kann beendet sein, wenn der letzte Mann gedribbelt hat oder die beiden ersten in ihre Ausgangsposition zurückgekehrt sind.

**Methodische Hinweise:**

Die Dribbler sollten so schnell wie möglich den Ball vor sich hertreiben und dabei den Ball kontrollieren. Die Übergabe bzw. das Zuspiel des Balles muß einheitlich erfolgen.

**Übungsvariationen:**

1. Die Übungsintensität kann beliebig erhöht werden; es kann Aufgabe sein, daß die Spieler hin-, zurück- und wieder hindribbeln oder die gesamte Gruppe den Drill zweimal hintereinander durchlaufen muß usw.
2. Es wird festgelegt, mit welcher Hand gedribbelt werden muß.

## 1.4 Korbleger-Wettbewerb-Drill *(Abb. 7)* **Kondition**

**Zielsetzung:**

Dieser Drill soll den schnellen (aber nicht überhastet durchgeführten) Korbleger aus größerer Entfernung unter Wettbewerbsbedingungen schulen.

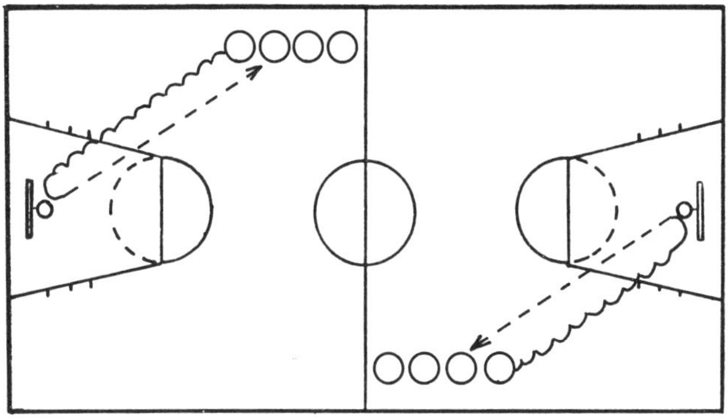

*Abb. 7*

**Durchführung:**

1. Die Spieler werden in zwei gleichstarke, kleine Gruppen aufgeteilt, die in größerer Entfernung vor den Körben Aufstellung nehmen.
2. Der startende Spieler jeder Mannschaft steht in genau gleicher Position und Entfernung zum Korb.
3. Auf ein Signal dribbelt der erste Spieler zum Korb los und macht einen Korbleger.
4. Sobald er den Korbleger verwandelt hat (und er muß nachgehen, falls der Wurf vorbeigeht), passt er zum zweiten Spieler seiner Reihe.
5. Der zweite Spieler darf seinen Startplatz nicht verlassen, bevor der Ball seine Hände berührt.
6. Der Drill wird solange durchgeführt, bis 20 Punkte, d. h. jeder Wurf zählt 2 Punkte, erreicht sind.
7. Die Reihen bzw. Mannschaften rufen laut ihr momentanes Ergebnis aus. Z. B. rufen alle Mitglieder der Reihe laut „zwei", wenn der erste Spieler seinen Korbleger verwandelt.

**Methodische Hinweise:**

Der Trainer sollte den Startplatz markieren (Kreidestrich, Stuhl usw.). Beim Dribbelbeginn muß die Schrittregel genau beachtet werden. Die Spieler sollen schnell aber nicht überhastet dribbeln und werfen, um jeden Korbleger verwandeln zu können.

**Übungsvariationen:**

1. Die Startposition bzw. der Winkel und auch die Entfernung zum Korb sollten variiert werden.
2. Die Wurfhand wird festgelegt, z. B. von der linken Seite mit der linken Hand.
3. Fortgeschrittene müssen jeden Korbleger verwandeln, andernfalls muß diese Reihe von vorne beginnen.

## 1.5 Weitwurf-Wettbewerb-Drill *(Abb. 8)*

**Kondition**

**Zielsetzung:**

Dieser Drill fordert die Spieler zu schnellem Werfen und nachfolgenden Rebounden und Zurückpassen heraus. Gleichzeitig soll bei diesem Werfen unter Wettbewerbsbelastung das Konzentrieren beim Wurf geübt werden.

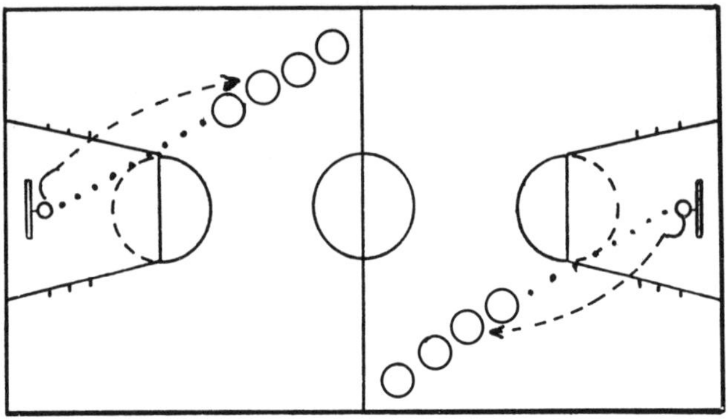

*Abb. 8*

**Durchführung:**

1. Die Spieler werden in zwei kleine Gruppen aufgeteilt, die in gleicher Entfernung von den Körben stehen.
2. Auf ein Signal hin wirft der erste Spieler jeder Reihe auf den Korb, rennt und holt den Rebound und passt zum nächsten Spieler.
3. Sieger ist die Gruppe, die zuerst 20 Punkte — jeder Wurf zählt 2 Punkte — erzielt hat.

**Methodische Hinweise:**

Die Abwurfstelle sollte markiert sein (Kreidestrich, Stuhl usw.). Die Aktionen sollen schnell aber nicht überhastet erfolgen.

**Übungsvariationen:**

1. Zur Steigerung der Belastung wird die Zahl der Gruppenmitglieder verringert bzw. auf 2 reduziert.
2. Jeder in der Luft gefangene Rebound kann nachgeworfen werden und zählt ebenfalls zwei Punkte.

## 1.6 Hetz-Achterlauf mit Korbleger-Drill *(Abb. 9)* **Kondition**

**Zielsetzung:**

Bei ständig fortschreitender Belastung sollen das genaue Zuspiel auf engem Raum und der konzentrierte Korbleger nach langem Sprint geschult werden.

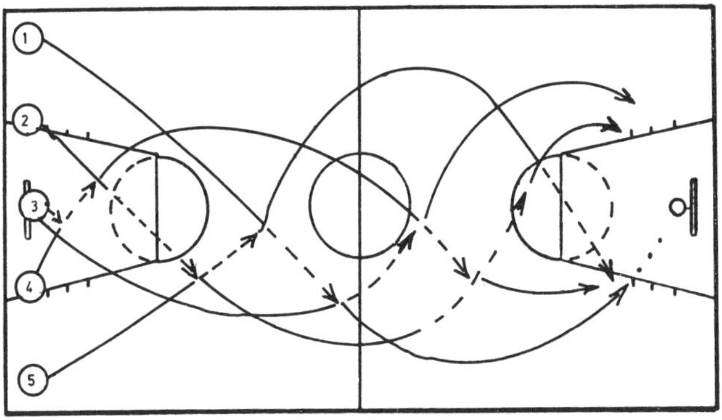


*Abb. 9*

**Durchführung:**

1. An der Endlinie stehen 5 Spieler in einer Linie nebeneinander.
2. Der Mittelmann Nr. 3 hat den Ball und beginnt den Drill, indem er den Ball zu Spieler Nr. 4 passt bzw. übergibt. Nr. 3 schneidet dann um Nr. 4 und 5 herum schräg nach vorne und wieder zur Mitte, um einen Rückpass zu erhalten.
3. Nr. 4 erhält den Ball und bewegt sich im Zweierrhythmus (ohne zu dribbeln) diagonal übers Feld schräg zu Nr. 2. Nr. 4 übergibt den Ball an Nr. 2 und schneidet dann um Nr. 2 und 1 herum usw.
4. Am Ende des Feldes wird ein Korbleger gemacht, gereboundet, und sofort geht es in die andere Richtung zum anderen Korb zurück, wo ebenfalls mit einem erfolgreichen Korbleger abgeschlossen werden muß.
5. Die Spieler beginnen mit zunächst zwei Läufen übers Feld; danach ist die zweite Fünfergruppe an der Reihe.
6. Nach den zwei folgen vier, sechs, acht und schließlich zehn Läufe übers Feld.
7. Jeder Korbleger muß verwandelt werden. Bei einem Fehlwurf (und selbst wenn es der 10. von den zehn ist) beginnt der Drill für diese Gruppe von vorne.

**Methodische Hinweise:**

Immer der Mittelmann startet den Drill. Nach dem Pass muß der Spieler stets hinter dem Empfänger herumschneiden und dann blitzschnell nach vorne starten.
Es ist nicht erlaubt, daß stets derselbe Spieler die Korbleger macht.

**Übungsvariationen:**

1. Statt 5 Spielern können auch 3 Spieler (Dreierlauf) den Drill durchführen.
2. Bei Anfängern wird bei einem Fehlwurf der Drill nicht von vorne begonnen, sondern fortgesetzt.

## 1.7 Dribbel-Abschlag-Drill *(Abb. 10)*

**Kondition**

**Zielsetzung:**

Die Spieler sollen lernen, auch bei höchster Geschwindigkeit und häufigen Finten den Ball ohne Blickverbindung zu kontrollieren und selber dauernd zu fintieren bzw. den Finten auszuweichen.

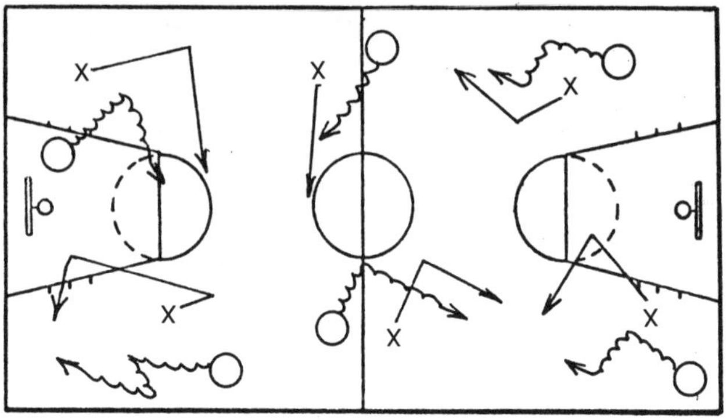

*Abb. 10*

**Durchführung:**

1. Die Spieler verteilen sich paarweise auf dem Feld oder Halbfeld; jedes Paar hat einen Ball.
2. Jedes Paar spielt für sich, es muß aber den Bewegungen der anderen ausweichen.
3. Ein Spieler hat den Ball, er ist der Jäger, der andere ist der Hase.
4. Der Hase läuft weg, er muß dem nachfolgenden Jäger mit ständigem Fintieren ausweichen.
5. Der Jäger nimmt dribbelnd die Verfolgung auf, er muß dribbelnd den Hasen mit der freien Hand abschlagen.
6. Nach dem Abschlag wechseln die Spieler die Rollen. Da der Drill sehr anstrengend ist, sollte er nur einige Minuten gespielt werden.

**Methodische Hinweise:**

Die Paare müssen darauf achten, sich nicht gegenseitig umzurennen. Der Dribbler muß den Ball kontrollieren, er darf den Hasen nicht ohne Ball verfolgen. Bei Anfängern ist es ratsam, nur das Halbfeld bzw. die getrennten Halbfelder zu benutzen.

**Übungsvariationen:**

1. Fortgeschrittene können die Rollen so tauschen, daß der Dribbler zum Hasen und der Mann-ohne-Ball zum Jäger wird.
2. Der Drill kann verlängert werden, indem nach ca. 1—2 Minuten Pausen eingelegt werden, in denen paarweise z. B. 10 Freiwürfe geworfen werden.

## 1.8 Dribbler-Verfolgungs-Drill *(Abb. 11)*

**Kondition**

**Zielsetzung:**

Einige Dribbler werden nervös, wenn der Verteidiger sie von hinten verfolgt. Der Drill will dem Dribbler helfen, diese Situation zu meistern.

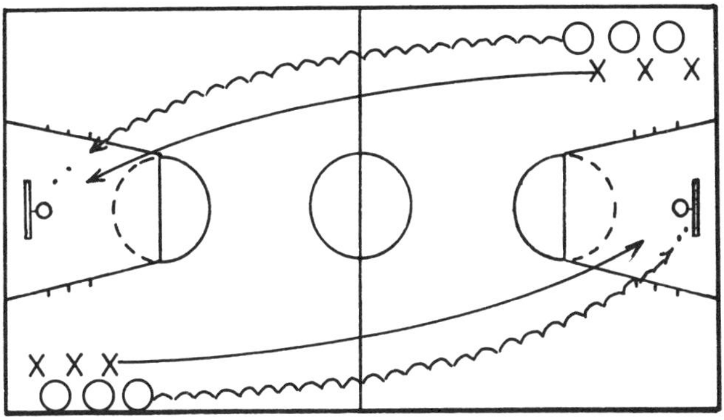

*Abb. 11*

**Durchführung:**

1. Je zwei Reihen stehen nebeneinander in den entgegengesetzten Ecken des Spielfeldes, wobei die Außenreihe 2 Schritte vor den Innenreihen steht.
2. Auf das Signal des Trainiers starten die ersten Spieler aller Reihen zum anderen Korb.
3. Die ersten Spieler der (vorderen) Außenreihe sind die Dribbler; die ersten der (zweiten) Innenreihe sind die Verfolger.
4. Die Verfolger tun alles Mögliche, um die Dribbler zu verunsichern und ihren Weg zum Korb und den Korbleger zu stoppen.

**Methodische Hinweise:**

Die verfolgenden Verteidiger müssen sehr geschickt vorgehen und unter allen Umständen die Regeln beachten. Die Dribbler müssen den Ball mit ihrem Körper schützen und sich in ihrem Rhythmus zum Korb möglichst nicht aufhalten lassen.

**Übungsvariationen:**

Der Ausgangsabstand zwischen Dribbler und Verfolger kann variiert werden.
Der Drill kann auch auf der anderen Spielfeldseite durchgeführt werden.

## 1.9 Tip- und Renn-Drill *(Abb. 12)*



**Zielsetzung:**

Gefürchtetes Konditionstraining, das besonders am Ende des Trainings eingesetzt werden sollte.

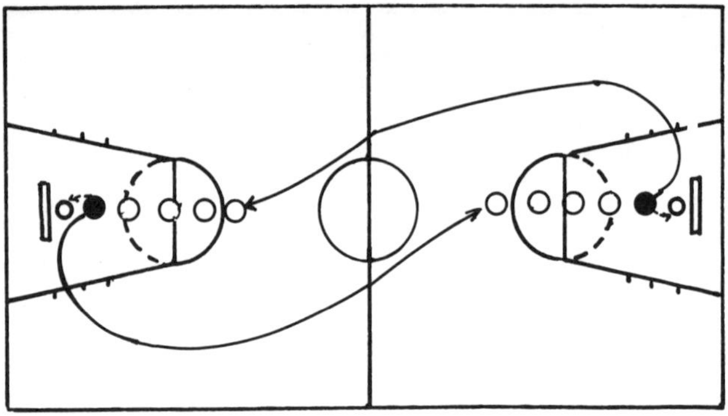

*Abb. 12*

**Durchführung:**

1. Auf Pfiff wird an beiden Körben mit dem Tippen begonnen.
2. Nachdem ein Spieler den Ball getippt hat, rennt er zum anderen Korb, um dort zu tippen.
3. Berührt ein Ball den Boden, beginnt der Drill von vorne.
4. Die Spieler müssen 3 Minuten tippen und laufen, ohne daß ein Ball auf den Boden fällt, bevor der Drill zu Ende ist.

**Methodische Hinweise:**

Die Spieler müssen dem Ball entgegenspringen und ihn in der Luft annehmen. Das Tippen im Stand ist nicht erlaubt.
Der Ball muß druckvoll aber sanft getippt werden, so daß er für den nächsten Spieler spielbar ist. Nach dem Tip muß sofort zum anderen Korb gesprintet werden.
Es sollten nicht mehr als 8—10 Spieler beteiligt sein.

**Übungsvariationen:**

1. Bei Anfängern kann der Ball von einem Spieler mehrmals getippt werden, falls der nächste der Reihe noch nicht herangerannt ist (Hauptsache der Ball fällt nicht zu Boden).
2. Es wird vorher festgelegt, wie der Ball getippt werden soll (ein- oder beidhändig).

## 1.10 4-Linien-Schnellangriff-Konditions-Drill *(Abb. 13—18)* **Kondition**

**Zielsetzung:**

Dieser 4-Linien-Drill schult zum einen Schnelligkeitsausdauer als konditionelle Komponente und zum anderen den organisierten Schnellangriff als taktische Komponente.

**Durchführung:**

1. Die Drills werden auf beiden Längsseiten links und rechts durchgeführt, 6—9 Minuten in jeder Richtung.
2. Die Drills werden unterschieden in solche, bei denen in der Mittelspur, und solchen, bei denen außen gedribbelt wird. In *Abb. 13* und *14* sind die Spieler Gegner, in *Abb. 15—18* gemeinsame Partner.
3. Die Spieler, die in den Positionen mit den geraden Nummern beginnen, gehen zu denen mit ungeraden Nummern und umgekehrt (1 zu 4, 2 zu 3, 3 zu 2 und 4 zu 1).
4. Spieler 1 und 3 nehmen den Rebound und geben den Pass zum Schnellangriff zu Spieler 2 und 4, die zum Ball zurückstarten.
5. Nach Ballerhalt dribbeln 2 und 4 zum Korb und machen einen Korbleger. Die Passgeber 1 und 3 sprinten hinterher und versuchen, den Ballbesitzer zu stören.
6. Während des Wurfversuches gehen die nächsten Spieler mit den ungeraden Zahlen zum Rebound und starten den Drill auf der anderen Seite.
7. Nach dem Wurf gehen dann Nr. 1 zu Linie 4, Nr. 3 zu Linie 2, Nr. 2 zu Linie 3 und Nr. 4 zu Linie 1. Durch diese Rotation wirft kein Spieler zweimal hintereinander.

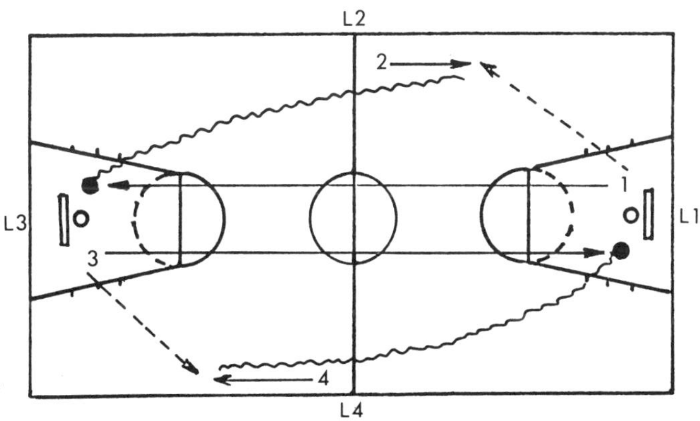

*Abb. 13*

**Zu Abb. 13:** Drill mit Korbleger.

**Zu Abb. 14:** Statt eines Korblegers wird ein Sprungwurf aus mittlerer Entfernung gemacht.

**Zu Abb. 15:** Jetzt sind die Spieler Partner. Der Außenmann passt jetzt zum Mittelmann zurück, der von der Freiwurflinie einen Sprungwurf macht.

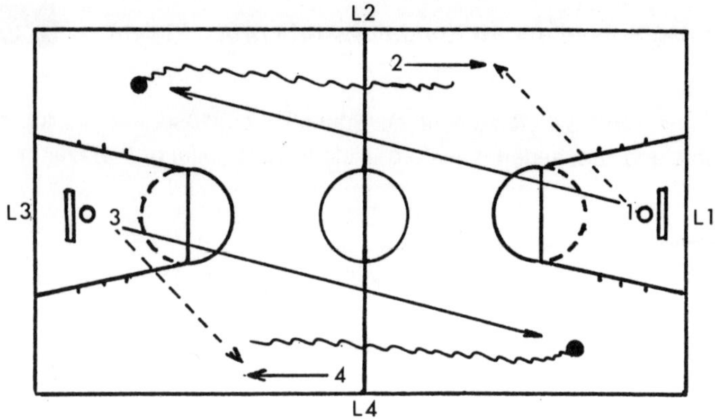


*Abb. 14*

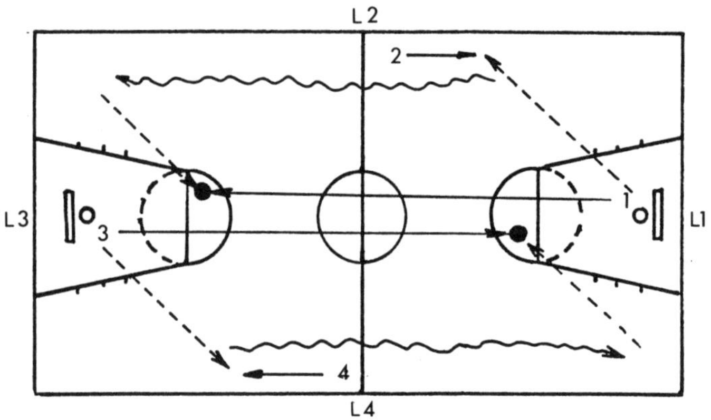


*Abb. 15*

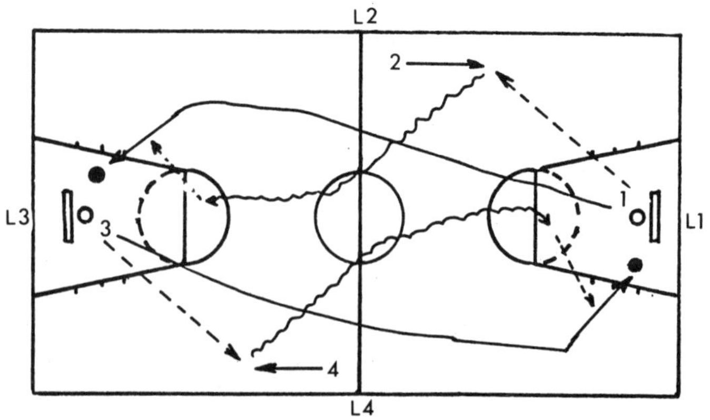


*Abb. 16*

**Zu Abb. 16:** Der Außen dribbelt jetzt nach innen in die Mittelspur, stoppt an der Freiwurflinie ab und passt zu seinem schneidenden Partner, der einen Korbleger macht.

**Zu Abb. 17:** Beginn wie in *Abb. 16,* jetzt schließt der schneidende Spieler mit einem Sprungwurf ab.

**Zu Abb. 18:** Beginn wie in *Abb. 16,* jetzt täuscht der Mittelmann den Pass und wirft selber einen Sprungwurf von der Freiwurflinie.

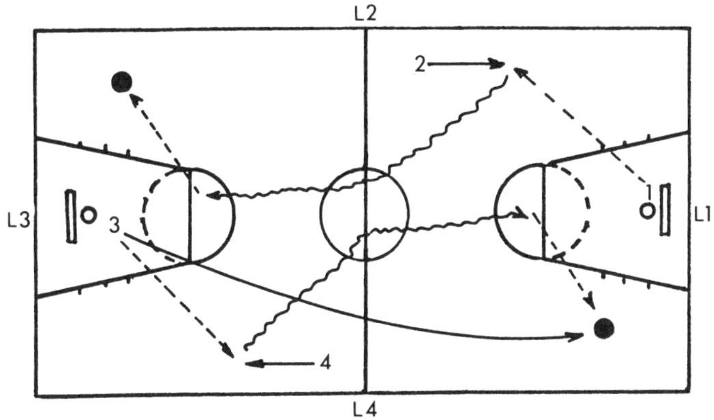


*Abb. 17*

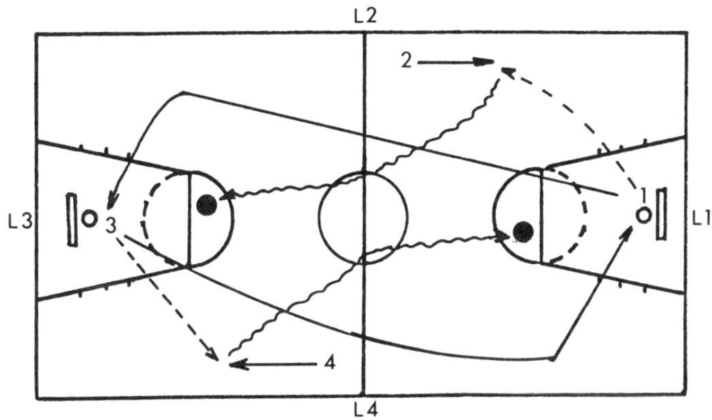


*Abb. 18*

**Methodische Hinweise:**

1. Der Rebounder muß einen guten, wirksamen ersten Pass nach außen geben.
2. Der Empfänger muß zurücklaufen, um den ersten Pass anzunehmen.
3. Der Dribbler muß seinen Kopf hochhalten und die richtige Spur entlangdribbeln.
4. Nach dem (ersten) Pass muß der Rebounder in die richtige Spur laufen.
5. Der Dribbler muß einen korrekten, ausbalancierten Stopp machen, so daß er werfen oder passen kann.

**Übungsvariationen:** Vergleiche *Abb. 13—18.*

## 2. Aufwärmen

Vor jedem Training und vor jedem Wettspiel müssen sich die Spieler aufwärmen, um ein verletzungsfreies und gut koordiniertes Bewegungsvermögen einsetzen zu können. Während des Aufwärmens vor dem Training, das bereits zum folgenden Übungsabschnitt hinführt, haben sich beim Aufwärmen vor dem Wettspiel zwei unterschiedliche Zielsetzungen herauskristallisiert: Während die eine Richtung versucht, sowenig wie möglich aus ihrem technischen und taktischen Repertoire zu zeigen, bemüht sich die andere, mit einem „Feuerwerk" Gegner und Zuschauer zu beeindrucken.

Das Aufwärmen hat mehrere Funktionen. Die erste ist rein körperlich. Es gibt nur sehr wenige Sportler, die ohne vorherige Dehn- und Aufwärmübungen ihre Muskulatur optimal einsetzen können. Zerrungen als Folge ungenügender Aufwärmarbeit haben sich im ersten Teil von Training und Wettkampf schon häufig ereignet. Ungenaue Pässe und Korbwürfe in den ersten Minuten des Wettspiels sind ebenfalls die häufige Folge von unzureichender Aufwärmarbeit. Das Aufwärmen hat jedoch auch eine taktische Komponente. Es gibt die Möglichkeit, vor dem Spiel noch einmal typische Kombinationsformen zu üben. Bei Korbwürfen (vor allem in fremder Halle) kann man sich vor dem Spiel auf die Besonderheiten einer neuen Situation (z. B. Lichtverhältnisse) gewöhnen. Auch die psychologische Wirkung einer guten Aufwärmarbeit auf die Mannschaft selbst, aber auch auf die gegnerische Mannschaft, darf nicht unterschätzt werden.

## 2.1 Sechser-Aufwärm-Kombinations-Drill *(Abb. 19—23)*



**Zielsetzung:**

Durch die klare Trennung einzelner Übungsfolgen sollen neben dem allgemeinen Aufwärmen grundlegende Fertigkeiten angesprochen werden.

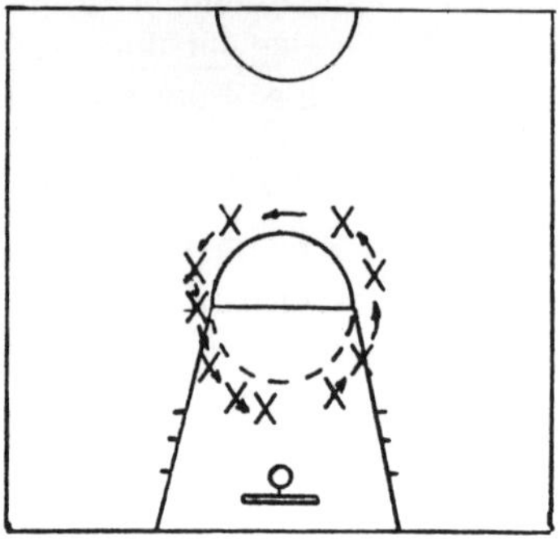

*Abb. 19*

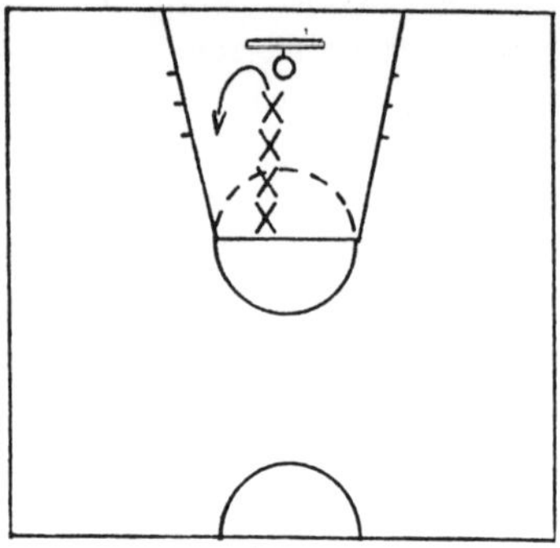

*Abb. 20*

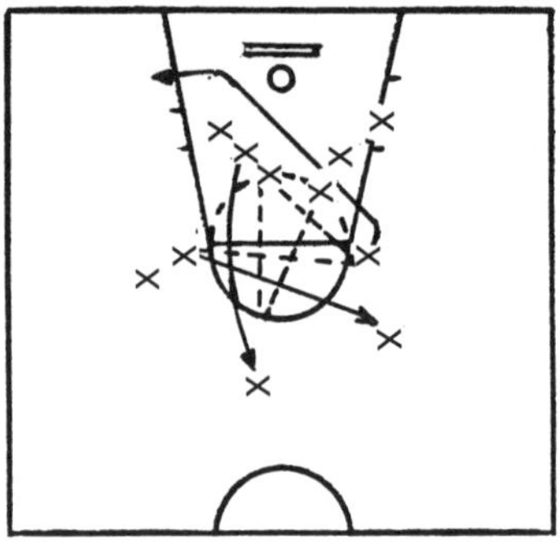

*Abb. 21*

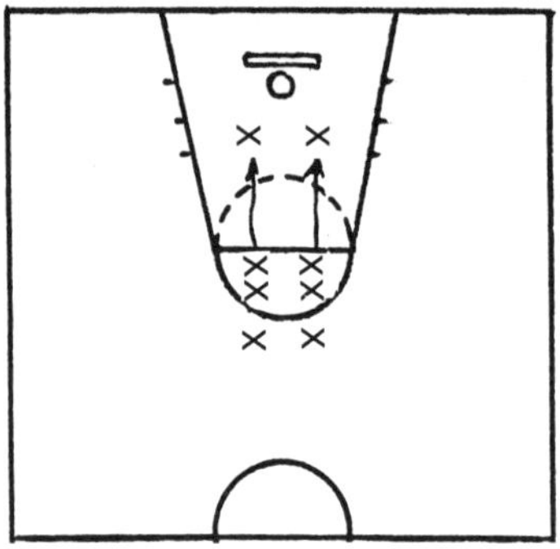

*Abb. 23*

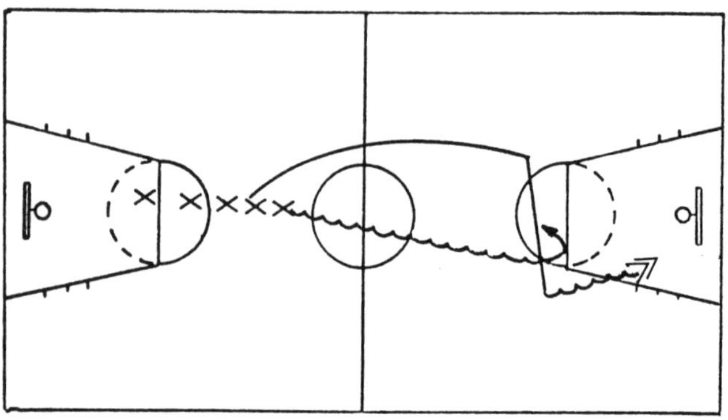

*Abb. 22*

**Durchführung:**

Durch Wechsel von langsamen und schnellen Drills kann auch ohne Formverlust auf das Wettspiel vorbereitet werden.

1. Langsamer Trab um den Freiwurfkreis. Bei jeder 2. Runde Sprung mit Berühren des Korbes *(Abb. 19)*.
2. In einer Reihe Aufstellung zum Brett. Tippen des Balles gegen das Brett. Erneutes Tippen jeweils durch den Hintermann *(Abb. 20)*.
3. Sternpassdrill: Sowohl Brust- wie Bodenpass werden benutzt. Er wird mit 5 Reihen um den Freiwurfkreis durchgeführt. Der Spieler mit dem Ball passt ihn zum übernächsten Spieler nach rechts und stellt sich hinter dessen Reihe auf. Dies wird in gleicher Weise fortgeführt *(Abb. 21)*.
4. Wurfdrill: Die Spieler stellen sich in einer Reihe auf. Jeder 2. Spieler hat einen Ball. Die Spieler üben zu zweit. Der erste Spieler dribbelt nach rechts bis zur Freiwurflinie und macht einen Sternschritt weg vom Korb. Der 2. Spieler läuft zur linken Seite der Freiwurflinie und schneidet dann an seinem Partner vorbei, um den Ball zu bekommen und zu werfen *(Abb. 22)*. Korbleger, Hakenwürfe und Sprungwürfe von beiden Seiten sind möglich.
5. Angriffs- und Verteidigungsspiel 3 gegen 3.
6. Freiwürfe, um sich wieder zu erholen, ggf. an fremde Halle gewöhnen. Es stehen gleichzeitig 2 Spieler auf der Freiwurflinie und werfen je 2 Mal, ehe die nächsten folgen. Die beiden gehen dann zum Brett und nehmen die Rebounds der beiden Folgenden auf, ehe sie sich hinten an den beiden Reihen wieder anschließen und die nächsten beiden werfen *(Abb. 23)*.

**Methodische Hinweise:**

Vor dem Wettspiel sollte die Reihenfolge nicht variiert werden, um den Spielern Sicherheit durch eine Bewegungsroutine zu geben.

**Übungsvariationen:**

Jeder der Drills läßt Variationen zu, z. B.:

1. Laufen in entgegengesetzter Richtung, gleiten statt laufen.
2. Aufstellung in zwei oder mehr Reihen, tippen zum Vordersten der Nachbarreihe.
3. 3 oder 7 statt 5 Reihen; andere Passformen.
4. Gegengleiche Ausführung von der anderen Seite.
5. Bestimmte Standardformen.
6. Tip-in, Dunking nach dem Rebound.

## 2.2 Kreuzen über Post-Drill *(Abb. 24)*

**Zielsetzung:**

Dieser Drill schult eine reale Spielsituation, das häufig vorkommende Kreuzen über den Post.

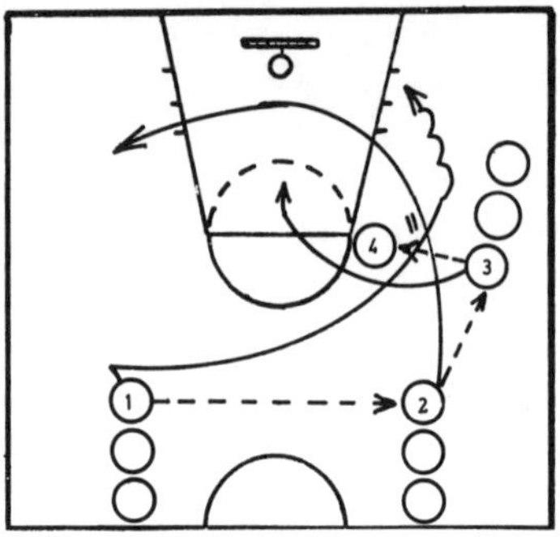


*Abb. 24*

**Durchführung:**

1. Die Mannschaft stellt sich so wie in *Abb. 24* auf.
2. Spieler Nr. 1 passt zu Nr. 2, Nr. 2 zu Nr. 3, Nr. 3 zum Post (Nr. 4).
3. Nr. 1, 2 und 3 schneiden dann über Kreuz am Post vorbei.
4. Der Post passt bzw. übergibt den Ball an Nr. 1 (oder an 2 oder 3).
5. Nr. 1 übernimmt den Ball, dribbelt und macht einen Korbleger.
6. Der Rebound wird genommen und der Ball zur Reihe 1 gebracht. Die Spieler 1, 2, 3 schließen sich rotierend den anderen Reihen an.

**Methodische Hinweise:**

Vor dem Schneiden sollten die Spieler eine kurze Richtungsfinte zur anderen Seite machen. Sie schneiden dicht hintereinander und dann möglichst eng am Post vorbei.

Der Center kann den Ball Hand in Hand oder mit einem Pass (häufig ein Bodenpass) zuspielen.

**Übungsvariationen:**

1. Der Post kann mit variierenden Pässen (auch Trickpässen) seine Mitspieler beliebig anspielen.
2. Der Drill wird auch von der linken Seite durchgeführt.

## 2.3 Kreuzen über Doppel-Post-Aufwärm-Drill *(Abb. 25)*

**Aufwärmen**

**Zielsetzung:**

In diesem Drill wird das gleichzeitige Kreuzen über zwei Postspieler geübt. Die Aktionen müssen gut aufeinander abgestimmt werden, um eine Kollision der Spieler unter dem Korb zu vermeiden.

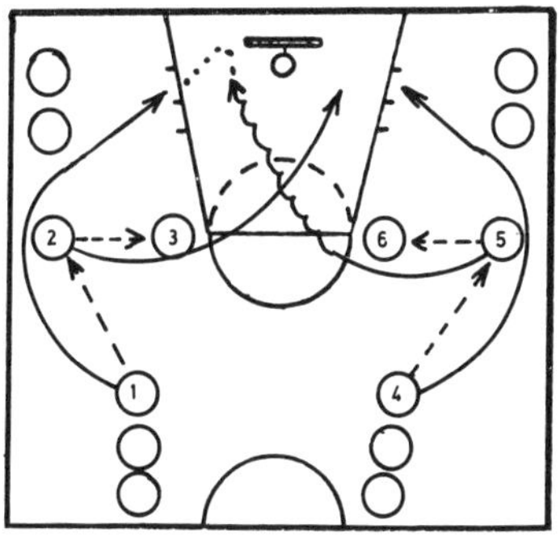


*Abb. 25*

**Durchführung:**

1. Die Spieler werden in 4 Reihen aufgeteilt, je zwei Reihen in der Aufbau- und je zwei in der Flügel-Position.
2. Nr. 1 passt zu 2 und schneidet an ihm außen herum vorbei. 2 passt zum Post (3) und folgt seinem Pass an der anderen Seite an 3 vorbei. 3 täuscht einen Pass zu 2 und spielt dann zu 1, der einen Korbleger mit der linken Hand macht.
3. Zur gleichen Zeit führen Spieler 4, 5 und 6 den Drill auf der anderen Seite aus. Post Nr. 6 übergibt den Ball an 5, der einen Korbleger mit der linken Hand gleich nach Nr. 1 macht.
4. Nach Wurf und Rebound wechseln die Spieler ihre Reihen.

**Methodische Hinweise:**

1. Die Spieler müssen darauf achten, daß ihre Aktionen gut getimed nacheinander folgen.
2. Spieler ohne Ball sollten den Rebound nehmen und zur Gruppe zurückpassen.

**Übungsvariationen:**

Es gibt verschiedene Variationsmöglichkeiten, hierbei sollen aber Kollisionen unter dem Korb vermieden werden. In einer Variante passen die Postspieler Nr. 3 zu 2 und Nr. 6 zu 4, 2 und 4 machen jetzt einen Korbleger von der rechten Seite mit der rechten Hand.

## 2.4 3-Gruppen-Aufwärm-Korbleger-Drill (*Abb. 26* und *27*)



**Zielsetzung:**

Der Aufwärm-Drill läßt sehr unterschiedliche Bewegungsgeschwindigkeiten zu, mit denen vor dem Wettspiel die gegnerische Mannschaft über die eigenen Intentionen getäuscht werden sollen.

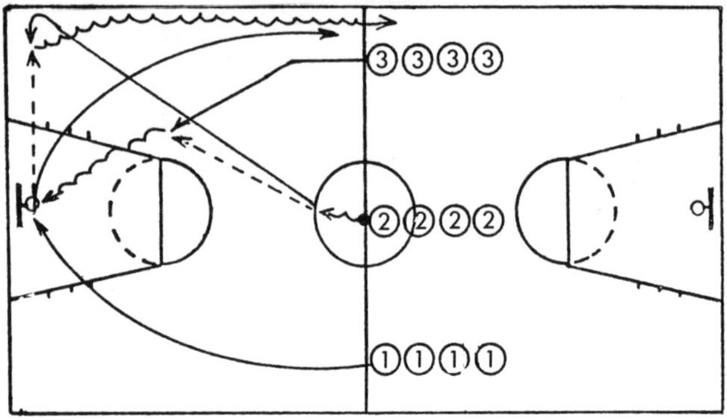

*Abb. 26*

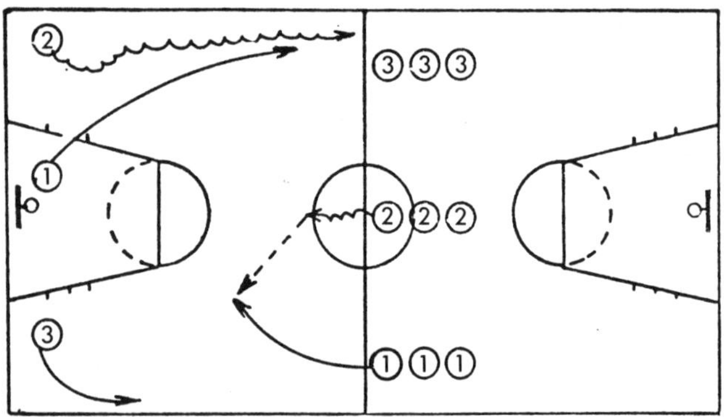

*Abb. 27*

**Durchführung:**

1. Die Spieler nehmen in drei Reihen nahe der Mittellinie Aufstellung.
2. Spieler 2 dribbelt über das Halbfeld und passt zu 3, der zum Korb schneidet und einen Korbleger ausführt.
3. Spieler 2 läuft weiter zur Ecke.
4. Spieler 1 nimmt den Rebound auf und passt zu 2 in die Ecke.
5. Spieler 2 macht einen Sternschritt und dribbelt zurück zur Mittellinie.
6. Nach dem Rebound verfolgt Spieler 1 den Spieler 2, um ihn beim Dribbling zu stören.

7. Spieler 1 läuft zur Reihe 2, Spieler 2 zur Reihe 3, Spieler 3 zur Reihe 1.
8. Sobald der Pass in die Ecke erfolgt ist, können die nächsten drei Spieler loslaufen. Abwechselnd sollte der Pass in die rechte oder linke Ecke erfolgen.

**Methodische Hinweise:**

Die Korbleger und Dribblings sollen mit der rechten und der linken Hand geübt werden.

**Übungsvariationen:**

Vergleiche methodische Hinweise.

## 2.5 Aufwärm-Kontinuum-Drill vor dem Spiel *(Abb. 28)*

**Aufwärmen**

**Zielsetzung:**

Durch vielseitige Wurf- und Laufformen werden vor dem Spiel die entwickelten Techniken durchgeübt, um den Spielern Sicherheit zu geben.

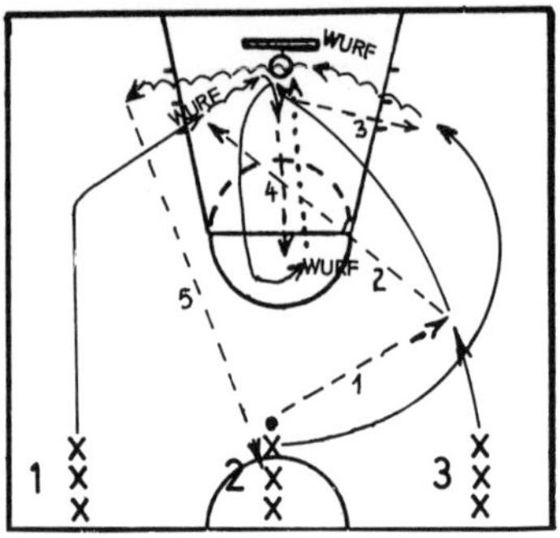


*Abb. 28*

**Durchführung:**

1. Die Spieler nehmen in drei Reihen Aufstellung.
2. Der 1. Spieler der Reihe 2 passt zum 1. Spieler der Reihe 3, der auf den Korb zuläuft.
3. Der Spieler der Reihe 3 passt zum 1. Spieler der Reihe 1, der wurfbereit zum Korb gelaufen ist.
4. Der Spieler der Reihe 2 zögert einen Moment, strebt dann dem Korb zu, um den indirekten Pass aufzunehmen, mit dem der Spieler aus Reihe 3 ihm den Ball als Rebound zuspielt. Von hier wirft der Spieler 2 auf den Korb.
5. Spieler 3 läuft 5—6 Meter nach außen, hier hinter Freiwurflinie, und erhält dort den Pass von 1, der den Rebound aufgenommen hat.
6. Spieler 3 führt einen Sprungwurf aus.
7. Spieler 2 nimmt den Rebound auf und spielt den Ball zurück zum nächsten Spieler der wartenden Reihe 2.

**Methodische Hinweise:**

Der Drill wird beim Aufwärmen nach den Korblegern und Tip-ins durchgeführt. Er ist im Wettspiel nur zu verwenden, wenn der Gegner durch einen Bewegungswirbel beeindruckt werden soll.

**Übungsvariationen:**

Veränderungen der jeweiligen Wurfformen. Drill in der entgegengesetzten Richtung.

## 2.6 Vor dem Spiel Spezial-Aufwärm-Drill *(Abb. 29)*



**Zielsetzung:**

Dieser Drill schult den Korbleger und Sprungwurf nach schnellem Schneiden zum Korb. Eine Vielfalt von Pässen wird angewandt. Das Angriffsspiel wird nach einem erreichten Rebound fortgesetzt. Es ist ein guter Aufwärmdrill für die Zeit vor dem Spiel.

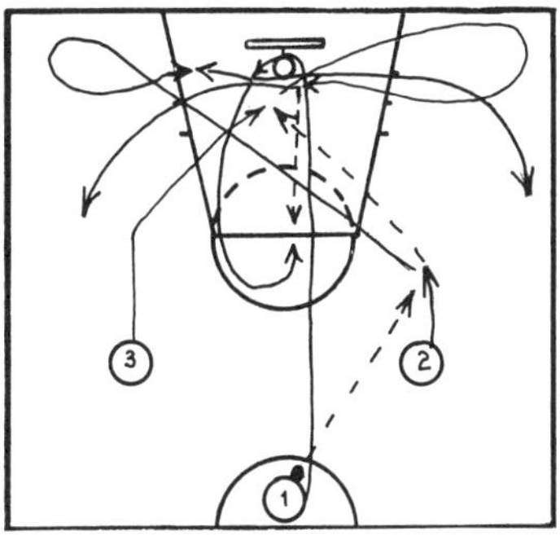


*Abb. 29*

**Durchführung:**

1. Nr. 1 macht einen Brustpass zu Nr. 2 und folgt seinem Pass.
2. Nr. 2 macht einen Bodenpass zum hereinschneidenden Nr. 3 für einen Korbleger und folgt seinem Pass in die entgegenliegende Ecke.
3. Nr. 1 reboundet den Korbleger von 3 und tippt einen Pass zu 2 für einen Korbleger von der Endlinie und läuft dann zur Freiwurflinie.
4. Nr. 3 reboundet den Korbleger von 2 und gibt einen schnellen Pass zu 1 für einen Sprungwurf.
5. Nr. 1 reboundet seinen eigenen Wurf und gibt dann einen Handballpass zu 2 oder 3.
6. Dann laufen 3 weitere Spieler diesen Drill.

**Methodische Hinweise:**

Die Spieler müssen vor diesem Drill schon allgemein aufgewärmt sein, da für diesen Drill besonders gut abgestimmtes Schneiden und Passen nötig sind. Es ist ein Drill für Fortgeschrittene; große Disziplin ist notwendig.

**Übungsvariationen:**

Der Drill wird sowohl auf der linken wie auf der rechten Seite begonnen.

## 2.7 Reeperbahn-Aufwärm-Drill *(Abb. 30)*



**Zielsetzung:**

Die Spieler sollen durch diesen artistischen Drill ihre Geschicklichkeit unter Beweis stellen und sich gegenseitig begeistern. Nur technisch gute Spieler sollten diesen Drill durchführen.

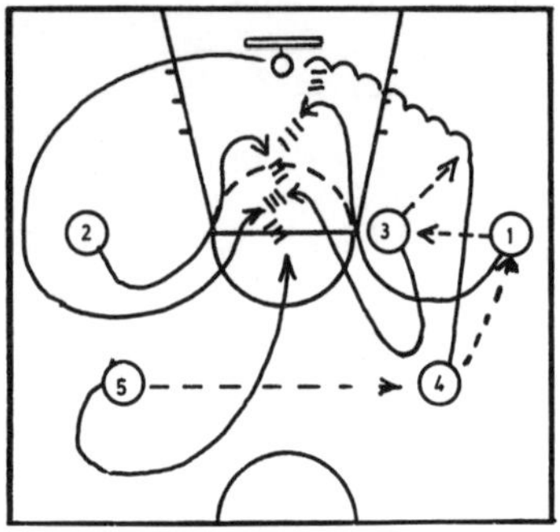


*Abb. 30*

**Durchführung:**

1. Die Spieler nehmen in einer 2—3-Formation wie in der *Abb. 28* Aufstellung.
2. Nr. 5 beginnt den Drill, indem er zu Nr. 4 passt. 4 passt zu 1 und schneidet zwischen 3 und 1 durch.
3. Nr. 1 passt zu 3, bevor 4 hereinschneidet. 3 spielt 4 den Ball zu und läuft im Bogen über die Freiwurflinie.
4. Nr. 4 nimmt den Pass auf und dribbelt seitlich zum Korb, um einen Korbleger über die Seite des Ringes zu versuchen.
5. Aber im letzten Augenblick legt er den Ball über seinen Kopf zurück in die Luft, in einer sehr sanften, verzögernden Bewegung.
6. Nr. 1 ist vorher um 3 herumgelaufen und springt jetzt zum Ball hoch und tippt diesen über seinen Kopf sanft zu 2 zurück.
7. Nr. 2 ist hereingelaufen und tippt den Ball zu 3 zurück, der wiederum zu 4, der inzwischen herumgelaufen ist.
8. Nr. 4 tippt zu 5 zurück. Dieser Spieler sollte ein großartiger Springer und Tipper sein. Er tippt den Ball in den Korb.

**Methodische Hinweise:**

Selbst erfahrene Spieler werden den Drill nicht auf Anhieb beherrschen. Die Spieler müssen zunächst etwas Geduld haben, dann wird er aber umsomehr Spaß machen. Beim Rückwärtstipp muß der Ball besonders gefühlvoll in der richtigen Höhe gespielt werden.

**Übungsvariationen:**

Eine weitere Gruppe von 5 Spielern führt dann den Drill aus. Der Drill kann auch auf der linken Seite gespielt werden.

# 3. Dribbeln

Unter Dribbeln versteht man das Auftippen des Balles mit einer Hand im Stand oder in Bewegung. Dabei muß der Ball vom Boden an die Hand des Dribblers zurückspringen, ohne zuvor einen anderen Spieler berührt zu haben. Dies ist eine wesentliche Fertigkeit beim Basketball. Von vielen Lehrern/Trainern wird sie selten geübt, da sie der Ansicht sind, daß die Spieler vor allem passen und fangen müssen und nicht durch Dribbeln das Spiel verzögern sollen. Die Spieler müssen jedoch in die Lage versetzt werden, je nach Notwendigkeit zu dribbeln oder zu passen.
Das Dribbling soll vor allem eingesetzt werden, wenn sich der Dribbler hiermit um einen Gegenspieler herumbewegen kann, wenn er näher zum Korb kommen kann oder einem Mannschaftsspieler hiermit eine bessere Wurfchance einräumt. Der geübte Dribbler kann schnell passen, wenn er von zwei Gegenspielern angegriffen wird. Er soll in der Lage sein, die Richtung zu wechseln, die Hand zu wechseln und den Ball auf der Außenseite bzw. in der größtmöglichen Entfernung zum Gegenspieler zu halten. Dribbeln und Fintieren sind eng miteinander verbunden, denn durch Bewegungen von Kopf, Augen, Hand oder Schulter soll der Gegenspieler in eine falsche Richtung gelockt werden. Zum erfolgreichen Dribbling gehört ebenfalls ein gutes Beschleunigungsvermögen. Schließlich soll der Dribbler in die Lage versetzt werden, möglichst „blind" zu dribbeln, damit der dann folgende Pass oder Korbwurf optimal der Situaton angepaßt ist.

## 3.1 4-Ecken-Drill *(Abb. 31)*

**Zielsetzung:**

Schulung von Dribbeln und Sternschritt.

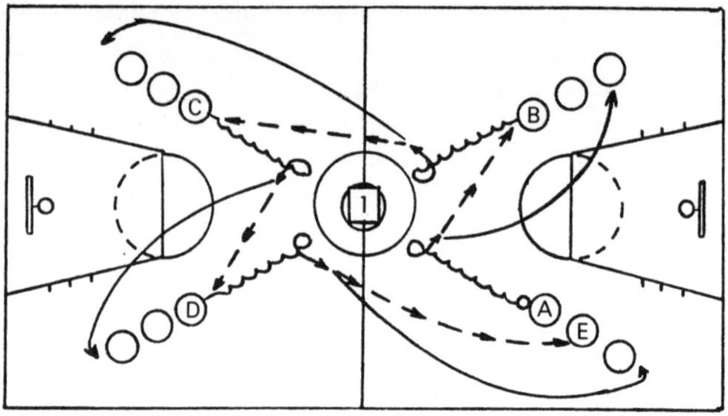


*Abb. 31*

**Durchführung:**

1. Die Spieler nehmen in 4 Gruppen in den Ecken des Spielfeldes Aufstellung.
2. Der vorderste der Gruppe (A) dribbelt zur Mitte, stoppt, macht einen Sternschritt und passt den Ball zum vordersten der Gruppe rechts von ihm (B).
3. A sprintet hinter seinem Pass her und schließt sich an das Ende der Gruppe B an.
4. B und die anderen Gruppen folgen.

**Methodische Hinweise:**

Wenn mit dem Drill auch die Kondition geschult werden soll, können mehrere Bälle verwendet werden. Die Betonung beim Drill liegt auf dem Dribbeln; auch wenn gleichzeitig der Pass geschult wird, sollte der Lehrer/Trainer die Aufmerksamkeit nur auf das Dribbeln richten.

**Übungsvariationen:**

Veränderung der Sternschritt- und Passrichtung von rechts auf links.

## 3.2 Dreh-Dribbel-Drill *(Abb. 32)*

**Zielsetzung:**

Wechseln der Hände ohne Verlust der Effektivität.

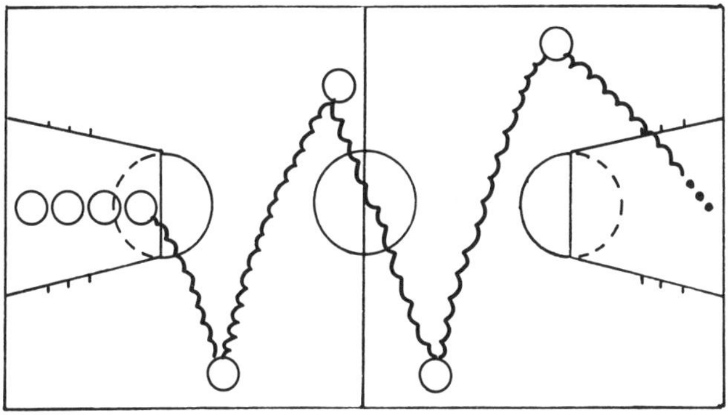

*Abb. 32*

**Durchführung:**

1. Die Spieler nehmen an einer Seite des Spielfeldes in einer Reihe Aufstellung.
2. Der erste Spieler beginnt mit einem niedrigen Dribbeln, indem er so tut, als ob ein Verteidiger ihn angreift.
3. Er dribbelt diagonal über das Feld, bis er sehr dicht an die Außenlinie gerät. Hier ändert er die Richtung mit einem Sternschritt und dribbelt in die entgegengesetzte Richtung mit der anderen Hand.
4. Sobald er die Mittellinie erreicht hat (meist nach zwei Richtungsänderungen), kann der nächste Spieler loslaufen.
5. Wenn alle Spieler durch sind, dribbeln sie gemeinsam zum Ausgangspunkt zurück.

**Methodische Hinweise:**

Die Dribbelfrequenz sollte verändert werden; die Wendepunkte können gekennzeichnet werden (z. B. durch einen Stuhl).

**Übungsvariationen:**

Durch veränderte Vorgabe der Wendepunkte kann die Anzahl der Zick-Zack-Variationen verändert werden.

## 3.3 Signal-Dribbel-Drill *(Abb. 33)*

**Zielsetzung:**

Dribbeln, ohne auf den Ball zu sehen; Schulung schneller Richtungs- und Geschwindigkeitswechsel.

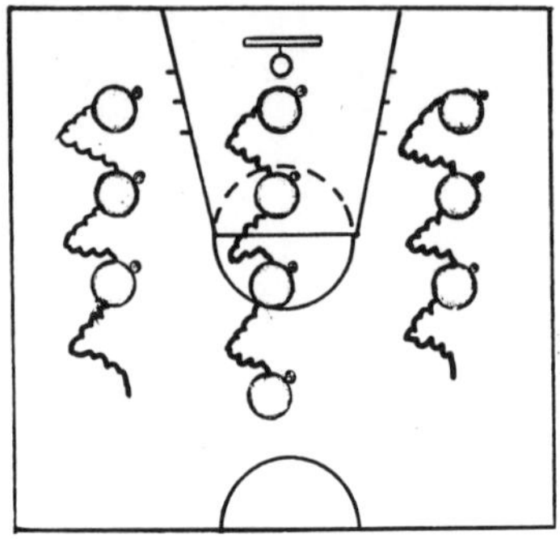

*Abb. 33*

**Durchführung:**

1. Jeder Spieler erhält einen Ball. Die Mannschaft wird über eine Spielfeldhälfte verteilt.
2. Der Lehrer/Trainer begibt sich an die gegenüberliegende Freiwurflinie, um bei Handsignalen von allen gesehen zu werden.
3. Die Signale des Lehrers/Trainers werden mit den Händen gegeben und zeigen Richtungen an. Vorwärts, rückwärts, rechts und links sind die einfachsten Bewegungsrichtungen. Der Lehrer/Trainer kann aber auch Signale für Diagonaldribbeln usw. einführen.
4. Der Lehrer/Trainer muß darauf bestehen, daß die Spieler ihn ansehen, um den stummen Signalen folgen zu können.
5. Spieler, die den Ball verlieren oder einzelne Signale auslassen, sollen „bestraft" werden und 5 Liegestütze machen.

**Methodische Hinweise:**

Die Handzeichen müssen dem Dribbelniveau der Spieler in der Geschwindigkeit des zeitlichen Wechsels angepaßt sein. Bei Anfängern ist auf die „Bestrafung" zu verzichten und die „Belohnung" derer, die den Drill beherrschen, in den Vordergrund zu stellen.

**Übungsvariationen:**

Ergänzung der Handzeichen durch Veränderung der eigenen Richtung; Erfinden neuer Handzeichen.

## 3.4 Handtuch-(Taschentuch)-Dribbel-Drill *(Abb. 34)*



**Zielsetzung:**

Dribbeln, ohne auf den Ball zu sehen.

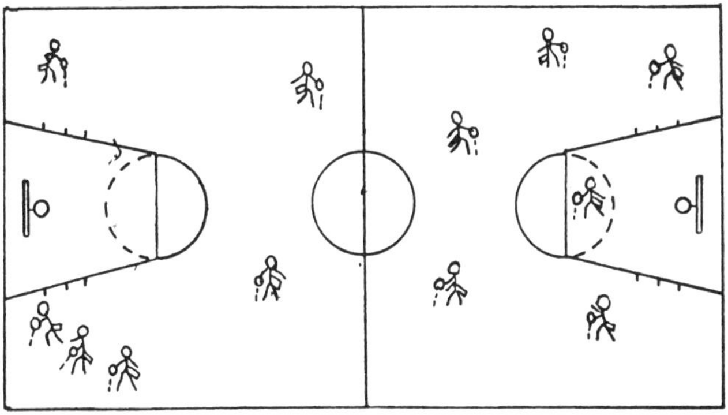

*Abb. 34*

**Durchführung:**

1. Jeder Spieler bekommt einen Ball und ein Handtuch (Taschentuch).
2. Die Spieler stecken eine Schmalseite des Handtuches in die Turnhose, daß es weit heraushängt.
3. Die Spieler verteilen sich auf dem ganzen Feld und fangen auf Pfiff an zu dribbeln.
4. Die Aufgabe besteht darin, regelgerecht zu dribbeln und anderen Spielern das Handtuch aus der Hose zu ziehen.
5. Wem das Handtuch abgenommen wurde, scheidet aus.
6. Wer als letzter übrig bleibt, hat gewonnen.

**Methodische Hinweise:**

Bei sehr passiven Spielern muß ggf. ein zusätzlicher Anreiz geschaffen werden, anderen Spielern das Handtuch herauszuziehen und nicht nur Angriffe auf sich zu vermeiden.

**Übungsvariationen:**

Verkleinerung des Spielfeldes auf eine Hälfte; Taschentuch oder Parteiband statt Handtuch aus Gesäßtasche; Dribbeln mit schwächerer Hand.

## 3.5 Kreis-Dribbel-Drill *(Abb. 35)*



**Zielsetzung:**

Schulung, den Ball beim Dribbling zu schützen. Schulung des regelkonformen Angriffs auf einen Dribbler.

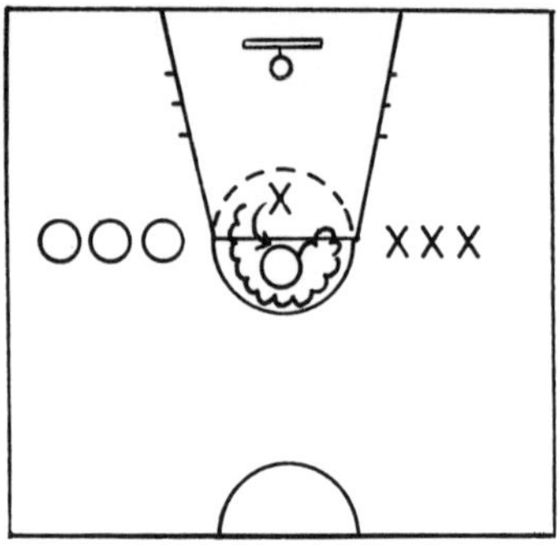


*Abb. 35*

**Durchführung:**

1. Zwei Reihen von Spielern werden an den gegenüberliegenden Seiten von Kreisen aufgestellt.
2. Die ersten Spieler der beiden Gruppen gehen in den Kreis. Einer von ihnen erhält den Ball.
3. Auf ein Signal des Lehrers/Trainers beginnt er mit dem niedrigen Dribbling, wobei er den Kreis nicht verlassen darf.
4. Der andere Spieler versucht, ihm den Ball abzujagen.
5. Nach jeweils einer Minute ruft der Lehrer/Trainer die nächsten beiden in den Kreis.

**Methodische Hinweise:**

Es kann an allen 3 Kreisen gleichzeitig geübt werden. Es ist darauf zu achten, daß sich trotz des engen Raumes der Angreifer regelgerecht verhält, indem ggf. die nächsten beiden der wartenden Reihen zu Schiedsrichtern erklärt werden.

**Übungsvariationen:**

Einführung von Spielformen, indem das Abschlagen des Balles mit Punkten belohnt wird und die Gruppen zu Mannschaften werden.

## 3.6 Doppelkreis-Dribbel-Drill *(Abb. 36)*

**Zielsetzung:**

Schulung von Dribbeln auf engstem Raum, Schulung von Dribbeln bei mehreren Angreifern.

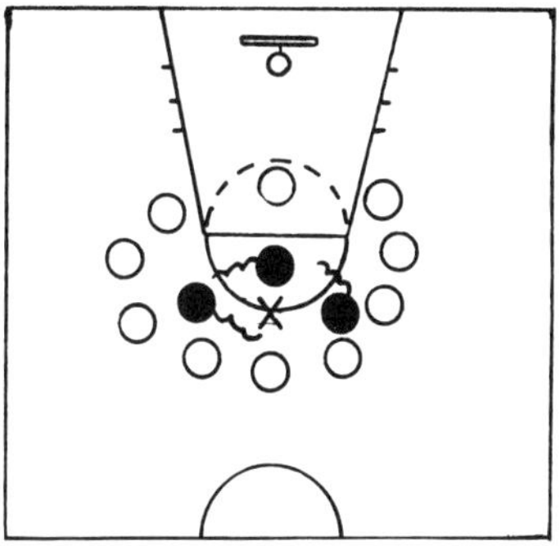

*Abb. 36*

**Durchführung:**

1. 10 Spieler nehmen im Kreis Aufstellung mit einem Verteidiger genau in der Mitte.
2. 3 Dribbler postieren sich zwischen Mittelpunkt und dem äußeren Kreis mit Bällen.
3. Die Dribbler dribbeln im Kreis herum. Der Mann in der Mitte bleibt stehen und versucht, den Ball durch Fangen oder Schlagen zu erreichen.
4. Die 10 Spieler im äußeren Kreis bleiben ebenfalls stehen und versuchen, den Ball durch Fangen oder Schlagen zu erreichen.
5. Die Dribbler werden regelmäßig ausgewechselt.

**Methodische Hinweise:**

Der Abstand zwischen den Spielern des äußeren Kreises bestimmt den Bewegungsspielraum der Spieler.

**Übungsvariationen:**

Der Drill läßt sich in eine Spielform bringen, indem derjenige, der dem Dribbler den Ball abgenommen hat, mit dem Dribbler die Rollen tauscht. Werden weniger als 10 Spieler im äußeren Kreis eingesetzt, muß deren Abstand zueinander entsprechend dem Können variiert werden.

## 3.7 Dribbel-Drills mit nachfolgendem Verteidiger *(Abb. 37)*

**Zielsetzung:**

Der angreifende Spieler soll sich daran gewöhnen, daß beim Dribbeln auch Angriffe auf ihn von hinten möglich sind.

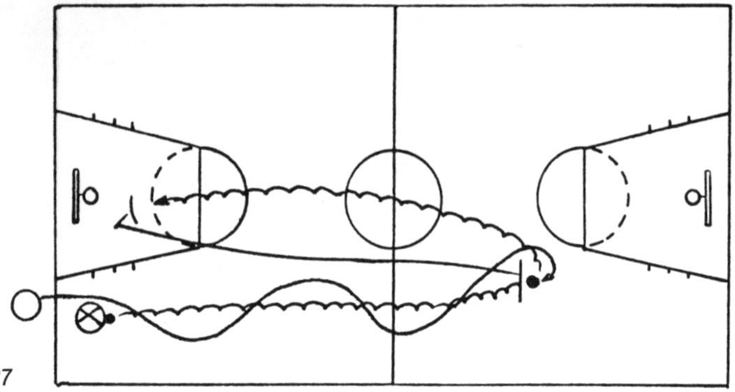

*Abb. 37*

**Durchführung:**

1. Der angreifende Spieler dribbelt den Ball mit halber Geschwindigkeit in Richtung auf den gegnerischen Korb.
2. Der Verteidiger versucht, indem er ihm folgt, ihm den Ball mal von der einen, dann von der anderen Seite wegzunehmen.
3. Der rückwärtige Verteidiger darf den Angreifer nicht überholen und nur bis zu seiner Seite auflaufen.
4. Der Angreifer wechselt die dribbelnde Hand, um den Ball besser verteidigen zu können.
5. Auf Pfiff wird der Ball auf den Boden gelegt, und Angriff wird Verteidigung und Verteidigung Angriff.

**Methodische Hinweise:**

Es ist darauf zu achten, daß die Attacken des Verteidigers den Regeln entsprechen.

**Übungsvariationen:**

Veränderungen im Bewegungsrhythmus; mehr als ein dribbelndes/verteidigendes Paar kann gleichzeitig üben.

## 3.8 Verfolg den Dribbler-Drill *(Abb. 38)*



**Zielsetzung:**

Gewöhnung daran, beim Dribbeln von hinten verfolgt zu werden; Schulung, einen dribbelnden Angreifer regelkonform zu stören.

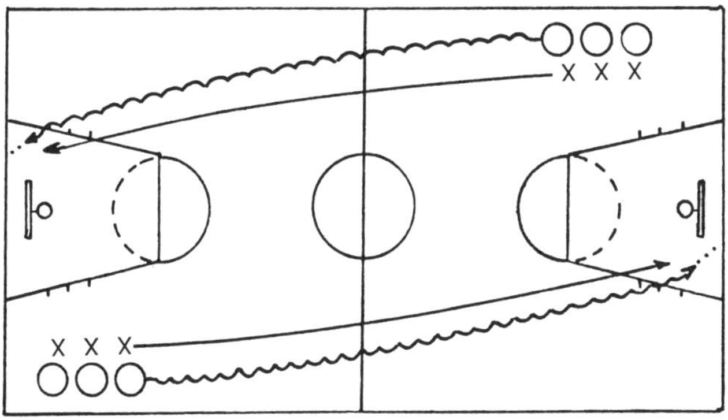


*Abb. 38*

**Durchführung:**

1. Je 2 Reihen werden an der jeweils gegenüberliegenden Seite des Spielfeldes gebildet, wobei jeweils die eine 2 Schritte weiter vorn als die andere Aufstellung nimmt. Die vordere Reihe bekommt die Bälle.
2. Auf Signal des Lehrers/Trainers beginnt der erste mit dem Dribbeln zur gegenüberliegenden Seite und der 1. der 2. Reihe nimmt die Verfolgung auf.
3. Die Verfolger unternehmen alles entsprechend den Regeln, damit der Dribbler sein Selbstvertrauen verliert und einen Fehler begeht. Das Dribbling endet mit einem Korbleger.
4. Beide nehmen an der entgegengesetzten Seite wieder Aufstellung und übernehmen in einem 2. Durchgang die entgegengesetzten Rollen.

**Methodische Hinweise:**

Wenn ein Paar an der Mittellinie ist, kann das nächste beginnen. Die angreifenden und verteidigenden Paare sollten erst dann wechseln, wenn jeder wenigstens einmal in jeder der beiden Positionen gewesen ist.

**Übungsvariationen:**

Veränderung des Abstands der beiden Reihen voneinander.

## 3.9 1 gegen 1 Dribbel-Drill über das ganze Feld (*Abb. 39* und *40*)



**Zielsetzung:**

Verbesserung der Dribbelfertigkeit trotz gegnerischer Attacken. Verbesserung der Kondition. Verbesserung des beidhändigen Dribbelns.

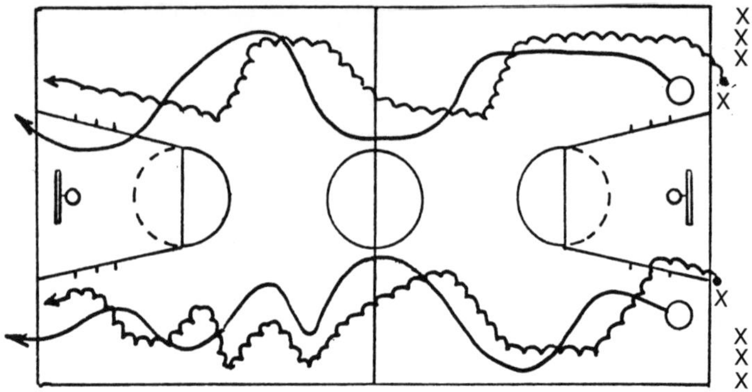

*Abb. 39*

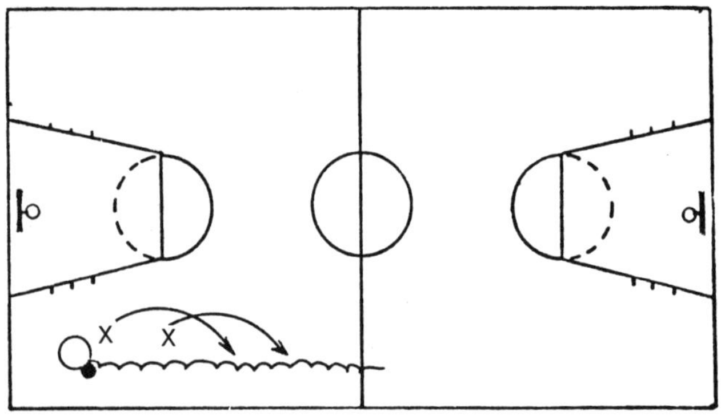

*Abb. 40*

**Durchführung:**

1. Zwei Gruppen üben gleichzeitig, wobei nur eine Längshälfte des Feldes benutzt wird. Die beiden ersten in jeder Gruppe beginnen, wobei einer dribbelt und der andere verteidigt *(Abb. 39)*.
2. Der Angreifer dribbelt bis zur gegenüberliegenden Endlinie, ohne einen Fehler zu machen.
3. Die Aufgabe des Verteidigers besteht darin, sich dem Angreifer so oft wie möglich von vorn in den Weg zu stellen, um ihn zu Richtungsänderungen zu zwingen.
4. Der Verteidiger versucht, den Angreifer daran zu hindern, mit seiner besseren Hand zu dribbeln. Er versucht, ihm den Weg zu verstellen, um ihn zum Wechseln der Dribbelhand zu zwingen, um so einen Fehler zu provozieren.

5. Wenn die Spieler das andere Ende des Spielfeldes erreicht haben, werden die Rollen getauscht.
6. Um mehr Spieler gleichzeitig zu beschäftigen, kann der Lehrer/Trainer die nächsten beiden losschicken, wenn die ersten die Mittellinie erreicht haben. So sind gleichzeitig acht Spieler im Einsatz.

**Methodische Hinweise:**

Es ist darauf zu achten, daß sich der angreifende Spieler regelgerecht verhält, um auch dessen Fähigkeiten zu schulen.

**Übungsvariationen:**

Diagonales Dribbeln mit 2 bzw. 4 Gruppen;
Dribbeln mit je 2 Angreifern;
Dribbeln mit 3 parallelen Gruppen;
Dribbeln in bewußt angelegter Zick-Zack-Formation.
Dribbeln gegen zwei Verteidiger in Tandemaufstellung, die, sobald der erste vom Angreifer überlaufen ist, die Positionen so wechseln, daß der anfangs zweite Verteidiger dann direkt beim Angreifer ist usw. Abschluß, wenn möglich, mit Korbleger. Dient zur Schulung der Tandemverteidigung und Angriffsvariationen. Nur für erfahrene Spieler geeignet *(Abb. 40)*.

## 3.10 Unter Druck Dribbel-Drill *(Abb. 41)*

**Zielsetzung:**

Bei diesem Drill lernt der Dribbler die saubere Dribbeltechnik und gleichzeitig, beim Richtungswechsel den Ball zu schützen. Durch die Auseinandersetzung mit dem aggressiven, druckvollen Verteidiger wird die Übung ein guter Konditionsdrill.

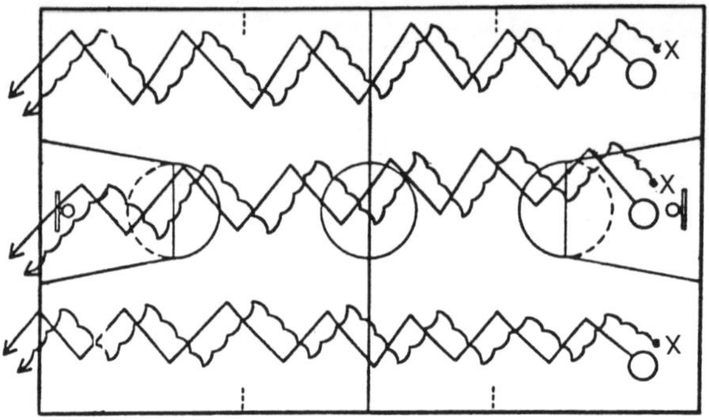

*Abb. 41*

**Durchführung:**

1. Die Spieler werden in 3 Reihen aufgeteilt, in denen sie paarweise üben.
2. Die Angreifer dribbeln den Ball in einer Zick-Zack-Bewegung, während die Verteidiger versuchen, den Dribbler so oft wie möglich zum Richtungswechsel zu zwingen.
3. Falls der Dribbler vorbeikommt, wartet er, bis der Verteidiger wieder seine gute Verteidigungsstellung eingenommen hat.
4. Wenn der Dribbler das andere Ende des Spielfeldes erreicht hat, wechseln die beiden die Rollen und der andere Spieler bringt den Ball gegen druckvolle Verteidigung zurück.

**Methodische Hinweise:**

Während eines Durchgangs (von einem Ende zum anderen) müssen die Spieler mit vollstem Einsatz üben. Beim Wechsel kann gegebenenfalls eine kurze (Lockerungs-) Pause von einigen Sekunden eingeschoben werden. Trotz der Belastung sollte der Lehrer/Trainer auf eine saubere Dribbel- und Verteidigungstechnik achten.

**Übungsvariationen:**

Die Belastung kann variiert werden, indem mit oder ohne Pause geübt wird; es können auch zwei Durchgänge hintereinander durchgeführt werden.

## 3.11 Dribbel- und Anhänger-Drill *(Abb. 42)*



**Zielsetzung:**

Der Dribbler soll lernen, beim Dribbeln die anderen Mitspieler zu sehen und deren Bewegungen wahrzunehmen, denn oft ist es die beste Aktion, den Ball einem nachfolgenden Spieler zu übergeben. Der Dribbler kann dann als Block für den „Anhänger“ fungieren.

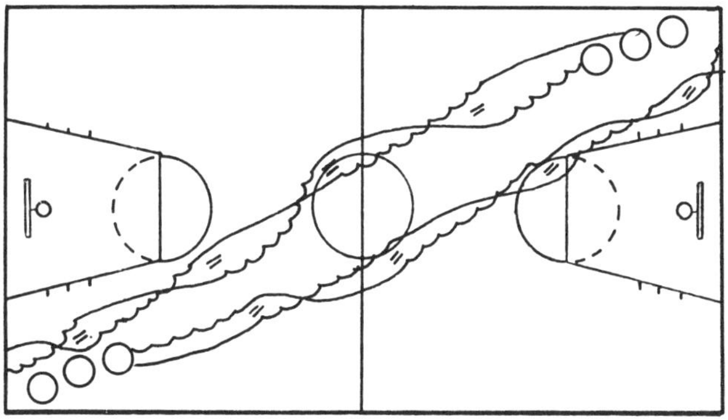

*Abb. 42*

**Durchführung:**

1. Die Spieler werden in zwei Gruppen eingeteilt, die sich in den Ecken des Spielfeldes diagonal gegenüberstehen.
2. Bei dieser Aufstellung können beide Gruppen zur gleichen Zeit üben.
3. Innerhalb der Gruppe arbeiten die Spieler paarweise zusammen.
4. Der erste jeder Gruppe startet das Dribbling zusammen mit einem Anhänger, der nachfolgt. Nach ein paar Schritten stoppt der Dribbler schnell ab und passt zum Anhänger, der jetzt zu dribbeln beginnt, wobei der erste Spieler als Anhänger fungiert.
5. Der Drill wird so lange fortgesetzt, bis die Spieler die entgegengesetzte Hallenecke erreicht haben.

**Methodische Hinweise:**

Die Übung sollte möglichst schnell ausgeführt werden. Die Schrittregel ist aber in jedem Fall genauestens zu beachten.
Genauere Vorschriften (Art des Abstoppens, Sternschritt usw.) sollten zunächst nicht gegeben werden, da die Übung mehr Aufwärmcharakter in spielähnlichen Situationen haben soll.

**Übungsvariationen:**

Die Dribbelhand (links oder rechts) sollte variiert bzw. festgelegt werden, z. B. eine Strecke mit links, zurück mit rechts. Später können die Art des Stoppens, Sternschritts, Passens, Fintierens usw. bestimmt werden.

# 4. Fangen und Passen

Die Aufgabe des Fangens besteht in der sicheren Annahme des Balles als Voraussetzung für weitere zweckmäßige Handlungen des Spielers. Die Aufgabe des Passens ist das schnelle Zuspielen des Balles innerhalb der eigenen Mannschaft zur Vorbereitung oder Durchführung eines Angriffs. Schon vor der Ballannahme nimmt der Spieler eine Stellung ein, die das Fangen und gleichzeitig auch das Passen auf günstigste Weise ermöglicht. Diese Fang- und Passhaltung stimmt wieder — wie beim Dribbeln — mit der Basketballgrundhaltung überein, bzw. leitet sich daraus ab. Das Körpergewicht ist gleichmäßig auf beide Beine verteilt und liegt auf dem vorderen Teil der Füße. Die Füße stehen etwa schulterbreit auseinander. Die Knie sind gebeugt, der Oberkörper ist leicht nach vorn geneigt, der Körperschwerpunkt liegt etwa in Höhe der Hüften. Die Arme sind leicht vom Körper weg nach vorn gestreckt, die Unterarme dabei parallel zum Boden. Die Finger sind zur Ballannahme weit gespreizt.
Erste Aufgabe des Spielers ist es, den Ball fortwährend zu beobachten, um jederzeit anspielbar zu sein. Kommt der Pass, gehen die ausgestreckten Arme dem Ball entgegen, meist unterstützt durch einen zusätzlichen Schritt. Der Ball wird leicht zum Körper zurückgezogen. Dies bereitet den Pass vor.
Passen ist die schnellste Form des Ballbewegens. Sicheres Herumpassen um die Verteidigung reicht nicht aus, um in gute Wurfposition zu kommen. Nur selten kann man ein Spiel allein durch Weitwürfe entscheiden. Der Pass für den Wurf aus kurzer Entfernung ist nötig. Dieser ist aber nur durch geschicktes Überspielen und Durchdringen der Verteidigung möglich. Die Verantwortung für das Gelingen eines Passes liegt beim Passgeber. Fehlpässe sind fast immer seine Schuld. Wenn ein Mitspieler beim Freilaufen einen Fehler begeht, ist er gar nicht erst anzuspielen. Der Passgeber entscheidet über den Zeitpunkt und die Art des Passes. Er hat sich dazu hauptsächlich mit seinem eigenen direkten Gegenspieler, aber auch mit dem des Ballempfängers auseinanderzusetzen. Bei normaler Verteidigungshaltung kann der Deckungsspieler an drei schwachen Stellen mit einem Pass überspielt werden: Über den Kopf, über den Schultern, vorbei an den Füßen. Es bedarf jedoch der sicheren Beherrschung der grundlegenden Zuspielarten und der zusätzlichen Hilfe durch eine Reihe von Täuschungen vor dem Pass, um diese drei Passwege erfolgreich zu gebrauchen. Die komplexe Fertigkeit des Passens setzt peripheres Sehen, schnelle Hände, gutes Timing und Mitdenken in allen Spielsituationen voraus. Unsere Drills dienen zur Schulung dieser Eigenschaften, wobei, vor allem nach häufigen Fehlpässen im Spiel, Elemente des mentalen Lernens zur praktischen Übung hinzutreten müssen.

## 4.1 Drill zum paarweisen Passen



**Zielsetzung:**

Genaues Passen und Fangen der verschiedenen Passarten soll im Stand und in der Bewegung geschult werden (ohne Gegner).

**Durchführung:**

1. Die Spieler haben paarweise einen Ball und stehen sich in einer Entfernung von 5—6 m gegenüber.
2. Es werden alle Passarten aus dem Stand geübt.
3. Dieselbe Passart kann gleichzeitig von der ganzen Gruppe geübt werden, oder jedes Paar übt einen bestimmten Pass.
4. Soll der Drill mit Bewegung verbunden werden, so macht der Spieler einen bestimmten Pass und läuft dem Pass hinterher, bis er die Position seines Partners erreicht hat. Der andere Spieler läuft dem Pass entgegen und dribbelt auf die andere Seite, so daß die Partner bei jedem Pass die Plätze tauschen.

**Übungsvariationen:**

1. Die Abstände zwischen den Spielern werden vergrößert.
   Jeder Spieler gibt einen bestimmten (verschiedenen) Pass oder variiert jeden folgenden.
2. Es wird um die Wette gepasst; bis 50 oder 100 Pässe oder 1 oder 2 Minuten lang.

## 4.2 Diamant-Pass-Drill *(Abb. 43)*

**Zielsetzung:**

Der Spieler soll lernen, den Passweg zu antizipieren und dem Ball entgegenzugehen.

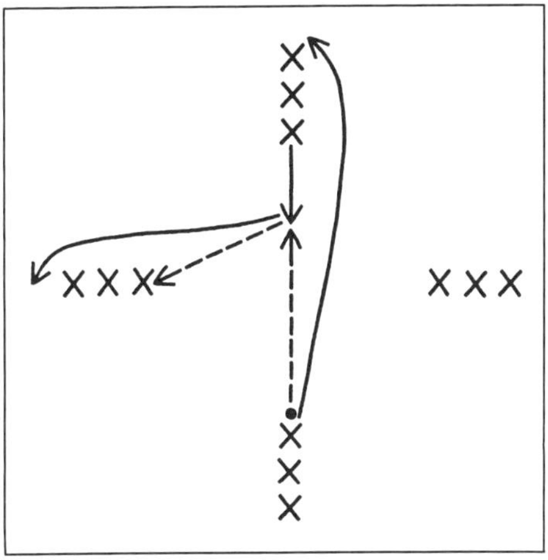

*Abb. 43*

**Durchführung:**

1. Die Spieler werden in 4 Reihen eingeteilt, die in Form eines Diamanten *(s. Abb. 43)* zueinanderstehen. Abstand: Mittlere Brustpassentfernung (5—8 m).
2. Der Spieler mit dem Ball beginnt die Aktion, indem er dem ersten Spieler einer Reihe zupasst. Er folgt dem Pass und stellt sich am Ende der Reihe auf.
3. Der Empfänger muß sich dem Ball entgegenbewegen, wenn er merkt, daß er angespielt wird.
4. Nachdem er den Ball erhalten hat, setzt er die Aktion wie oben beschrieben fort.

**Methodische Hinweise:**

Es muß vermieden werden, daß der Empfänger steht und wartet und dann vom Anspiel überrascht wird. Er soll vielmehr alle Aktionen des Ballbesitzers wahrnehmen lernen, dem Ball mit dem Körper entgegengehen und ihn mit herausgestellten Armen und Händen annehmen, ansaugen und zurücknehmen.

**Übungsvariationen:**

Die Abstände werden vergrößert oder verkleinert. Bestimmte Passarten werden festgelegt.

## 4.3 Drill zum peripheren Sehen *(Abb. 44)*



**Zielsetzung:**

Schulung des peripheren Sehens.

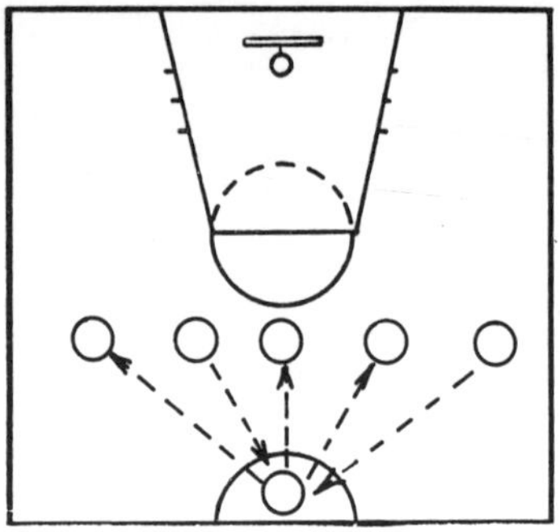

*Abb. 44*

**Durchführung:**

1. Die Spieler bilden eine Reihe nebeneinander. Es sollten nicht mehr als 6 und nicht weniger als 4 Spieler in einer Reihe sein.
2. Ein Spieler stellt sich 2,50 m von der Reihe entfernt, dem Mittelmann der Reihe gegenüber auf.
3. Der Einzelspieler und ein Spieler in der Reihe haben jeweils einen Ball.
4. Sobald der einzelne Spieler seinen Ball zu einem Mitspieler in der Reihe passt, wird ihm der andere Ball gespielt. Die beiden Bälle wandern danach immer zwischen dem Einzelspieler und der Reihe hin und her.
5. Nach zwanzig bis dreißig Sekunden wird der Einzelspieler von einem Mitglied der Reihe abgelöst. Dies geschieht solange, bis die Einzelposition von jedem Spieler einmal besetzt wurde.

**Methodische Hinweise:**

Im modernen Basketball kann man nicht erfolgreich sein, wenn man seine Pässe vorher „ankündigt" (telegrafiert). Deshalb muß das periphere Sehen geschult werden. Trotzdem muß im letzten Moment — häufig aus den Augenwinkeln heraus — Blickverbindung mit dem Passempfänger aufgenommen werden. „Blinde Pässe" überraschen nicht den Gegner sondern den Mitspieler.

**Übungsvariationen:**

Veränderung der Abstände der Spieler voneinander.

## 4.4 Entgegengesetzter Kreis-Drill *(Abb. 45)*



**Zielsetzung:**

Die Spieler sollen beim Passen und Fangen die Bewegungen der Mitspieler antizipieren lernen.

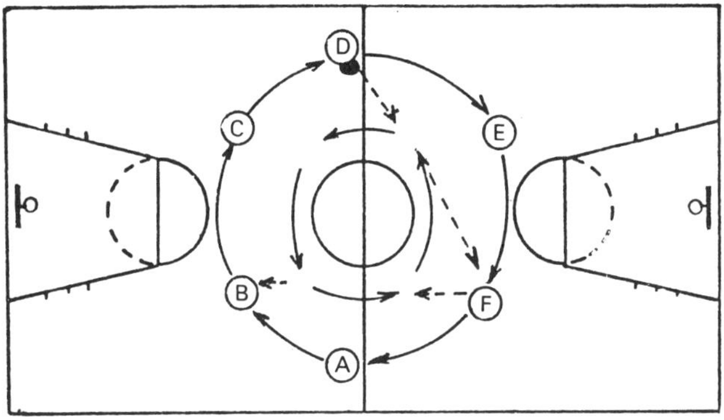


*Abb. 45*

**Durchführung:**

1. Die Spieler bilden zwei Kreise, deren Abstand ca. 2—3 m beträgt.
2. Der Kreis A, B, C, D, E und F dreht sich rechts herum.
3. Der innere Kreis 1, 2, 3 und 4 dreht sich links herum *(Abb. 45)*.
4. Alle Arten von Pässen sind erlaubt.
5. Wenn nötig, wird ein Spieler ausgelassen und der Ball wird dem nächsten Spieler im Kreis zugepasst.

**Methodische Hinweise:**

Die Pässe müssen genau und dem Abstand entsprechend scharf sein; „blindes" Zuspiel ist nicht erlaubt. Der Zweierrhythmus bzw. Schrittregel müssen beachtet werden. Nie in der Luft passen.

**Übungsvariationen:**

Die Passarten werden festgelegt. Die Abstände werden variiert, meist vergrößert (dabei besonders die Schrittregel beachten). Anzahl der Bälle variieren.

## 4.5 Kampf-Drill: Schnelles Passen *(Abb. 46)*

**Zielsetzung:**

Schulung des schnellen Passens und Fangens.

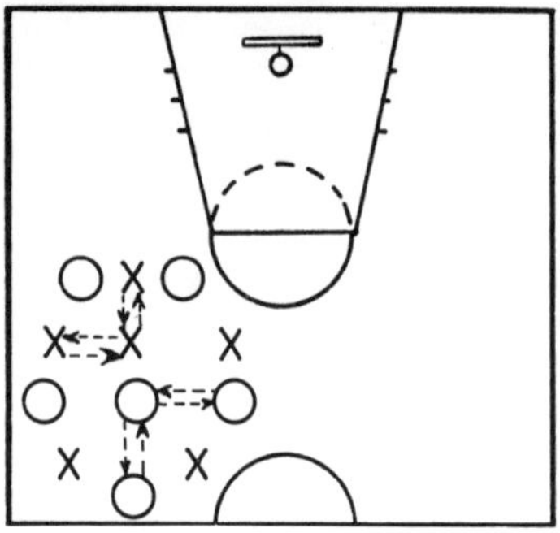

*Abb. 46*

**Durchführung:**

1. Es werden zwei Mannschaften gebildet und in einem Kreis so aufgestellt, daß jeder 2. Spieler derselben Mannschaft angehört.
2. Ein Spieler jeder Mannschaft steht mit dem Ball in der Mitte des Kreises.
3. Auf ein Zeichen beginnen beide Mittelmänner, ihre Mitspieler anzupassen. Das Anpassen erfolgt im Uhrzeigersinn.
4. Die Mittelmänner beginnen an zwei gegenüberliegenden Punkten mit dem Passen. Das Ziel ist, die andere Mannschaft zu überholen.

**Methodische Hinweise:**

Diese Übung berücksichtigt den Anreiz, den die Spieler durch Wettbewerbe erhalten. Es ist auch eine gute Übung zum Erlernen des schnellen Passens. Trotz des Wettkampfes ist auf gute Technik zu achten. Die Hände sollten dem Ball zur Annahme entgegengehen bzw. dem Pass nachfolgen. Der Mittelmann sollte auf die Fußarbeit achten, eventuell Ausfallschritt.

**Übungsvariationen:**

Variieren der Passart. Häufigste Formen: Brustpass, Bodenpass. Der Abstand zwischen den Spielern sollte variiert werden.

## 4.6 2 gegen 1 Pass-Drill *(Abb. 47)*

**Zielsetzung:**

Genaues Passen und Fangen auf engem Raum. Die Spieler sollen verschiedene Pässe verwenden lernen. Die Spieler lernen, unterschiedlich zu täuschen, um den Verteidiger zu überlisten. Es ist ein guter 1 gegen 1 Verteidigungsdrill.

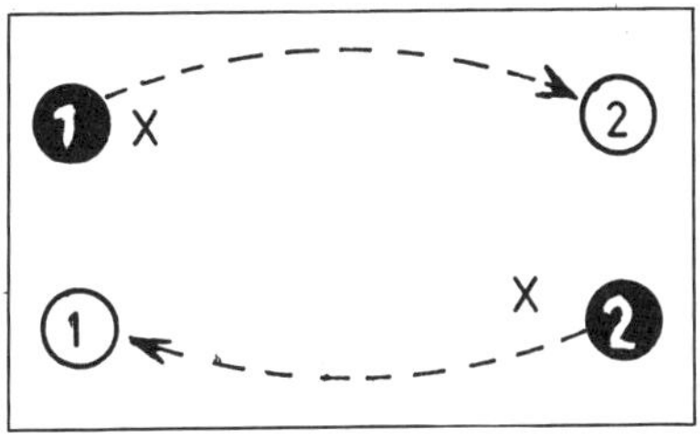


*Abb. 47*

**Durchführung:**

1. Es bilden sich Dreiergruppen, die sich auf dem Spielfeld verteilen.
2. 0 1 und 0 2 stellen sich im Abstand von 5 m gegenüber auf.
3. X 1 spielt normale Verteidigung.
4. Dribbeln ist nicht erlaubt (Später kann der Lehrer/Trainer 1 oder 2 Dribblings erlauben). 0 1 und 0 2 ist nur der Sternschritt erlaubt.
5. 0 1 benutzt alle möglichen Täuschungen mit Augen, Kopf, Schultern und dem beweglichen Bein und passt den Ball über, unter oder neben dem Verteidiger zu 0 2.
6. 0 2 wartet, bis der Verteidiger bei ihm ist und versucht dasselbe (Der Verteidiger soll nicht gejagt werden).
7. Die Spieler wechseln die Positionen nach einer bestimmten Anzahl von Pässen oder nachdem der Verteidiger den Ball gestohlen hat.

**Methodische Hinweise:**

Der Passende muß stets warten, bis der Verteidiger eng bei ihm steht. Vor dem Pass ist immer Blickverbindung zum Mitspieler aufzunehmen. Auch bei aggressiver Verteidigung muß der Passgeber einen Sternschritt vorwärts, d. h. mit dem Bein und Ball frontal am Verteidiger vorbeisetzen lernen.

**Übungsvariationen:**

Der Verteidiger geht von normaler enger auf aggressive Verteidigung über; er versucht, den Ball besonders aggressiv herauszuspielen (bis hin zur Foulgrenze).

## 4.7 Fütter den Post-Pass-Drill *(Abb. 48)*

**Zielsetzung:**

Schulung des schnellen Fangens und Weiterpassens des Balles durch die Center.

*Abb. 48*

**Durchführung:**

1. Es werden Gruppen zu sieben Spielern gebildet, mit einem Postspieler in jeder Gruppe.
2. Die Spieler werden so aufgestellt, wie in der *Abb. 48* dargestellt.
3. Man beginnt mit 2 Bällen.
4. Spieler Nr. 4 passt den Ball zum Postspieler. Dieser passt so schnell wie möglich zu Nr. 2. Danach passt Nr. 5 den Post an. Der Post passt den Ball zu Nr. 1.
5. Nr. 1 passt den Ball entweder zu Nr. 3 oder Nr. 4. Dementsprechend passt Nr. 2 entweder zu Nr. 5 oder zu Nr. 6.
6. Die Spieler, die den Ball von Nr. 1 und 2 erhalten, passen den Ball sofort wieder zu dem Postspieler. Der Post muß den Ball sehr schnell weiter passen, um den nächsten Pass zu empfangen.

**Methodische Hinweise:**

Der Post sollte nie blind, sondern stets mit Blickverbindung passen. Jeder Pass muß scharf und genau sein. Auf die Fußarbeit ist zu achten.

**Übungsvariationen:**

Hinzunahme eines dritten Balles. Besondere Passarten sind vorgeschrieben. Der Post darf zu einem beliebigen Mitspieler überraschend zurückpassen.

## 4.8 Durch die Gasse Pass-Drill *(Abb. 49)*

**Zielsetzung:**

Schulung des Passens und Fangens des Balles während des Laufes. Auch als Konditionsübung geeignet.

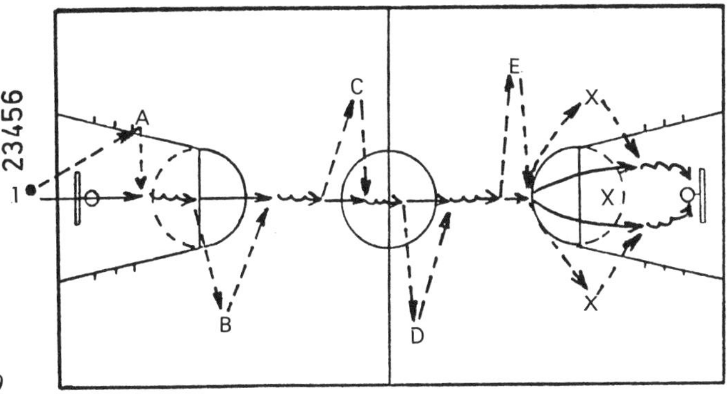


*Abb. 49*

**Durchführung:**

1. Die Spieler A—E werden, wie in der Abbildung beschrieben, über das Spielfeld verteilt.
2. Der Spieler 1 beginnt an der Grundlinie den Ball jedem der Spieler A—E zuzupassen und bekommt ihn zurück, während er zum anderen Ende des Spielfelds läuft.
3. Der Lehrer/Trainer ist mit X bezeichnet. Er kann sich wahlweise auf die rechte oder linke Seite oder in die Mitte 1 m hinter die Freiwurflinie stellen. Das gibt dem Spieler die Möglichkeit, Korbleger von links und rechts zu machen.
4. Wenn die Spieler mehr Zeit zum guten Passen haben sollen, stellt man die Spieler A—E in einem größeren Abstand auf. Die Spieler haben so mehr Zeit, ihre Schrittfolge dem Passen anzugleichen.
5. Soll schneller gepasst werden, stellt man die Spieler A—E enger zusammen, so daß sich auch die Schritte verkürzen.
6. Wenn alle Spieler am anderen Ende des Spielfeldes angekommen sind, bewegen sie sich in gleicher Weise zum Ausgangspunkt. Danach wechseln sie mit den Spielern A—E die Positionen.

**Methodische Hinweise:**

Es ist zunächst auf die Schrittregel bzw. den Zweierrhythmus zu achten. Abhängig von der Zuspielseite sollten die Spieler zwischen der Schrittfolge links-rechts bzw. rechts-links variieren. Der Pass muß sehr schnell und kurz sein.

**Übungsvariationen:**

Der Abstand der außenstehenden Spieler zur Mitte bestimmt die Länge der Schritte. Passarten können variiert werden.

## 4.9 Pass- und Lauf-Drill *(Abb. 50)*

**Zielsetzung:**

Mit dem Drill werden Passen, Fangen und Korbleger geschult. Es dient der Verbesserung des Antizipationsvermögens und dem Spiel in den freien Raum.

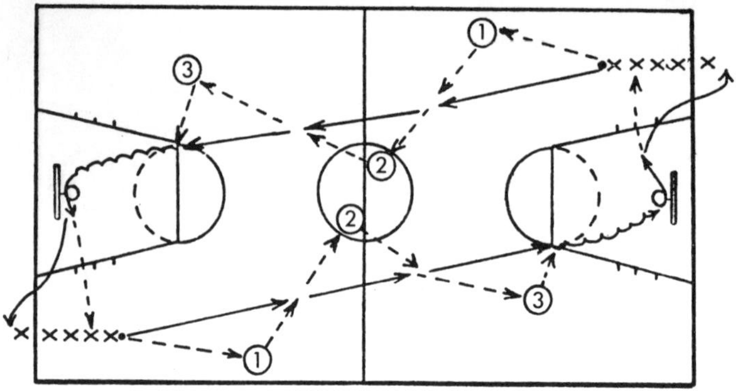


*Abb. 50*

**Durchführung:**

1. Zwei Reihen Spieler werden am Ende des Spielfeldes an den entgegengesetzten Seiten aufgestellt.
2. Drei Spieler werden auf dem Spielfeld in jeder Längshälfte in einer weiten Dreiecksformation aufgestellt.
3. Der rechte 1. Spieler der Reihe passt zum stationären Spieler 1, läuft zwischen 1 und 2.
4. Der 1. Spieler bekommt den Ball zurückgepasst, passt weiter an den stationären Spieler 2, erhält den Ball zurückgepasst,
5. läuft zwischen den Spielern 2 und 3, passt zu 3, bekommt den Pass zurück am Kreis und
6. vollführt einen Korbleger, passt den Ball zum vordersten Spieler der entgegengesetzten Reihe und schließt sich dort hinten an.

**Methodische Hinweise:**

Der Drill kann auch zur Konditionsschulung benutzt werden.

**Übungsvariationen:**

Mehr als drei stationäre Spieler pro Reihe; andere Würfe als Korbleger.

## 4.10 Achterlauf-Drill als Dreier- und Fünferlauf (vgl. *Abb. 9*)

**Zielsetzung:**

Passen und Fangen bzw. Ballübergabe auf engem Raum durch schnelles Weben (Achterlaufen).

**Durchführung:**

Üben eines engen Achterlaufes wie in *Abb. 9*.

1. Die Spieler berühren sich praktisch mit den Schultern bei diesem Achterlaufen oder Weben.
2. Drei oder fünf Spieler bilden eine Gruppe. In der Dreimann-Übung wandert der Ball von B zu A zu C zu B usw., in der Fünfmann-Übung von F zu E zu G zu D zu H zu F usw.
3. Der enge Achterlauf verlangt eine gute Körperbeherrschung durch gebeugte Haltung und tiefen Körperschwerpunkt, wodurch ein ständiger, scharfer Richtungswechsel und ein weiches Zuspielen des Balles möglich werden.
4. Der Ball wird dem Mitspieler, der sich auf den Ball zubewegt, praktisch nur übergeben.
5. Es ist wichtig, daß der Passempfänger, wenn er den Ball empfängt, vor dem Passgeber entlangläuft. Der Passgeber läuft hinter dem Empfänger lang, nachdem er gepasst hat.
6. Generell erhält beim 5-Mann-Achterlauf ein Spieler jeden fünften, im 3-Mann-Achterlauf jeden dritten Pass. Der Achterlauf kann am anderen Ende des Feldes mit einem Wurf abgeschlossen werden.

**Methodische Hinweise:**

Es ist nötig, sich schnell in der beschriebenen Weise zu bewegen, so daß man nach einem gegebenen Pass selbst wieder ein Zuspiel empfangen kann.
Zunächst ist es sinnvoll, die Übung bei geringem Tempo, fast im Gehen durchzuführen, später bei schnellster Geschwindigkeit. Auf die Schrittregel ist zu achten.

**Übungsvariationen:**

1. Das Laufschema ist in beiden Formationen (3- und 5-Mann-Achterlauf) dasselbe. Die Schwierigkeit kann gesteigert werden, wenn der Ball nur direkt von Hand zu Hand oder über ein paar Meter übergeben wird.
2. Es wird zwei-, vier-, sechs-, acht- bis zehnmal hin- und hergewebt. Am Feldende muß jedesmal ein Korb erzielt werden. Bei Fehlwurf beginnt die Übung wieder von vorne.

## 4.11 Pass-Spiel-Drill *(Abb. 51—57)*



**Zielsetzung:**

Einführen des Passes; Schulung der Passformen.

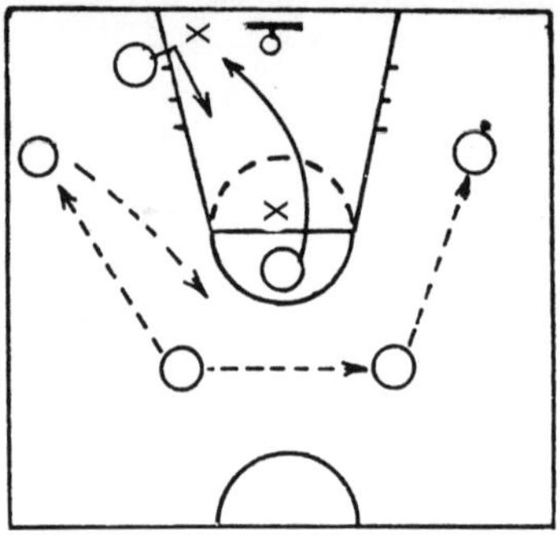

*Abb. 51*

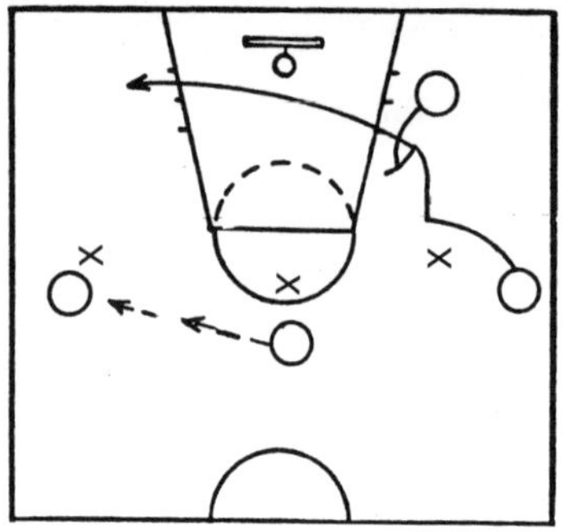

*Abb. 52*

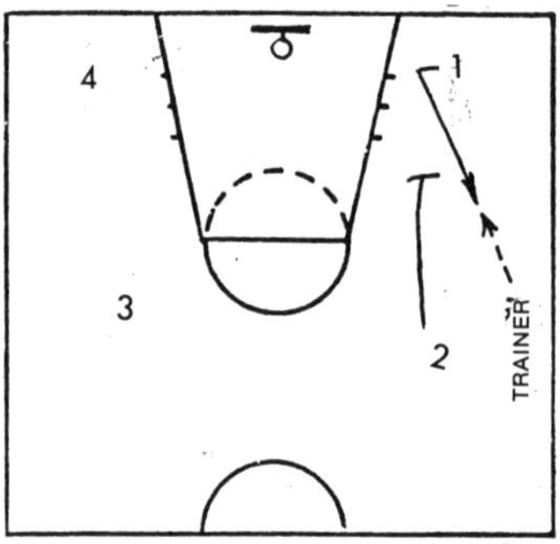


*Abb. 53*

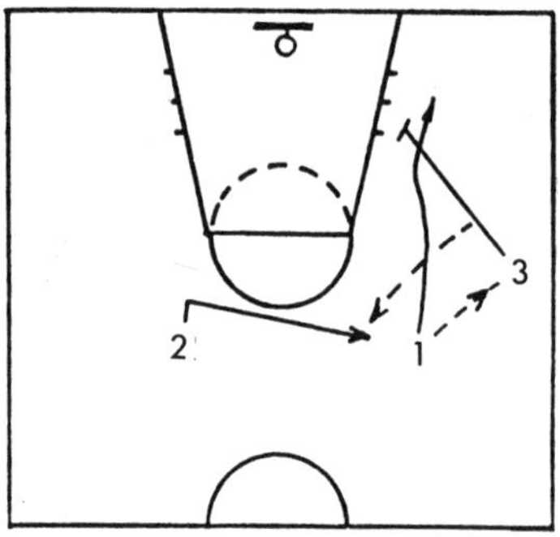


*Abb. 54*

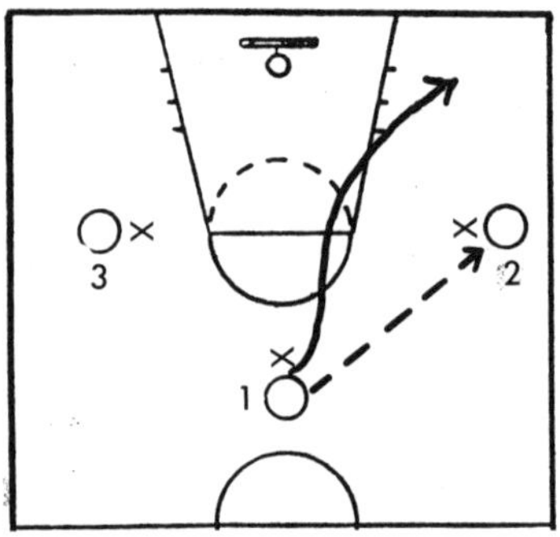


*Abb. 55*

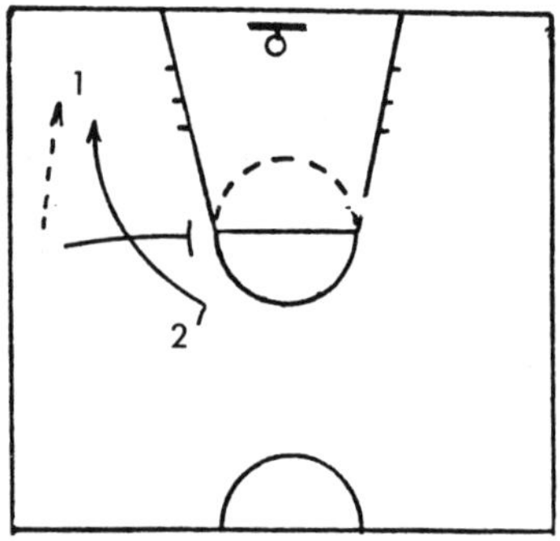


*Abb. 56*

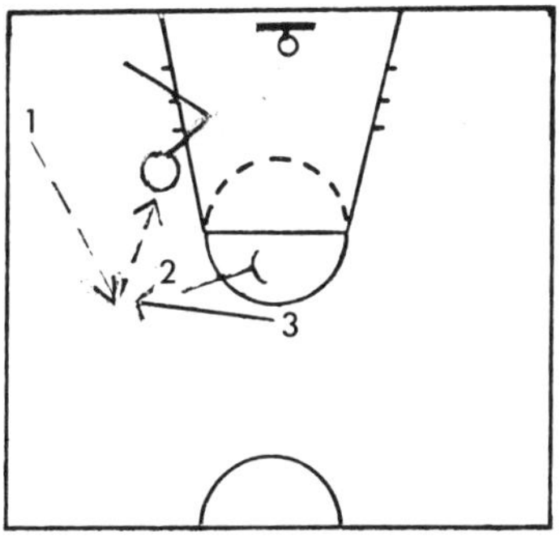


*Abb. 57*

**Durchführung:**

Beim Pass-Spiel-Drill werden mehrere Einzeldrills aneinandergereiht.

1. **Der Post-Drill** *(Abb. 51):* 2 gegen 2 im bzw. am 3-Sek.-Raum; weitere 3 oder 4 Spieler nehmen an der Birne um die inneren 4 Aufstellung. Die Spieler außerhalb müssen den Pass zu den Post spielen. Die Verteidiger (x) müssen versuchen, den Pass abzufangen. Gelingt es, den Pass abzufangen, übernehmen sie die Angreiferposition und die Außen spielen ihnen dann zu. Der gefangene Ball wird auf den Korb geworfen. Die Pässe sollen zunächst weich gespielt werden. Wenn die äußeren Spieler ebenfalls anfangen zu laufen, sollen sie gleich vom Lehrer/Trainer aus bestimmte Wege einschlagen. Die Postspieler sollen eine hohe Treffer- und Reboundquote erreichen.
2. **Der Birnen-Drill** *(Abb. 52):* Im Abstand von je knapp 5 Metern werden drei Spielerpaare um die Birne verteilt. Ein ungedeckter Postspieler wird am 3-Sekundenraum aufgestellt. Die einen drei Spieler passen sich den Ball zu. Jeder 3. Pass muß den Postspieler erreichen. Die anderen 3 Spieler versuchen, die Pässe abzufangen. Gelingt dies, wechseln Angriff und Verteidigung. Die Spieler müssen darauf achten, daß sie immer mit ihrem Postspieler mitlaufen, um den anfänglichen Abstand von knapp 5 m aufrechtzuerhalten.
3. **Der 4 gegen 4 Drill ohne Dribbeln und Werfen** *(Abb. 53):* Die Angreifer müssen auf einer Spielfeldhälfte (Abstände zueinander einhalten) in zwei Minuten so viele Pässe wie möglich erzielen, ohne zu dribbeln und ohne auf den Korb zu werfen. Je 6 erfolgreiche Pässe sind ein Punkt. Die Verteidiger müssen versuchen, so viele Pässe wie möglich abzufangen. Je 4 abgefangene Pässe sind ein Punkt. Wechsel der Rollen nach 2 Minuten.
4. **Der 3 gegen 3 Situations-Drill** *(Abb. 54):* Beim Spiel 3 gegen 3 versuchen zwei Spieler, den 3. abzuschirmen. Die Spieler müssen lernen, die Intentionen der Verteidigung zu erkennen und ihren Block so zu bilden, daß er diesen zuvorkommt.
5. **Der 3 gegen 3 Nicht-Dribbel-Drill** *(Abb. 55):* Beim Spiel auf halbem Feld wird 3 gegen 3 gespielt, ohne zu dribbeln und ohne einen Block zu bilden, so daß immer gepasst und gelaufen, gepasst und zum Korb geschnitten sowie gepasst und über den Gegenspieler geworfen wird.

6. **Der 3 zu Null Drill** *(Abb. 56):* 3 Spieler nehmen im Abstand von 4—5 m Aufstellung und spielen mit Pass in den freien Raum, wobei alle jeweils die Dreieckformation und den Abstand zueinander aufrechterhalten müssen.
7. **Der 3 gegen 3 Drill mit Seitcenter** *(Abb. 57):* 3 Spielerpaare bewegen sich um den 3-Sek.-Raum. Ein endliniennaher Seitcenter wird nicht gedeckt und soll von der Seite, auf der die Mannschaft die größeren Wurfschwierigkeiten hat, den Ball fangen und auf den Korb werfen. Beim Abfangen des Passes oder des Rebounds werden die Rollen getauscht.

**Methodische Hinweise:**

1. Die Spieler sollen sich bei den Drills ständig bewegen.
2. Kein Ball darf auf den Boden fallen.
3. Es soll immer darauf geachtet werden, daß — nach den ersten Anfängen — Passen sowohl zu gedeckten wie ungedeckten Spielern erfolgt.
4. Es soll frühzeitig darauf geachtet werden, Blöcke und Schirme zu bilden, um die Spieler an wirkliche Spielsituationen, an perspektivisches Sehen und taktische Maßnahmen zu gewöhnen.
5. Nach 4 Pässen sollte ein Spieler, der sich in Korbnähe befindet, angespielt werden können. Die Spieler sollen sich daran gewöhnen, daß die Pässe dazu dienen, einen Spieler in Korbnähe freizuspielen und abzuschirmen.
6. Das Abfangen von Pässen muß immer regelkonform geübt werden.
7. Man soll nie 2 aufeinanderfolgende Schritte zum Korb in derselben Richtung ausführen.
8. Die Spieler sollen lernen, wenn sie im Ballbesitz sind, sich als Teil einer 3er-Angriffsformation zu sehen. Das Spiel entwickelt sich aus der 3er-Formation.
9. Die Spieler sollen lernen, die Art der gegnerischen Verteidigung lesen zu lernen.
10. In jedem Training sollen nur ein oder zwei Punkte hervorgehoben werden, die dann aber in allen Drills besonders betont werden.
11. Nach jedem Pass muß die Position verändert werden, dabei sind Formationen und Abstände einzuhalten.
12. Der Pass besteht aus 4 Teilen:
    — sehen, wohin der Ball soll,
    — passen,
    — in eine neue Position laufen,
    — in Pässen denken.
13. Nach Annahme eines Passes sollte man den gegnerischen Korb ansehen und 2 Sek. warten, ehe man abspielt, um die Situation sich entwickeln zu lassen.
14. Den einfachen und sicheren Pass wählen!
15. Der Pass zum Mitspieler sollte zur Verteidiger abgewandten Seite (Hand) erfolgen.

## 4.12 Aufbauspieler folgt dem Pass-Drill *(Abb. 58)* **Fangen und Passen**

**Zielsetzung:**

Schulung zu passen, zu fangen, abzuschirmen und sofort in eine neue Position zu laufen.

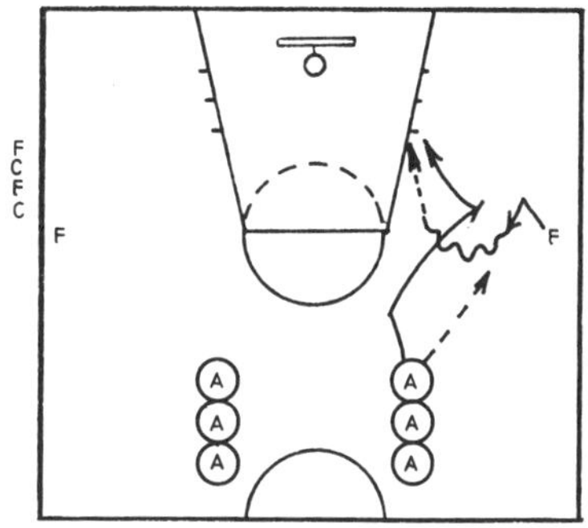


*Abb. 58*

**Durchführung:**

1. Die Aufbauspieler (A) nehmen in 2 Reihen neben dem Mittelkreis Aufstellung. Die Flügelspieler (F) und Center (C) nehmen entsprechend der Abbildung in Höhe der Freiwurflinie außerhalb des Spielfeldes Aufstellung.
2. Jeder Aufbauspieler bekommt einen Ball. Der Aufbauspieler passt zum ersten Angriffsspieler, der sich aufs Spielfeld begibt.
3. A geht langsam vorwärts und schneidet dann stark beschleunigend auf den imaginären Abwehrspieler, der F deckt.
4. A schirmt F ab.
5. F täuscht an, schräg zum Korb mit dem Ball zu laufen und dribbelt innen zum Korb.
6. A rollt aus dem Schirm zum Korb ab und erhält den Pass von F und macht einen Korbwurf.
7. Der erste Abwehrspieler A der anderen Reihe beginnt in dem Moment, da der letzte A zum Korbwurf angesetzt hat.

**Methodische Hinweise:**

Auch wenn jeder Spieler Erfahrungen in allen Spielpositionen im modernen Basketball haben sollte, ist es wünschenswert, hier eine Rollendifferenzierung vorzunehmen.

**Übungsvariationen:**

Durch Veränderung des Abstandes zum Korb und der Gruppen zueinander lassen sich Passen und Fangen variieren.

## 4.13 Block-Pass-Schirm-Abroll-Drill *(Abb. 59* u. *60)*



**Zielsetzung:**

Schulung des Zusammenhanges von Passen, Fangen bei Blöcken und Abrollen.

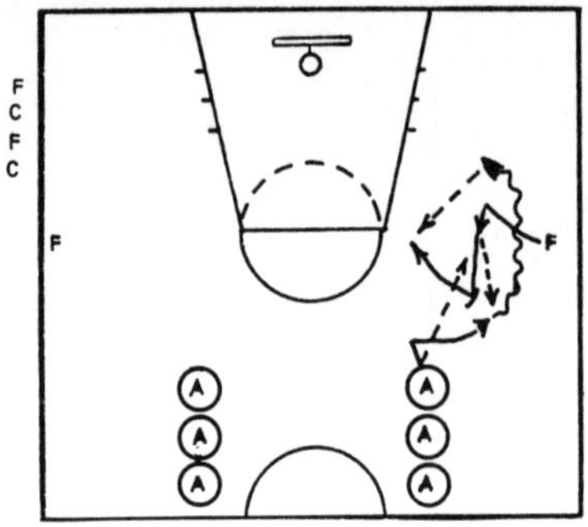

*Abb. 59*

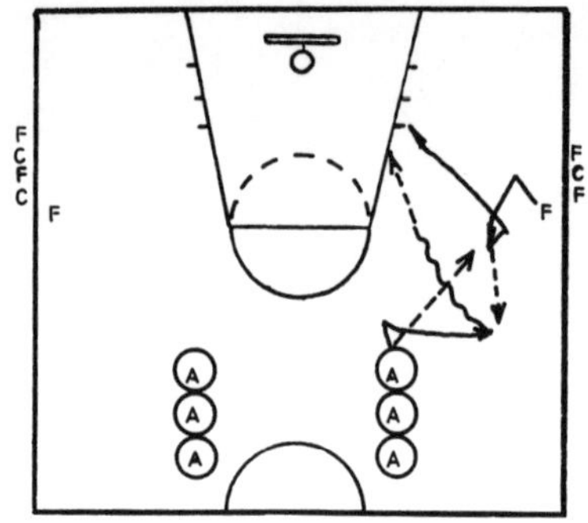

*Abb. 60*

**Durchführung:**

1. Die Spieler nehmen Aufstellung wie bei *Abb. 58.* In diesem Drill folgt dann jedoch eine Handlung wie in den *Abb. 59* und *60.*
2. A passt zu F.
3. A täuscht ein Schneiden zum Korb an und läuft dann scharf nach außen und erhält den Pass von F zurück.
4. F folgt seinem Pass und blockt/schirmt A frei.
5. F rollt vom Schirm ab zum Korb.
6. A zieht zum Korb vom Schirm weg.
7. A passt zu F, während er zieht und ermöglicht ihm damit einen Unterhandwurf.
8. Beim Wurfansatz kann die nächste Reihe beginnen.

**Methodische Hinweise:**

Der Drill sollte geübt werden, bis jedes Spielerpaar wenigstens einmal zusammengeübt hat. Derjenige, der den Ball jeweils zu fangen hat, hat darauf zu achten, daß er sich in einer günstigen Position im Gleichgewicht befindet. Sowie der Ball gefangen wurde, muß der Spieler bereit sein, den Ball ggf. sofort wieder abzuspielen.

**Übungsvariationen:**

Durch Abstände der Gruppen von Spielern zueinander können die Pass- und Fangverhältnisse variiert werden. Weitere Variationen: Aufstellung und Beginn wie zuvor, wenn jedoch F den Doppelpass zu A ausgeführt hat, täuscht er jetzt einen Schritt an, um hinter dem Pass herzulaufen, dreht sich aber plötzlich über die Innenseite hart um, während A auf ihn zu dribbelt. A passt dann auf ihn zum Korbwurf.

## 4.14 Zweifacher Doppelpass-Drill *(Abb. 61)*

**Zielsetzung:**

Schulung von sicherem Passen und Fangen bei Antäuschen und Körperdrehungen.

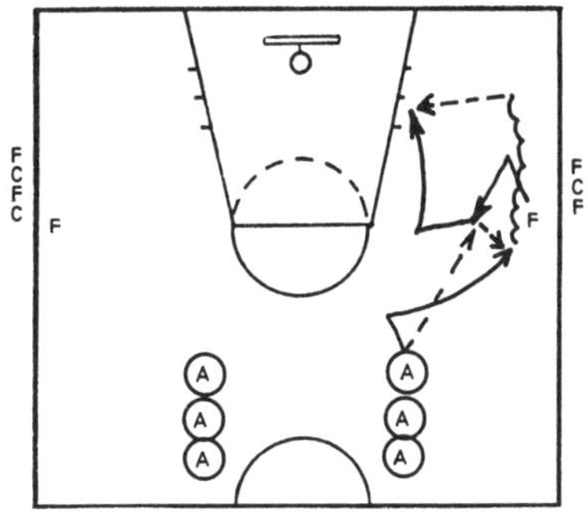


*Abb. 61*

**Durchführung:**

1. Die Spieler nehmen entsprechend der *Abb. 61* Aufstellung, wobei die Aufbauspieler (A) sich neben dem Mittelkreis postieren und von den Flügelspielern (F) jeweils einer am Spielfeldrand dazwischen beteiligt wird.
2. A passt zu F und bewegt sich langsam vorwärts in Richtung auf den Korb und schneidet dann plötzlich nach außen.
3. Er passiert F und bekommt den Doppelpass zurück.
4. F läuft zum oberen Rand der Birne, dreht aber plötzlich bei und schneidet auf den Korb zu, um den Doppelpass von A zu bekommen, der auf die Endlinie zugedribbelt war, um auf den Korb zu werfen.
5. Die nächste Gruppe kann auf der gegenüberliegenden Seite beginnen, sobald der letzte Doppelpass vollzogen ist.

**Methodische Hinweise:**

Das Paar, das den Angriff vollzogen hat, reiht sich jeweils auf der gegenüberliegenden Seite ein. Die Angriffsgeschwindigkeit muß bei dem Drill von vornherein hoch sein, auch wenn ggf. am Anfang der Ball verpaßt wird.

**Übungsvariationen:**

Antäuschen in die jeweils entgegengesetzte Richtung.

## 4.15 Pass-Drill gegen Deckung von vorn *(Abb. 62)*



**Zielsetzung:**

Anpassen des Centers über einen größeren Verteidiger, der diesen von vorn deckt. Bei kleinen Postspielern werden viele Gegner versuchen, diesen Spieler von vorne zu decken. Das kann schlimme Folgen haben, wenn die anderen Spieler mit ihren Pässen dem nicht vorbeugen.

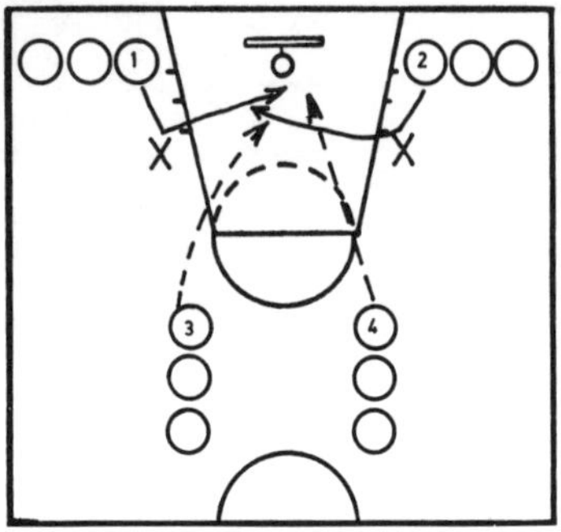


*Abb. 62*

**Durchführung:**

1. Alle Spieler, mit Ausnahme der Center, stellen sich in zwei Reihen hinter der Aufbauposition auf.
2. Die Center bilden zwei Reihen wie in *Abb. 62* gezeigt wird.
3. Die Reihen 3 und 4 haben jeweils einen Ball.
4. Der Center aus Reihe 1 löst sich von der Grundlinie und schneidet dann zum Korb. Er erhält einen Pass in den freien Raum unter dem Korb von Nr. 4.
5. Der Center Nr. 2 bewegt sich in gleicher Weise und erhält den Pass von Nr. 3.
6. Danach wechseln die Center untereinander und die Außenspieler untereinander die Reihe.

**Methodische Hinweise:**

Zunächst decken die Verteidiger (mit den Armen) nur stehend den Raum, dann gehen sie alle Bewegungen mit halber Kraft mit, dann mit normaler Verteidigung. Die Anspieler sollten im Wechsel hoch — tief (Überkopf-Pass-Wurf und Bodenpass) antäuschen.

**Übungsvariationen:**

Zuletzt versuchen die Verteidiger, mit vollem Einsatz, dann aggressiv zu verteidigen. Es entsteht ein Spiel 2—2 ohne Ball.

## 4.16 Fütter den Post- und Lauf-Drill *(Abb. 63)* **Fangen und Passen**

**Zielsetzung:**

Dieser Drill schult die Fähigkeit des Postspielers, gut zu passen. Das ist sowohl im Dreieckspiel gegen eine Zone als auch im Blockspiel gegen Manndeckung besonders wichtig.

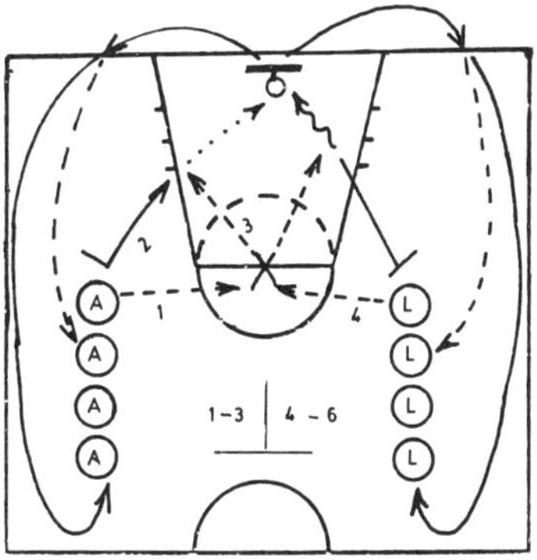


*Abb. 63*

**Durchführung:**

1. Jeder zweite Spieler hat einen Ball. Der Drill geht so schnell, wie der Postspieler X den Ball bekommen kann.
2. A beginnt mit dem Drill auf der linken Seite des Spielfeldes, passt zu X und schneidet wie beschrieben *(Abb. 63).*
3. Er bekommt den Ball zurück, wirft und geht dann hinter die Grundlinie.
4. Auf der rechten Seite des Spielfeldes passt L zu X, gleich nachdem X den Rückpass zu A gemacht hat. Nach dem Pass schneidet L zum Korb, bekommt den Ball und wirft.
5. X sollte alle Arten von Pässe benutzen (Über-Kopf-Pässe, Bodenpässe usw.).
6. Die Spieler hinter der Grundlinie holen jeweils den Ball nach dem Wurf und passen ihn in die jeweilige Reihe zurück, bevor sie sich selbst dort anstellen.

**Methodische Hinweise:**

Dies ist eine komplexe und schnelle Übung, die nicht überhastet, sondern exakt durchgeführt werden muß: Gutes Passen, Schneiden, Zuspielen, Ballkontrollieren (Schrittregel), ruhiges und sicheres Werfen sind zu beachten. Unter dem Korb sind gewaltsame Kontakte zu vermeiden.

**Übungsvariationen:**

Die Außenspieler können variiert schneiden und werfen; der Post kann nicht nur die Passarten, sondern auch die Zuspielposition (korbnah, mittlere Entfernung) variieren. Die Außen wechseln die Seiten. Jeder holt gleich nach dem Wurf den eigenen Rebound.

Veränderung der Ausgangsposition von Post-, Aufbau- und Vorderspielern verändert die Passlängen und Laufstrecken.

# 4.17 Aufbauspieler- zu Postspieler-Drill *(Abb. 64)*



**Zielsetzung:**

Pass- und Fangsicherheit im Raum vor dem Korbwurf.

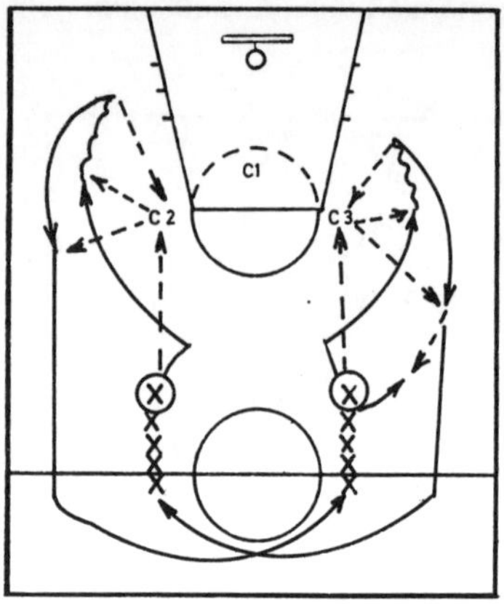


*Abb. 64*

**Durchführung:**

1. Die drei Postspieler nehmen rechts und links der Freiwurflinie sowie an der Innenseite des Sprungkreises entsprechend der Abbildung Aufstellung.
2. Sie wechseln fortlaufend ihre Positionen: C1 auf C2 auf C3 auf C1.
3. Die übrigen Spieler nehmen in 2 Reihen Aufstellung, wobei jeweils der vordere den Ball erhält.
4. Der 1. Spieler der Reihe passt zum Postspieler, täuscht nach innen, schneidet nach außen und erhält den Pass zurück.
5. Nach Erhalt des Balles dribbelt der Aufbauspieler ein- oder zweimal und passt dann zurück zum Postspieler.
6. Der Postspieler deutet einen Korbwurf an und passt dann zum Aufbauspieler, der inzwischen wieder außen zurückgelaufen ist.
7. Der Aufbauspieler passt zum nächsten 1. Spieler der Reihe der Aufbauspieler, aus der er gekommen war und schließt sich selbst wieder am Ende der anderen Reihe an.

**Methodische Hinweise:**

Jeder Drill, der einen Pass enthält, kann auch zum Schulen von Passen benutzt werden. Es ist aber vor allem darauf zu achten, daß das Passen ohne Zuruf und sonstige Hinweise auch in kompliziert erscheinenden Situationen automatisiert wird. Die Schnelligkeit des Passes wird durch die Handgelenke und die Fingerspitzen bestimmt. Die Pässe müssen präzise erfolgen, auch wenn die Situation verworren erscheint. Der Ball muß in der richtigen Höhe zugespielt werden (oberhalb der Hüfte). Die Pässe sollten variiert werden.

## 4.18 Zum Post- und Block-Drill *(Abb. 65)*

**Zielsetzung:**

Schulung des schnellen Überganges vom Pass zum Block.

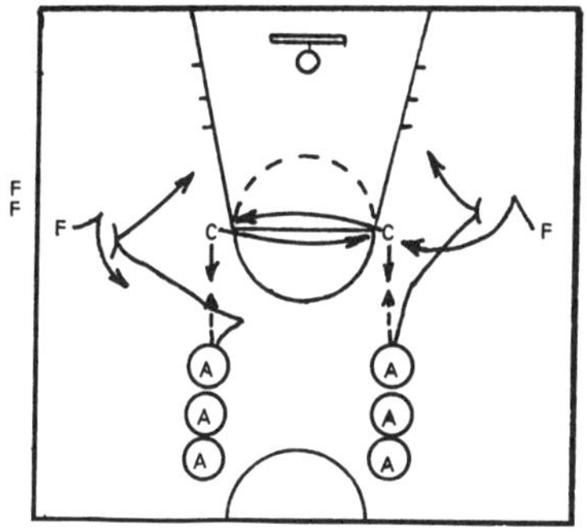


*Abb. 65*

**Durchführung:**

1. Die Aufbauspieler (A) nehmen in 2 Reihen neben dem Mittelkreis Aufstellung, die 2 Centerspieler (C) stehen als Postspieler rechts und links von der Freiwurflinie. Die übrigen Angriffsspieler (F) stehen auf derselben Höhe an der Außenlinie.
2. Die Centerspieler wechseln immer. Die Vorder- oder Flügelspieler und Aufbauspieler ordnen sich jeweils nach Abschluß eines Drills in der Gruppe auf der entgegengesetzten Seite ein.
3. Der vorderste Aufbauspieler passt zum Postspieler und schneidet ein paar Schritte gerade auf den Korb zu und schirmt dann außen einen Flügelspieler ab, der ebenfalls zum Korb strebt.
4. Der Aufbauspieler dreht dann ab zum Korb.
5. Der Flügelspieler erhält den Pass, täuscht einen Wurf an und passt zum Aufbauspieler.
6. Der Flügelspieler läuft selbst weiter nach innen, um den Aufbauspieler abzuschirmen.

**Methodische Hinweise:**

Die Pässe müssen genau erfolgen oberhalb der Gürtellinie und unterhalb der Schultern. Die Betonung liegt auf Genauigkeit und gleichzeitig großer Wurfschnelligkeit. Sofort nach der Passabgabe muß der Spieler in seine neue Position laufen. Dort nicht schnell hinzulaufen, ist ein ebenso großer Fehler wie ein Fehlpass. Der Passende sollte immer beim Anzuspielenden ein genaues Ziel (z. B. äußere Schulter) haben und nicht nur einfach den Mann anspielen wollen.
Die Pässe sollten variiert werden.

## 4.19 Kreuzen: Aufbau-Flügel-Post-Drill *(Abb. 66)*



**Zielsetzung:**

Schulung von Passen, Fangen und Doppelpass.

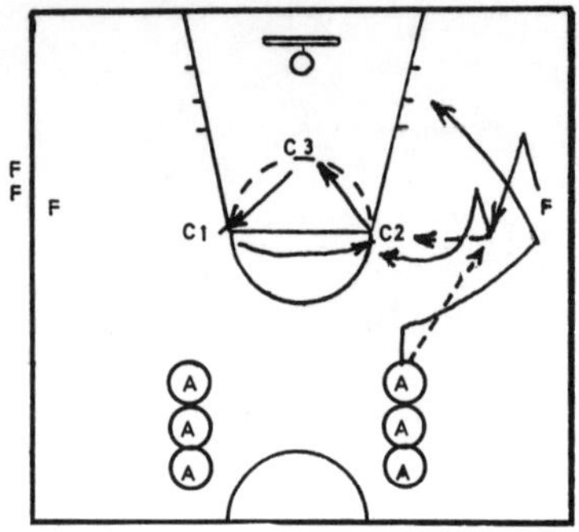


*Abb. 66*

**Durchführung:**

1. Die Spieler nehmen entsprechend der Abbildung Aufstellung, wobei der Drill erst auf der einen, dann auf der anderen Seite ausgeführt wird, und die Center (3) rotieren.
2. A passt zu F, täuscht zum Korb und schneidet nach außen.
3. F fintiert auf A und passt auf C2.
4. F macht eine Körpertäuschung in Richtung auf den Korb und schneidet dann auf den inneren Rand der Birne.
5. C2 passt entweder zu C1 oder C3 oder täuscht den Pass nur an und wirft selbst auf den Korb.
6. Die nächste Gruppe beginnt, sowie die eine Gruppe den letzten Pass vollzogen hat.

**Methodische Hinweise:**

Körpertäuschungen und Finten mit dem Ball müssen vorher hinreichend geübt sein, um den Drill ohne Ballverlust durchzuführen.

**Übungsvariationen:**

1. Die Pässe werden laufend variiert.
2. Drill erfolgt von der anderen Seite.

# 5. Werfen

Der Korbwurf stellt die Endphase jedes erfolgreichen Angriffs dar und ist somit eines der wesentlichen spielentscheidenden und technischen Fertigkeiten des Basketballspielers. Die Schnelligkeit der Angriffsspielbewegungen muß mit einer genauen Korbwurfbewegung verbunden werden (Ausnahme Freiwurf). In unseren Drills haben wir uns im wesentlichen auf die Elemente Korbleger, Sprungwurf und Freiwurf beschränkt. Es ist Aufgabe des Lehrers/Trainers, schon frühzeitig seinen Spielern gute Wurftechnik und -gewohnheiten zu vermitteln. Auch wenn einzelne Spieler eine natürliche Veranlagung für hohe Wurfgenauigkeit auszeichnet, so werden gute Spieler nicht geboren, sondern entwickelt. Ein Spieler muß schon im Training üben, unter Spielbedingungen sofort zu erkennen, wann er und wann er nicht werfen soll. Unsere Drills dienen der technischen Schulung der Wurfgenauigkeit und dem Herausspielen von Situationen, in denen ein Korbwurf als Abschluß angebracht ist. Eine genaue Beschreibung der einzelnen Wurfarten würde den Rahmen dieses Buches sprengen, so daß wir auf die entsprechende Fachliteratur (vor allem D. NIEDLICH und C. CZWALINA: Basketball, Teil 1 Grundlagen der Technik, Ahrensburg) verweisen müssen.

## 5.1 Rund-um-die-Welt-Drill *(Abb. 67)*



**Zielsetzung:**

Unter Wettbewerbsbedingungen soll — möglichst konzentriert — von den häufigsten Wurfpositionen des Spiels geworfen werden.

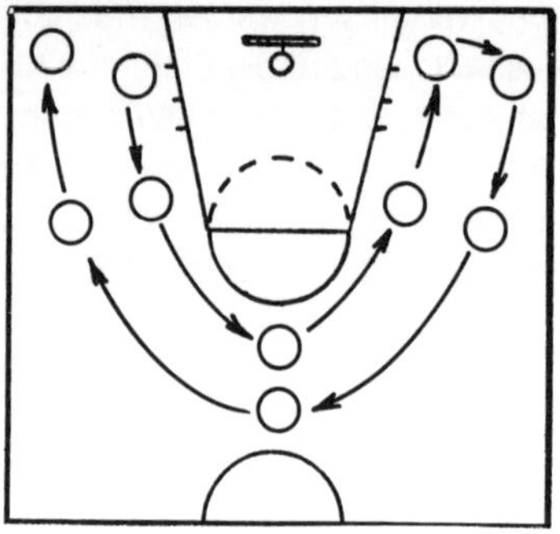

*Abb. 67*

**Durchführung:**

1. Mehr als drei Spieler sollten nicht auf einen Korb spielen. Soll die ganze Mannschaft mitspielen, sind mehrere Körbe erforderlich.
2. Der erste Werfer beginnt mit einem einfachen Wurf unter dem Korb und wirft dann von den Stellen, die in *Abb. 67* angegeben sind, bis er verfehlt oder aber alle Positionen durch hat.
3. Option: wenn er nicht trifft, kann er von der Stelle, wo er nicht getroffen hat, noch einmal werfen (Risiko-Spiel). Trifft dieser Wurf nicht, geht er zur nächsten Position. Verfehlt aber dieser Wurf sein Ziel, muß er von vorne anfangen, oder er kann auch eine Runde warten, bis er wieder an der Reihe ist und dann von der Stelle weiter werfen, wo er nicht getroffen hat.

**Methodische Hinweise:**

Auf gute Wurftechnik ist zu achten. Einmaliges Dribbeln o. ä. ist nicht erlaubt. Konzentrationshilfen (hinteren Ring anvisieren, mittleren Wurfbogen u. a.) sind zu geben.

Die Positionen sollten den häufigsten Wurfpositionen im Spiel entsprechen.

**Übungsvariationen:**

1. Bei Anfängern sind weniger und korbnähere Positionen ratsam. Als Positionen können auch Feldmarkierungen wie z. B. die Ecke des Volleyballfeldes genutzt werden.
2. Die Positionen müssen zweimal, hin und zurück, durchgespielt werden.
   Die Regeln des Mensch-ärgere-Dich-nicht werden dazugenommen.

## 5.2 Golf-Drill *(Abb. 68)*



**Zielsetzung:**

Die Spieler sollen ihre Wurfgenauigkeit aus unterschiedlichen Positionen schulen.

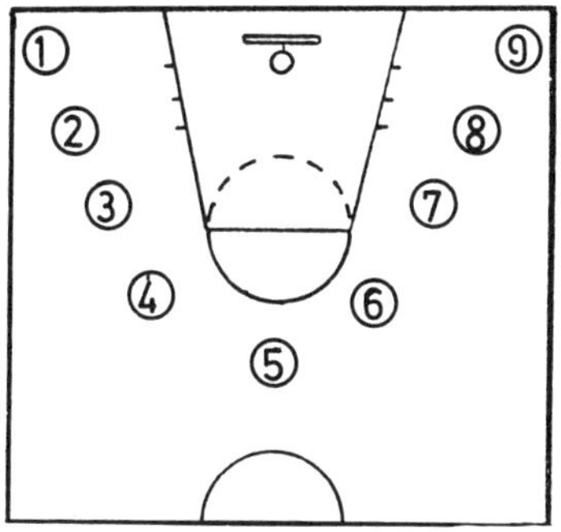


*Abb. 68*

**Durchführung:**

1. Man bestimmt und markiert 9 Punkte, von denen die Spieler werfen sollen.
2. Alle Spieler haben einen Ball. Jeder Spieler beginnt bei 1 und wirft, bis er trifft. Danach geht er zum zweiten Punkt. Trifft er dort, zu 3 usw., bis er von allen 9 Positionen getroffen hat.
3. Es werden alle Versuche gezählt. Der Spieler mit den wenigsten Versuchen gewinnt.

**Methodische Hinweise:**

Dieses Spiel spielen Kinder gern, wenn sie unter Aufsicht trainieren. Wenn es eine alte Halle gibt, kann man die Stellen auf dem Fußboden auch markieren. So können die Kinder in ihrer Freizeit werfen. Man kann auch am Schwarzen Brett eine Liste mit Namen und Datum führen. So kann man sehen, wieviel Versuche jeder von den 9 Positionen gebraucht hat. Da jeder einen Ball hat und werfen kann, ist der Druck auf den einzelnen nicht so stark wie bei anderen Wurfwettbewerben.

**Übungsvariationen:**

An jedem Korb werfen 5 Spieler (jeder hat einen Ball). Die Mannschaften spielen um das niedrigste Mannschaftergebnis und jeder einzelne Spieler um das niedrigste individuelle Ergebnis.

## 5.3 Zehn-Netto-Drill *(Abb. 69)*



**Zielsetzung:**

Die Spieler sollen aus allen Positionen konzentriert und zielsicher werfen lernen.

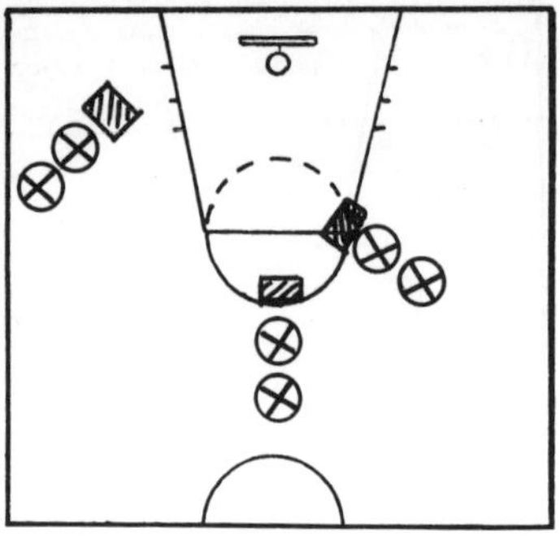

*Abb. 69*

**Durchführung:**

1. Zehn-Netto ist ein Wettbewerb zwischen zwei Spielern. Jeder hat einen Ball.
2. Beide werfen von derselben Position. Danach wird die Position gewechselt. Die Spieler wechseln sich in der Wahl der Position ab.
3. Gezählt wird wie folgt: Jeder Treffer zählt einen Punkt. Treffen beide von der gleichen Position, heben sich die Punkte auf. Trifft A und B nicht, so erhält A einen Punkt. Trifft beim nächsten Mal B und A nicht, so wird dadurch der Punkt von A wieder gestrichen. Das Spiel wird solange fortgesetzt, bis ein Spieler auf diese Art 10 Punkte erreicht hat. Sind zwei Spieler gleich gute Werfer, so kann das Spiel endlos fortgesetzt werden. Das Spiel bietet einen echten Maßstab für die Treffsicherheit der Spieler. Die Positionen sind durch Kästen markiert.

**Methodische Hinweise:**

Dieses Wurfspiel ist besonders gut für die Freizeit (auch ohne den Trainer) geeignet. Die Spieler sollten wirklich von verschiedenen Positionen werfen. Es ist wichtig, daß sie das Spiel über längere Zeit durchhalten.

**Übungsvariationen:**

Wurfpositionen aus der Nahdistanz werden nicht genommen. Bei noch nicht vorhandener Lernmentalität kann der 10-Punkte-Drill auf einen 5-Punkte-Drill reduziert werden.

## 5.4 Gespenst-Drill *(Abb. 70)*



**Zielsetzung:**

Der Drill soll in Spielform unter Berücksichtigung des Wettkampfcharakters verschiedene, häufig ungewohnte Würfe aus unterschiedlichen Positionen schulen. Das Spiel „Gespenst" ist ein Wurfspiel.

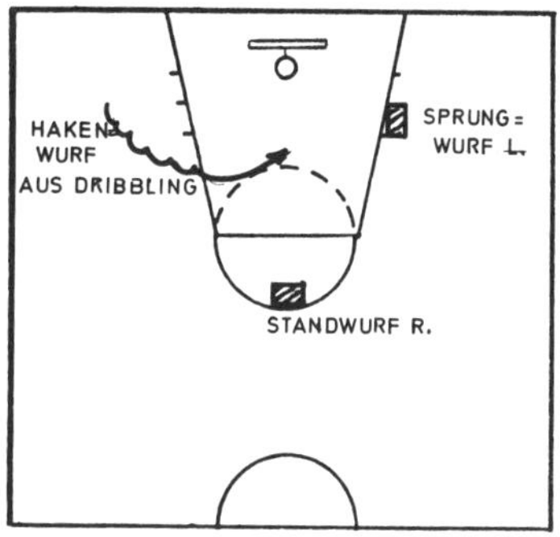


*Abb. 70*

**Durchführung:**

1. Bei diesem Spiel muß man den Wurf seines Vorgängers nachmachen. Die Zahl der Mitspieler ist unbegrenzt.
2. Der Spieler, der beginnt, sucht sich eine Position auf dem Spielfeld und wirft von dort. Wenn er trifft, muß der nachfolgende Spieler den gleichen Wurf von derselben Stelle werfen. Treffen auch alle anderen Mitspieler, so kann der Spieler, der begonnen hat, einen anderen Wurf von einer anderen Stelle oder den gleichen Wurf noch einmal machen.
3. Der erste Mitspieler der nicht trifft, unterbricht die Reihe. Der Spieler, der danach an der Reihe ist, darf einen anderen Wurf wählen.
4. Der Spieler, der nicht getroffen hat, bekommt einen Strafpunkt. Verfehlt er das erste Mal, bekommt er ein „G" als Strafpunkt. Beim zweiten Mal ein „E". Beim dritten Mal ein „S". Hat er alle 8 Buchstaben des Wortes „Gespenst" bekommen, scheidet dieser Spieler aus. Es wird solange gespielt, bis nur noch ein Spieler übrig ist.
5. Trifft der wurfbestimmende Spieler nicht, so bekommt er keinen Strafpunkt; das Recht, den Wurf zu bestimmen, wandert aber zum nächsten Spieler.
6. Der Erste sucht sich normalerweise einen Wurf aus, den er sicher beherrscht oder aber einen Wurf, von dem er weiß, daß die Mitspieler ihn nicht gut beherrschen. Auf diese lustige Art werden viele verschiedene Würfe mit wechselndem Ergebnis geübt.

**Methodische Hinweise:**

Auch dieses Wurfspiel ist besonders gut für die Freizeit auch ohne Trainer geeignet.

Damit es nicht zu Unstimmigkeiten kommt, ist es sinnvoll, die genaue Wurfart vorher anzusagen, z. B. Hakenwurf mit linker Hand gegen das Brett, Sprungwurf — rückwärts usw.

**Übungsvariationen:**

Kürzere Worte („aus", „heim", „Gespenst" usw.) oder längere („auf Wiedersehen" usw.) kürzen oder verlängern das Spiel. Abhängig von der Leistungsstärke können die Spieler in kleinere oder leistungsunterschiedliche Gruppen eingeteilt werden.

## 5.5 Drill zur Konzentration bei Positionswürfen *(Abb. 71)*



**Zielsetzung:**

Die Spieler sollen lernen, auch gegen einen Verteidiger konzentriert zu werfen.

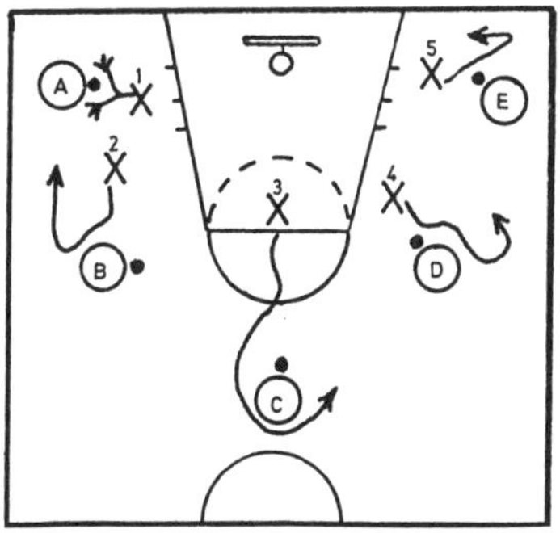


*Abb. 71*

**Durchführung:**

1. Die Spieler werden in Paare eingeteilt, in Angreifer und Verteidiger.
2. Alle Angreifer haben einen Ball und nehmen eine Wurfposition auf verschiedenen Stellen des Feldes ein.
3. Auf ein Signal hin laufen die Verteidiger auf ihre Gegner zu und versuchen, den Werfer mit wedelnden Armen und Händen zu stören, ohne dabei den Ball zu berühren. Der Wurf soll nicht geblockt werden, aber der Verteidiger soll beim Wurf so nahe wie möglich vor dem Werfer verteidigen.
4. Nach dem Wurf wird der Ball vom Verteidiger wieder geholt und zum Werfer gepasst. Der Werfer hat sich unterdessen eine neue Wurfposition gesucht. Dann beginnt es von vorne.
5. Nach kurzer Zeit tauschen Werfer und Verteidiger die Rollen.

**Methodische Hinweise:**

Die Verteidiger sollen den Wurf zwar nicht abblocken, andererseits müssen die Angreifer mit dem Wurf warten, bis die Verteidiger in ihrer unmittelbaren Nähe sind. Die Werfer müssen lernen, trotz der Verteidigung alle Konzentration auf den Wurf bzw. ihr Wurfziel zu richten.

**Übungsvariationen:**

Jedes Paar kann auch ohne Signal vom Trainer üben. Um die Belastung und Konzentrationsfähigkeit zu erhöhen, werden die Treffer gezählt.

## 5.6 Drill zum Planen des Wurfes *(Abb. 72)*

**Zielsetzung:**

Der Spieler soll lernen, vorauszudenken. Der Wurf soll vor dem Wurfversuch überlegt werden.

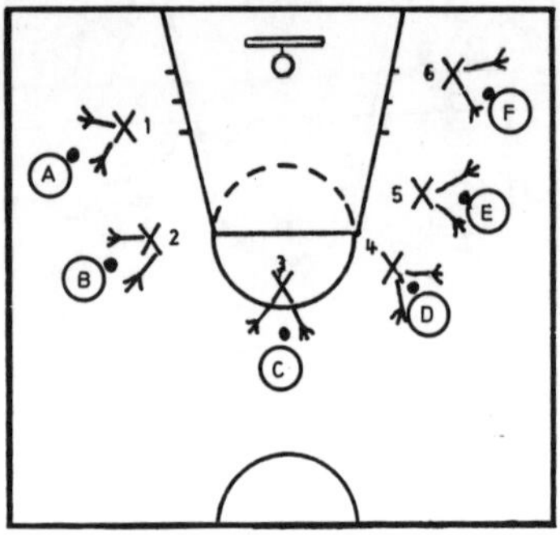


*Abb. 72*

**Durchführung:**

1. Die Angreifer stellen sich mit dem Ball auf ihre Position.
2. Der verteidigende Spieler versucht, den Wurf zu verhindern.
3. Der Angreifer darf dribbeln, sofort werfen oder zu einer anderen Wurfposition dribbeln, um von dort zu werfen.
4. Das richtige Einschätzen der Situation ist wichtiger Bestandteil des Drills. Der Trainer kann sich hinter den Verteidiger stellen und so diese Fähigkeit bei seinen Spielern gut überprüfen. Der Trainer kann die Spieler auch nach jedem Versuch fragen, welchen Wurf der einzelne Spieler vorgehabt hat. So können alle Wurfarten probiert werden.

**Methodische Hinweise:**

Der Angreifer muß also vor dem Wurf im besonderen die Position des Verteidigers, seine Fußarbeit, Einsatz der Hände usw. wahrnehmen lernen, um dann als Reaktion bzw. später als Aktion, seinen Wurf zu planen und durchzuführen.

**Übungsvariationen:**

Die Treffer werden gezählt und jeder Werfer muß jeden Wurf begründen können.

## 5.7 Zehn-Punkte-Wurf-Drill *(Abb. 73)*



**Zielsetzung:**

1. Das Werfen von bestimmten Positionen verbessern.
2. Das Annehmen des Balles mit guter Beinarbeit (für gute Schußposition) verbessern.
3. Schneller werfen, wobei die Augen zum Korb blicken.
4. Gelöstheit und Vertrauen im Angreifer entwickeln, wenn er unter Druck steht.
5. Verschiedene Pässe schulen und verbessern.
6. Dem Wurf nachzugehen lernen.
7. Rebound und zweiten Wurfversuch schulen.
8. Freiwurfschießen verbessern.
9. Die Übung ist ein gutes Konditionstraining.
10. Dieser komplexe Drill stellt einen effektiven Wettbewerb zur Schulung der Wurfeigenschaften dar.

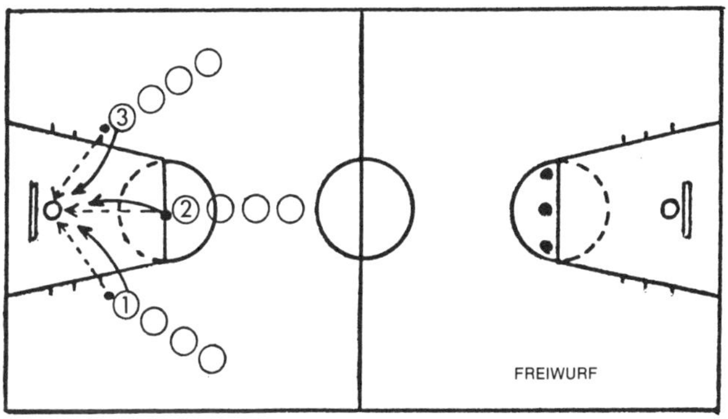


*Abb. 73*

**Durchführung:**

1. Es werden drei gleich große Gruppen gebildet.
2. Jede Gruppe hat einen Ball, und 3 Bälle liegen auf der anderen Seite des Spielfeldes an der Freiwurflinie.
3. Welche Gruppe zuerst 20 Körbe erzielt, gewinnt.
4. Auf Pfiff wirft der erste jeder Gruppe auf den Korb und versucht zu treffen. Trifft er nicht, versucht er den Ball wieder zu bekommen, bevor er den Boden berührt. Schafft er das, darf er nocheinmal werfen.
5. Bekommt er den Ball nicht, bevor er den Boden berührt, muß er zur anderen Seite des Spielfeldes laufen und dort einen Freiwurf verwandeln. Danach stellt er sich hinten in seine Reihe.
6. Bekommt er den Rebound in der Luft, trifft aber beim zweiten Versuch auch nicht, läuft er auch zur anderen Seite und muß einen Freiwurf treffen, bevor er in seine Reihe zurückkehrt.
7. Wichtig ist, daß die Spieler nach dem Wurf ihren Mitspielern gute Pässe geben.

**Methodische Hinweise:**

Auch hier gilt, der gute Basketballer denkt mit den Füßen, d. h. besonders der Werfer muß auf gute Fußarbeit achten. Der Trainer muß dem überhasteten Werfer helfen, sich konzentrieren zu lernen (Ruhestellung, Zielen, Wurfbogen), die jeweilige Übung (bis 20 Körbe) darf daher nicht zu lange dauern.

**Übungsvariationen:**

Die Gruppen wechseln die Wurfpositionen; die Wurfentfernungen können variiert werden. Die Übung darf aber wegen Anspannung und Konzentration nicht zu lange dauern.

## 5.8 Center-Korbwurf-Drill *(Abb. 74)*



**Zielsetzung:**

Die Center sollen ihre Vielzahl von Wurfmöglichkeiten in Korbnähe variabel einsetzen lernen.

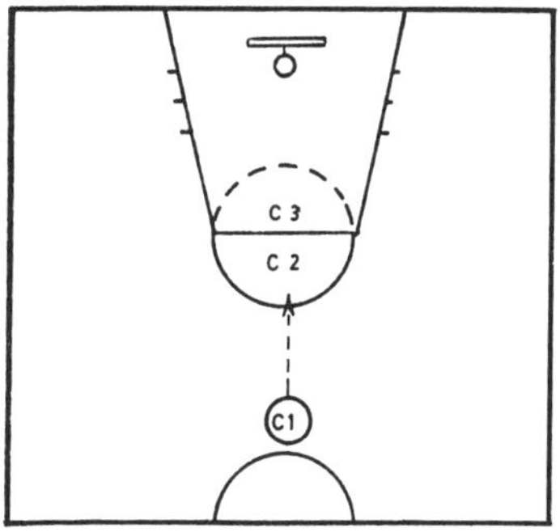


*Abb. 74*

**Durchführung:**

Drei Center stellen sich auf wie in *Abb. 74.* C1 passt zum Werfer C2. Nach jedem Wurf wird gewechselt. C1 wechselt mit C2. C2 mit C3 und C3 nimmt den Platz von C1 ein.

Mit diesem Drill können folgende Würfe geübt werden:

1. Rechts oder links zum Korb ziehen, einen Korbleger (Unterhand und Druckwurf), Dunking oder Hakenwurf ausführen.
2. Nach rechts oder links herausdribbeln, um einen einfachen Sprungwurf oder einen Sprungwurf, bei dem man vom Gegner wegspringt (Rückwärts-Sprungwurf) auszuführen.
3. Rechts oder links antäuschen und dann einen Sprungwurf ausführen oder einen Sprungwurf antäuschen und vorbeiziehen.
4. Eine schnelle Drehung in Richtung Korb, um einen Sprungwurf zu machen oder einen Sprungwurf anzutäuschen und zum Korb zu ziehen oder das Vorbeiziehen antäuschen und mit einem Schritt rückwärts zu werfen.

**Methodische Hinweise:**

Der Angreifer muß stets das Gleichgewicht halten und die Schrittregel beachten. Er täuscht im ständigen Wechsel Wurf- und Durchbruch an. Der Verteidiger versucht, eng aber regelgerecht zu decken.

**Übungsvariationen:**

1. Die Center variieren ihre Positionen, der Angriffscenter steht jetzt an der Seite der Freiwurflinie oder des 3-Sekunden-Raumes.
2. Ein Spieler nimmt die Centerposition ein (ohne Gegenspieler), die anderen beiden nehmen die Positionen von Aufbau und Flügel ein. Alle Spieler gehen nach dem Wurf zum Rebound.

## 5.9 Freiwurf-Ablenkungsdrill *(Abb. 75)*



**Zielsetzung:**

Bei diesem Drill soll mehr Druck auf den Werfer ausgeübt werden. Außerdem soll der Werfer lernen, wie wichtig es ist, sich zu konzentrieren.

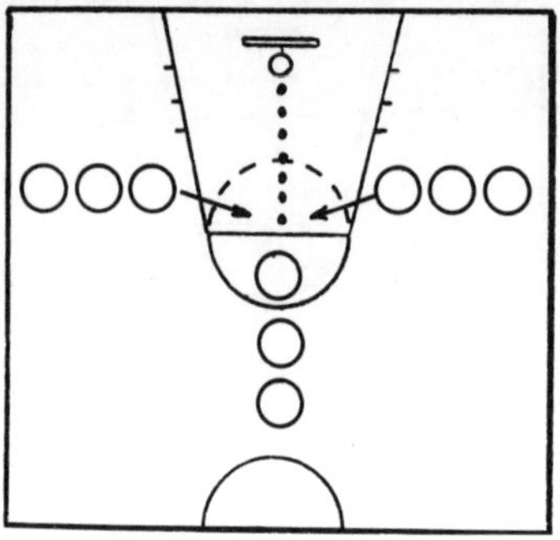

*Abb. 75*

**Durchführung:**

1. Es werden drei Reihen gebildet. Eine Reihe an der Freiwurflinie, die anderen zwei rechts und links neben der Freiwurflinie.
2. Der Erste in der mittleren Reihe wirft zwei Freiwürfe. Die zwei Ersten der beiden anderen Reihen versuchen, ihn dabei durch Reden, Winken oder Ähnliches abzulenken. Der Werfer soll nicht berührt werden.
3. Die drei Beteiligten wechseln danach im Uhrzeigersinn die Bahnen und sie stellen sich am Ende der neuen Reihe auf. Die nächsten drei treten dann die ersten Positionen an usw.

**Methodische Hinweise:**

Die Werfer sollen sich Zeit lassen, dürfen sich aber nicht über-konzentrieren!
Das Konzentrieren beinhaltet den bestimmten Willen, in mittleren Bogen mitten in den Ring zu werfen; als Zielpunkt hinteren Ring anvisieren.

**Übungsvariationen:**

Die seitlich stehenden Spieler dürfen ihre Positionen verändern. Es wird um die Wette geworfen; jeder zählt seine erzielten Freiwürfe.

## 5.10 Freiwurf-Wettbewerb-Drill *(Abb. 76)*



**Zielsetzung:**

Die Spieler sollen lernen, nach jedem Freiwurf spielgerecht zu reagieren, egal ob der Werfer getroffen hat oder nicht.

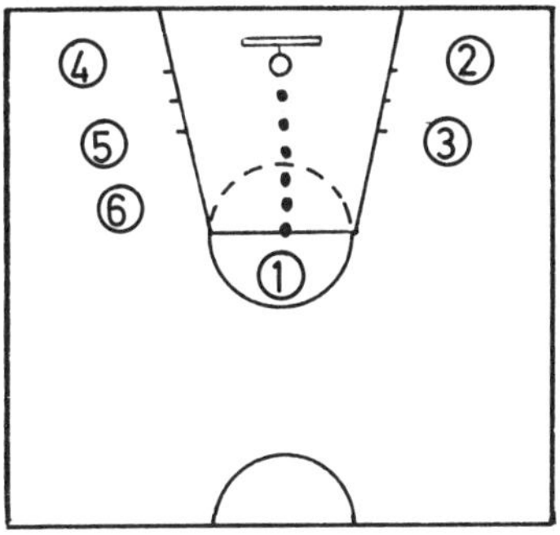


*Abb. 76*

**Durchführung:**

1. Sechs Spieler stellen sich wie in *Abb. 76* unter dem Korb auf. In *Abb. 76* beginnt 1 mit den Freiwürfen, 1, 3, 5 sind eine Mannschaft und 2, 4, 6 sind eine Mannschaft.
2. Trifft 1, wirft er weiter, bis er fünf Freiwürfe getroffen hat. Danach wirft einer seiner Mitspieler. Trifft auch dieser seine fünf Freiwürfe hintereinander, kommt der dritte Mitspieler an die Reihe. Waren alle Spieler einmal an der Reihe, bekommt die andere Mannschaft die Möglichkeit zu Freiwürfen.
3. Trifft ein Werfer nicht, versuchen die Mannschaftskameraden, einen Tip-in zu machen. Die andere Mannschaft versucht, den Ball zu bekommen und damit hinter die Freiwurflinie zu dribbeln. Die Mannschaft, die geworfen hat, versucht, das zu verhindern. Wenn der Ball erfolgreich hinter die Freiwurflinie gebracht wird, darf diese Mannschaft jetzt Freiwürfe werfen.
4. Ein Tip-in zählt zwei Punkte, ein Freiwurf einen Punkt. Wer zuerst 20 Punkte hat, gewinnt.

**Methodische Hinweise:**

Die Spielregeln (Hineinlaufen, Foul) müssen beachtet werden. Trotz des Freiwurfwettbewerbs sind die Spieler auf das Antizipieren der Situation und den ständig möglichen Rollentausch (zwischen Verteidigung und Angriff) konzentriert einzustimmen.

**Übungsvariationen:**

Die Anzahl der nachfolgend erzielten Freiwürfe wird reduziert (Spielsituation). Verteidiger und Angreifer müssen in ihren taktische Maßnahmen variieren.

## 5.11 Freiwurf-Drill



**Zielsetzung:**

Die Spieler sollen den Freiwurf sowie die Verbindung Freiwurf-Rebound schulen.

**Durchführung:**

1. Es werden zwei Mannschaften gebildet.
2. Die Mannschaft, deren Spieler mit Freiwürfen beginnt, ist im Angriff, die andere Mannschaft spielt Verteidigung. Ein Spieler sollte nicht mehr als fünf Freiwürfe hintereinander werfen.
3. Wird ein Freiwurf nicht getroffen, gehen beide Mannschaften zum Rebound.
4. Bekommt ein Angreifer den Rebound, kann er sofort versuchen , einen Korb zu erzielen. Bekommt ein Verteidiger den Rebound, ist der Versuch beendet. Die Angreifer werden zu Verteidigern und die Verteidiger zu Angreifern.
5. Ein getroffener Freiwurf zählt einen Punkt, ein Feldkorb zählt zwei Punkte. Die Mannschaft gewinnt, die zuerst eine festgesetzte Punktzahl erreicht hat.

**Methodische Hinweise:**

Es wird nach den offiziellen Regeln gespielt, zu frühes Hineinlaufen und die Foulregel sind besonders zu beachten. Der Freiwerfer versucht auf jeden Fall, seinen Wurf zu verwandeln. Die Verteidiger müssen versuchen, durch Aussperren die Innenposition zu halten.

**Übungsvariationen:**

Jeder Freiwerfer macht nur 2 oder 3 hintereinander nachfolgende Würfe.
Die Verteidiger versuchen, massiert die Innenposition zu behaupten.
Die Angreifer versuchen, durch Ausblocken, auch quer durch den Raum, eine günstige Position zu erlangen.
Die Punktzahl wird variiert.

## 5.12 Freiwurf-Stern-Drill *(Abb. 77)*



**Zielsetzung:**

1. Der Drill soll abwechslungsreich und spielgerecht sein.
2. Die Freiwürfe werden wie in einer Spielsituation direkt nach dem Laufen geworfen.
3. Die Spieler lernen, eine bestimmte, ihnen eigene Freiwurf-Routine zu entwickeln.
4. Der Drill bietet die Möglichkeit, mehrere Elemente gleichzeitig zu trainieren; lange genaue Pässe, Korbleger aus hohem Tempo, Hänger (2-Mann-)Möglichkeiten.
5. Peripheres Sehen wird geschult.
6. Der Drill paßt gut in einen 15minütigen Trainingszeitraum.

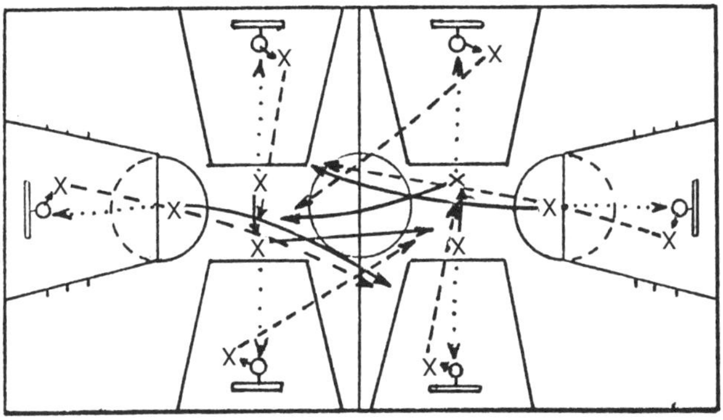

*Abb. 77*

**Durchführung:**

1. Für diesen Drill ist es am besten, bis zu 12 Spieler und 6 Körbe zu haben. Die Spieler können paarweise auf verschiedene Körbe werfen.
2. Ein Spieler wirft zwei Freiwürfe und läuft überkreuz zum nächsten Korb, sobald er sieht, daß dieser Korb ebenfalls frei wird.
3. Er erhält einen langen Pass von seinem Partner und macht entweder einen Korbleger, oder er wartet bis der nachfolgende Partner (Hänger) auch an diesem Korb ankommt, gibt ihm den Ball zurück, so daß dieser einen Korbleger machen kann.
4. Danach wirft der Spieler, der beim erstenmal keine Freiwürfe geworfen hat, seine 2 Freiwürfe, läuft danach zum nächsten Korb und wartet auf den langen Pass.
5. Alle 6 Gruppen machen das gleichzeitig. Die Spieler werfen 26 Freiwürfe. Eine Belohnung sollte für den besten Werfer ausgesetzt werden, um konzentriertes Werfen zu erreichen.
6. Die Ergebnisse werden in der Freiwurf-Statistik vermerkt. Dieser Freiwurf-Wettbewerb sollte ein- oder zweimal pro Woche durchgeführt werden.

**Methodische Hinweise:**

Der Trainer muß den Spielern helfen, bestimmte, immer wiederkehrende Freiwurf-Angewohnheiten zu entwickeln.

Beim Lauf zum anderen Korb müssen die Spieler Kontakte untereinander vermeiden.

**Übungsvariationen:**

Bei erfahrenen Spielern können auch 2 Paare an einem Korb werfen.

Bei größeren Gruppen müssen die Laufrichtungen bzw. Anlauforte variiert werden; die Belastung sollte aber dieselbe sein.

## 5.13 Mannschafts-Freiwurf-Drill *(Abb. 78)*



**Zielsetzung:**

Freiwürfe und nachfolgender Rebound bzw. gegenseitiges Herausblocken sollen in realen Spielsituationen geschult werden.

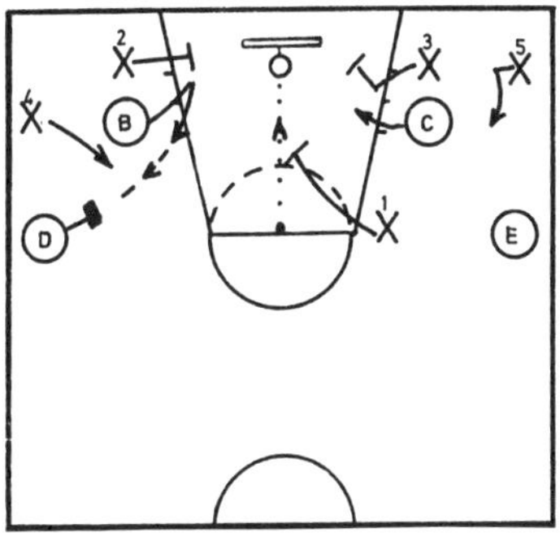


*Abb. 78*

**Durchführung:**

1. Zwei Mannschaften nehmen die Aufstellung zum Freiwurf ein.
2. Der Freiwerfer soll nicht mehr als fünf aufeinanderfolgende Freiwürfe machen.
3. Wenn ein Wurfversuch mißlingt, gehen beide Mannschaften zum Rebound.
4. Kommen die Angreifer in Ballbesitz, soll der Rebounder sofort vom Reboundpunkt auf den Korb werfen.
5. Sichern die Verteidiger den Ball, wechseln die Mannschaften Angriff und Verteidigung.
6. Ein Freiwurf zählt einen Punkt, ein Feldkorb zwei Punkte.

**Methodische Hinweise:**

Neben Freiwurf und nachfolgendem Wurfversuch ist das gegenseitige Herausblocken der wesentliche Übungsteil. Besonders die Verteidiger müssen durch Einsatz von Füßen und Armen die Innenposition behaupten.

**Übungsvariationen:**

Die nacheinandergeworfenen Freiwürfe werden reduziert auf zwei oder drei. Angreifer und Verteidiger müssen variable Taktiken zur Erlangung des Rebounds einsetzen.

## 5.14 Spiel 21 *(Abb. 79)*



**Zielsetzung:**

Die Spieler sollen in Wettbewerbsform sowohl technisch einwandfrei als auch schnell werfen.

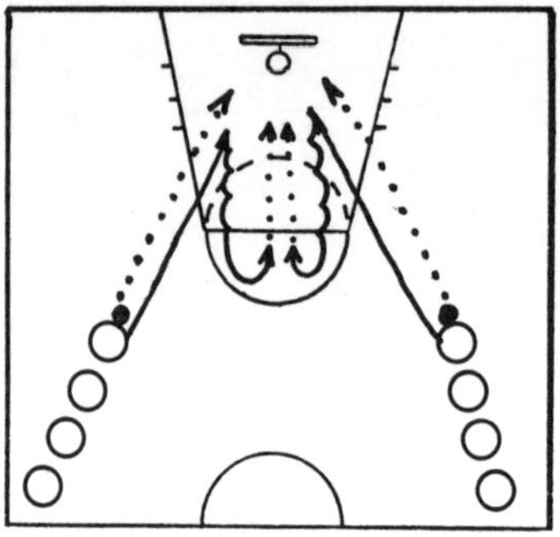

*Abb. 79*

**Durchführung:**

1. Man bildet zwei Mannschaften, die sich 6—8 m vom Korb aufstellen. Jeder Spieler hat zwei Versuche.
2. Für jeden Korb bekommt der Spieler einen Punkt. Die Mannschaft, die zuerst 21 Punkte erreicht, gewinnt.
3. Jeder Spieler wirft zuerst aus der Weitdistanz, folgt seinem Wurf, dribbelt zur Freiwurflinie und wirft von dort ein zweites Mal. Danach holt er den Rebound und passt zum nächsten Mannschaftskameraden.

**Methodische Hinweise:**

Die Wurfart sollte zunächst freigestellt sein. Es ist jedoch stets auf gute Fußarbeit vor dem Wurf zu achten. Es soll schnell, aber nicht hastig geworfen werden.
Nach einem Durchgang werden die Seiten gewechselt. Es kann auch von der Seite und aus der Ecke geworfen werden.
Es ist aufregender und macht mehr Spaß, wenn jeder Spieler oder jede Mannschaft jedesmal den aktuellen Spielstand laut ausruft.

**Übungsvariationen:**

Spiel 21 ist ein beliebtes Wurfspiel, das manchmal leicht variierende Regeln aufweist. Häufig wird es auch paarweise gegeneinander gespielt.

1. Der erste Wurf zählt 2 Punkte, der nachfolgende nur 1 Punkt.
2. Ein zweiter Wurf, d. h. Korbleger, ist nur möglich, wenn der Ball (auch nach erfolgreichem Korb) nicht den Boden berührt hat.
3. Es sind also 3 Punkte bei einem Durchgang möglich.
4. Bei den letzten 3 Versuchen des Spiels ist kein Nachfolgewurf erlaubt.

## 5.15 Senkrechter Sprungwurf-Drill *(Abb. 80)*

**Zielsetzung:**

Der Drill soll abhelfen, daß die Spieler beim Sprungwurf zu weit nach vorne springen. Da dies leicht zu einem Offensivfoul und auch zu einem ungenauen Wurf führt, soll der Drill solche Angewohnheiten beseitigen.

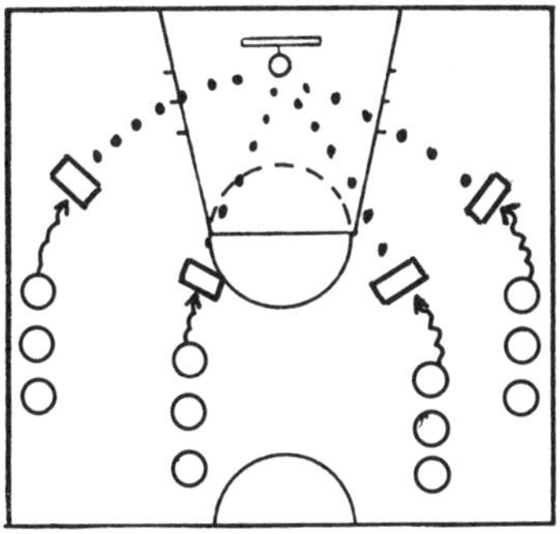

*Abb. 80*

**Durchführung:**

1. Vor jede Reihe wird ein Stuhl gestellt. Die Reihen sollten wie in *Abb. 80* aufgestellt werden.
2. Das Dribbling wird aus dem Stillstand (Füße parallel) begonnen.
3. Jeder Spieler soll abwechselnd jeden Stuhl andribbeln und von einer Position direkt vor dem Stuhl werfen.

**Methodische Hinweise:**

Dribbelbeginn und Dribbling müssen regelgerecht durchgeführt werden. Der Körper muß vor Sprung und Wurf total kontrolliert sein, d. h. nach dem Dribbling ist besonders darauf zu achten, daß die Füße mit der ganzen Sohle (Sprungkraft und Kontrolle) aufgesetzt werden und verzögert geworfen wird.

**Übungsvariationen:**

Das Tempo wird erhöht.
Vor Dribbelbeginn und Wurf wird fintiert.

## 5.16 Drill zum Werfen mit Verteidigung *(Abb. 81)* **Werfen**

**Zielsetzung:**

Der Drill vereint viele Aspekte des Basketballes, nämlich

1. Werfen in Spielsituation;
2. Herauspassen (des ersten Passes);
3. Werfer heraushalten und gute Verteidigungsposition einnehmen.
4. Ausblocken des Werfers.

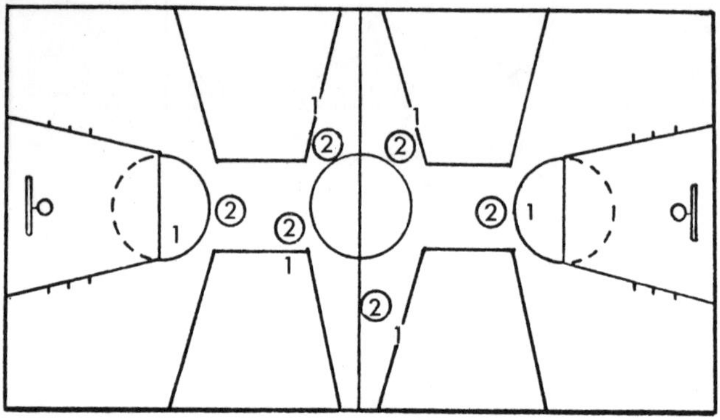

*Abb. 81*

**Durchführung:**

1. 1 passt von der Endlinie Korb den Ball zu 2. Danach läuft 1 auf 2 zu und spielt Verteidigung mit erhobener Hand (zum Werfer) und guter Körperkontrolle.
2. 2 macht einen Sprungwurf wie in einer echten Spielsituation.
3. Nachdem 2 geworfen hat, wird er von 1 einen Moment lang ausgeblockt.
4. 2 folgt seinem eigenen Wurf. Unterdessen wird 1 zum Angreifer und sucht sich eine Wurfposition.
5. 2 passt den Ball zu 1 und spielt Verteidigung in gleicher Weise wie vorher 1.
6. 1 wirft, reboundet und wird wieder zum Verteidiger usw. Vier Spieler können einen Korb benutzen, wenn nicht genug Platz vorhanden ist.

**Methodische Hinweise:**

Der Werfer kann die genaue Form des Wurfes bestimmen. Er sollte immer spielgerecht werfen, nötigenfalls kurzes Seitdribbling, und nicht neue Würfe erfinden. Der Verteidiger muß nach dem Zuspiel sofort zum Werfer starten und ihn stören.

**Übungsvariationen:**

Der Verteidiger darf versuchen, den Wurf abzublocken oder abzuwehren. Es wird im Wettbewerb gegeneinander gespielt, jeder zählt seine Punkte.

## 5.17 Halbkreis-Wurf-Drill mannschaftsweise (*Abb. 82* und *83*)

**Werfen**

**Zielsetzung:**

Dieser Wurfdrill beinhaltet Werfen und Dribbeln und auch Konditionstraining. Als Wettbewerb übt er auch einen spielähnlichen Druck auf den einzelnen aus.

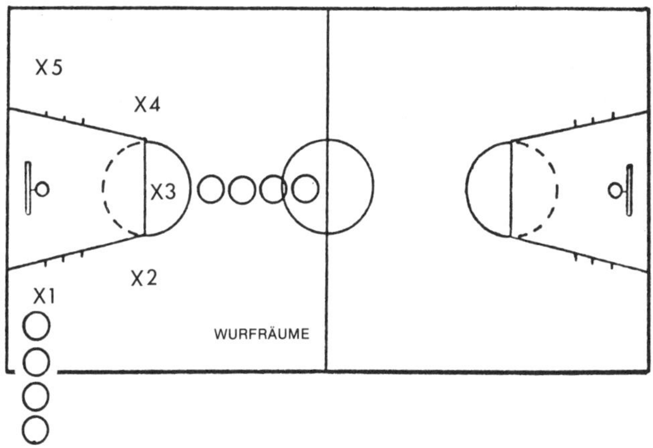


*Abb. 82*

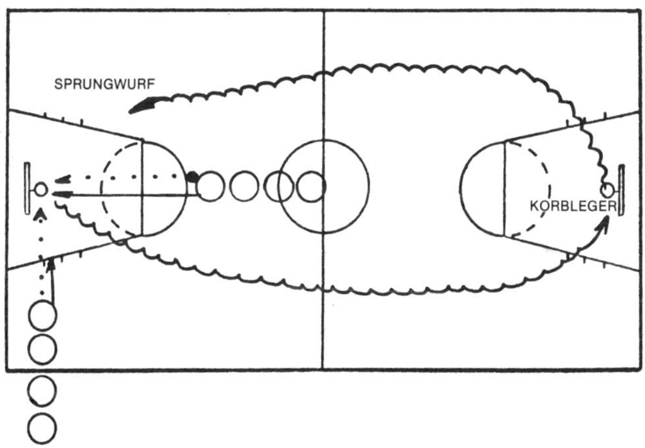


*Abb. 83*

**Durchführung:**

1. Es werden 2 Gruppen gebildet. Die eine steht bei X 1, die andere bei X 3.
2. Der erste Spieler jeder Gruppe wirft einen Stand- oder Sprungwurf, holt seinen Ball und dribbelt zum anderen Korb. Dort macht er einen Korbleger, dribbelt zurück zum Ausgangspunkt und macht einen Sprungwurf. Er holt den Ball und passt ihn zurück zu einem Spieler seiner Mannschaft, der dann das Gleiche wiederholt.

3. Nachdem jeder Spieler einer Gruppe das getan hat, geht die Gruppe nach rechts zur nächsten Position.
4. Der Drill ist zu Ende, wenn eine Mannschaft alle Positionen, z. B. X 1—X 5, durchlaufen hat.
5. Es ist ein Wettbewerb.
6. Der Trainer setzt eine bestimmte Anzahl Körbe fest, und wer sie als erster erreicht, gewinnt. Die Sprung- und Standwürfe zählen einen Punkt. Jeder nicht getroffene Korbleger und jeder schlechte Pass bedeuten einen Punktabzug.

**Methodische Hinweise:**

Der Trainer wählt die Wurfpositionen aus (z. B. häufigste im Spiel oder Position mit häufigen Fehlwürfen u. a.); sie sollten markiert sein, z. B. kleines Fähnchen oder Stuhl.

**Übungsvariationen:**

Die Wurfpositionen werden verändert. Die Wurfarten oder Art des Dribblings (z. B. mit links) werden festgelegt. Der Trainer notiert das laufende Ergebnis an einer großen Tafel.

## 5.18 Eins-gegen-eins — der Aufbauspieler-Drill *(Abb. 84)*



**Zielsetzung:**

Die Aufbauspieler sollen lernen, sich im Wechsel von Dribbeln und Passen gegen Verteidiger in eine günstige Wurfposition zu bringen.

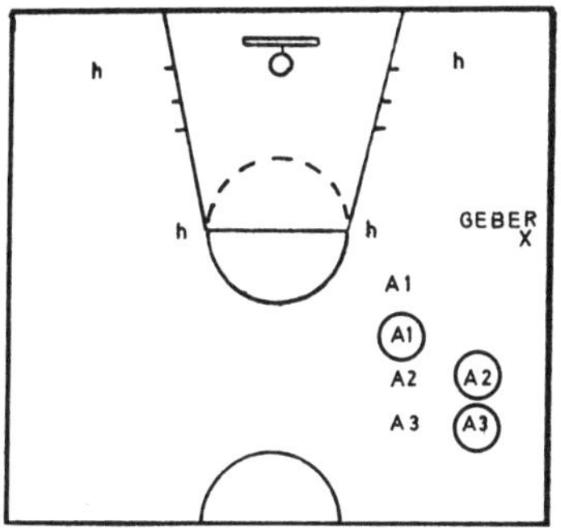


*Abb. 84*

**Durchführung:**

1. Es werden 4 Stühle, wie in *Abb. 84* gezeigt, aufgestellt.
2. Die Aufbauspieler können paarweise aus dem Dribbling heraus Eins-gegen-eins spielen oder sich durch Doppelpässe mit einem Flügelspieler freispielen.
3. Der Drill-Teil endet mit dem Korbwurf.
4. Wenn jeder Spieler sowohl Angriff als auch Verteidigung gespielt hat, werden die Seiten gewechselt.

**Methodische Hinweise:**

Der Ballbesitzer wird normal gedeckt, er beginnt seine Bewegungen aus einer parallelen Fußstellung heraus. Es sollten nur wenige Dribblings verwandt werden. Beim Schneiden sollten zusätzlich die Stühle zum Abstreifen benutzt und die Hand zum Anspiel herausgestreckt werden.

**Übungsvariationen:**

1. Die Position des Gebers wird verändert (2. Aufbauspieler oder Postspieler). Zum Geber wird ein Verteidiger gestellt; ein zweiter steht unter dem Korb.
2. Dieselbe Übung im Spiel 2—2 (Aufbau) mit 1 bis 2 Geber (Post oder Flügel).

## 5.19 Drill zum Durchziehen des Flügels mit Sternschritt *(Abb. 85)*



**Zielsetzung:**

Die Flügel sollen lernen, sich durch Körpertäuschung Platz zu schaffen, um zum freien Wurf zu kommen.

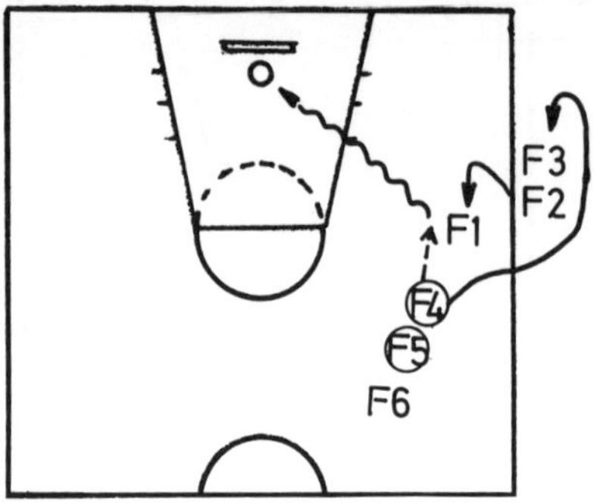


*Abb. 85*

**Durchführung:**

1. Die Flügel stellen sich wie in *Abb. 85* auf. Die ersten 2 in der Aufbauposition haben einen Ball.
2. Der Pass kommt auf die Flügelposition. Der Flügel bewegt das äußere Bein schnell rückwärts herum, dreht sich dabei und zieht dann zum Korb. Dort macht er einen Korbleger, Sprungwurf oder einen Sprung, bei dem er vom Gegner wegspringt (Rückwärts-Sprungwurf).
3. Danach holt er seinen Ball, passt zur Aufbauposition zurück und wechselt die Reihe.

**Methodische Hinweise:**

Besonders bei Dribbelbeginn muß auf die Schrittregel geachtet werden. Nach einigem Üben sollte ein einmaliges Dribbeln zum Korb genügen. Vor der Annahme des Balles ist ein kleiner Sprungstopp (Parallelstopp) am günstigsten. Der erste Schritt zum Korb sollte ein möglichst langer und flacher (aus der Hüfte heraus) sein.

**Übungsvariationen:**

Die Drehung sollte von beiden Angriffsseiten und sowohl links als rechts herum geübt werden.
Später sollte eine Schrittfinte (meist Kreuzschritt) dazukommen und ein einmaliges Dribbeln genügen.

## 5.20 Drill zum Schneiden des Flügels mit Sternschritt *(Abb. 86)*



**Zielsetzung:**

Die Flügel sollen lernen, sich durch Körpertäuschung Platz am Wurfraum zu verschaffen, um zum freien Wurf zu kommen.

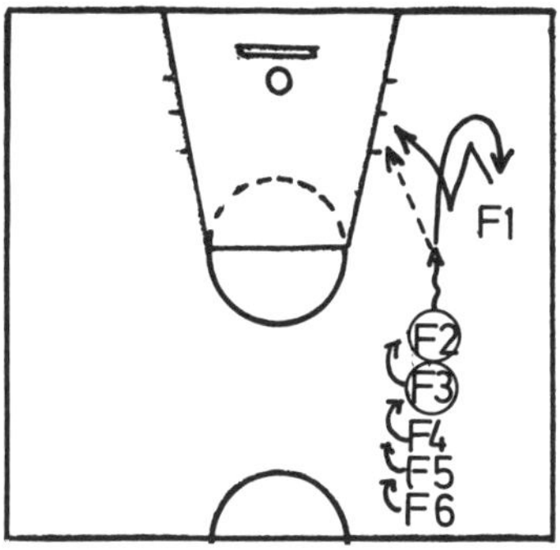


*Abb. 86*

**Durchführung:**

1. Die Flügel stellen sich auf wie in *Abb. 86*.
2. Aber jetzt dribbelt der Spieler in der Aufbauposition auf den Flügel zu.
3. Dieser täuscht, dreht sich schnell und schneidet zum Korb. Er bekommt dann den Ball zugespielt und wirft.
4. Vor dem Schneiden und Täuschen stößt sich der Flügel schnell vom Außenfuß ab und schneidet zum Korb, sobald der andere Spieler zu dribbeln beginnt.

**Methodische Hinweise:**

Die Richtungsfinte sollte kurz aber glaubwürdig sein. Nach der Finte öffnet sich der schneidende Flügel zum Ball, um das Anspiel sehen und annehmen zu können. Eine Hand wird zum Anspiel angeboten. Am häufigsten erfolgt das Zuspiel durch den Bodenpass.

**Übungsvariationen:**

Das Täuschen und Schneiden sollte auf beiden Angriffsseiten geübt werden. Später kann das Drehen und Schneiden außen herum vom Anspieler weg als Schneiden-im-Rücken des imaginären Verteidigers erfolgen. Das Zuspiel muß dann besonders scharf und genau sein.

## 5.21 Zwei-Linien-Wurfdrill über das ganze Feld *(Abb. 87—90)* **Werfen**

**Zielsetzung:**

Die Drills helfen den Spielern, neben den verschiedenen Wurfarten ihre Fertigkeiten am Ball zu verbessern. Es gibt Rebound-Möglichkeiten und der erste Pass heraus zu den Mitspielern ist eine gute Übung zur Einleitung des Schnellangriffs.

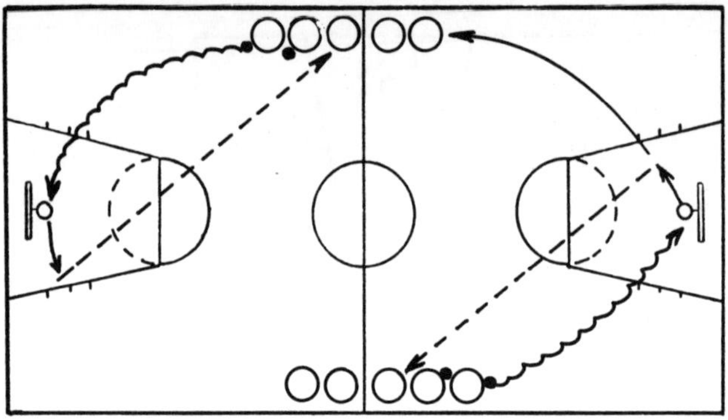

*Abb. 87*

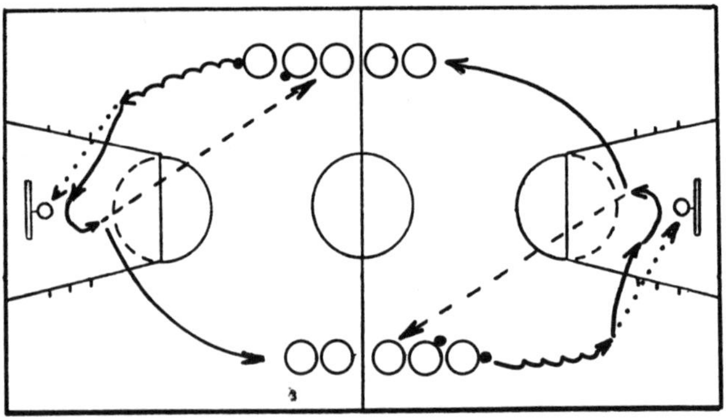

*Abb. 88*

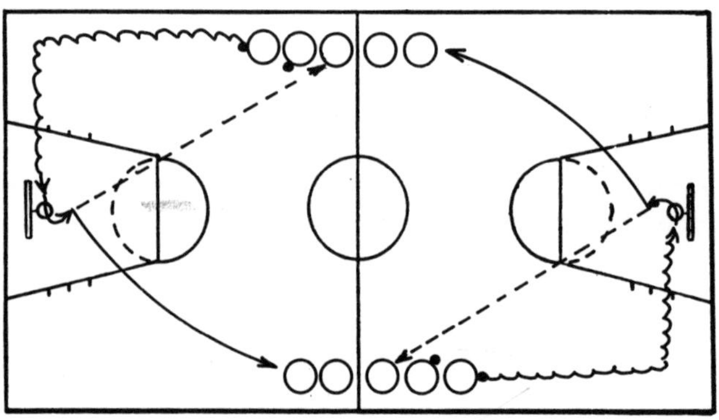

*Abb. 89*

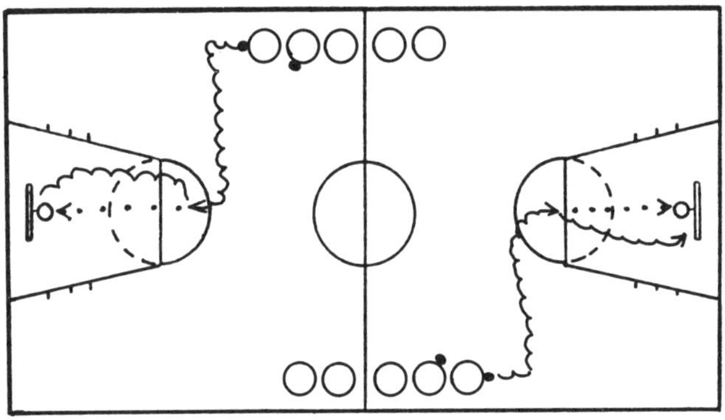

*Abb. 90*

**Durchführung:**

*Abb. 87* beschreibt einen Korblegerdrill. Jede Reihe hat zwei Bälle. Der Spieler dribbelt zum Korb, macht einen Korbleger und passt den Ball in die Reihe zurück, aus der er gekommen ist. Danach stellt er sich in die Reihe auf der anderen Seite.
*Abb. 88:* In diesem Drill dribbelt der Spieler, stoppt und wirft einen Sprungwurf. Danach passt er den Ball zurück und geht zur anderen Reihe.
*Abb. 89:* Hier dribbelt der Spieler in die Ecke, zieht dann parallel zur Grundlinie zum Korb und macht einen Sprungwurf usw.
*Abb. 90:* Der Spieler dribbelt und zieht mit dem Ball zur Freiwurflinie. Von dort kann er werfen oder zum Korb ziehen und einen Korbleger machen usw.

**Methodische Hinweise:**

Alle diese Drills erlauben es dem Spieler, spezielle Täuschungen zu üben, während er den Ball hat.
Es ist besonders auf gute Fußarbeit vor dem Wurf zu achten.

**Übungsvariationen:**

Die Übungen werden alle von der linken Seite durchgeführt. Es wird mit maximaler Geschwindigkeit geübt.

## 5.22 Lang-Pass-Drill *(Abb. 91)*

**Zielsetzung:**

Lange genaue Pässe und sofortiges Hinterhersprinten und Dribbeln mit maximaler Geschwindigkeit.

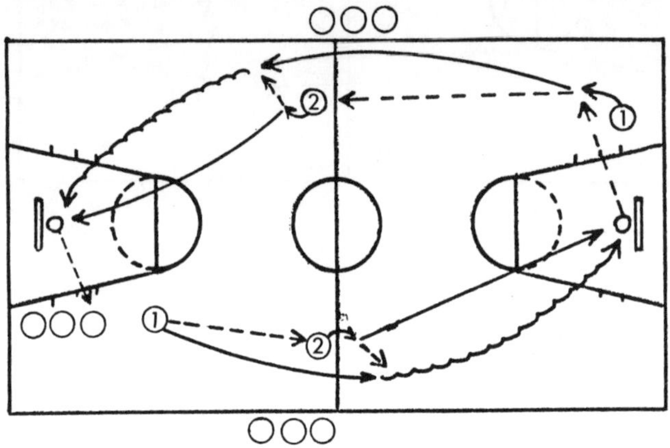


*Abb. 91*

**Durchführung:**

1. Nr. 1 passt zu Nr. 2, der an der Mittellinie auf den Ball wartet.
2. Nr. 1 läuft seinem Pass hinterher und bekommt den Ball von Nr. 2 zurück, dribbelt zum Korb und macht einen Korbleger.
3. Nr. 2 reboundet und passt zu dem neuen Nr. 1 und es beginnt von vorne.
4. Danach geht der Rebounder (Nr. 2) zu Reihe 1 und der Werfer (Nr. 1) zu Reihe 2.

**Methodische Hinweise:**

Dieser Drill kann an Stelle von Sprints am Ende des Trainings gemacht werden. Die Spieler sollten hier noch einmal alles geben, was sie können. Sie haben dabei die Möglichkeit, Korbleger aus vollem Lauf zu üben. Durch Rufen und Klatschen können die Spieler zusätzlich angespornt werden. Der Korbleger muß auf jeden Fall verwandelt werden.

**Übungsvariationen:**

1. Der Drill kann wechselseitig von der rechten und linken Seite gelaufen werden.
2. Der Trainer stoppt die Zeit vom ersten Pass bis Korbleger und zählt zusätzlich die Treffer.

## 5.23 Drei-Linien-Korbleger-Drill *(Abb. 92)*



**Zielsetzung:**

Der Spieler soll lernen: Passen und Schneiden aus der Bewegung, Ball fangen und werfen, ohne zu dribbeln, schnelle Rotation, ohne daß der Ball den Boden berührt. Hierbei sind viele Spieler gleichzeitig in Bewegung und es werden verschiedene Korblegerarten trainiert.

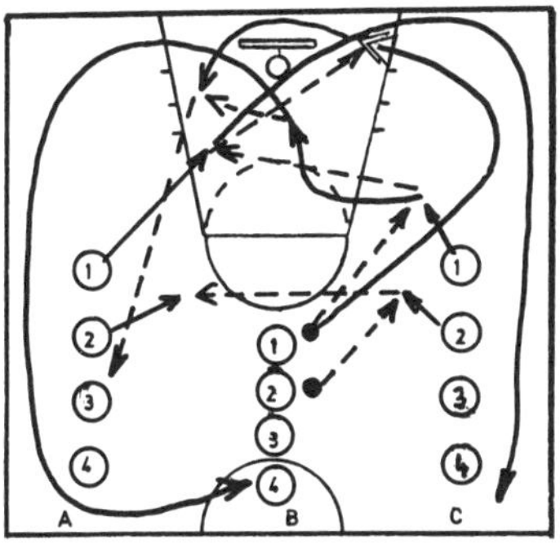


Abb. 92

**Durchführung:**

1. B 1 passt zu C 1 und läuft hinter C 1 nun zum Korb.
2. C 1 passt zu A 1. A 1 passt wieder zu B 1 der wirft.
3. C 1 reboundet und gibt den Ball wieder B 1. B 1 passt zu A 3.
4. Der Werfer B 1 stellt sich in Reihe A. Der Rebounder C 1 in Reihe B und der letzte Passgeber A 1 stellt sich in Reihe C.
5. Nachdem B 1 geworfen hat, beginnt B 2 mit A 2 und C 2 dieselbe Übung.
6. Danach passt A 3 seinen Ball zu B 3. Wenn die zweite Gruppe (B 2, A 2, C 2) geworfen hat, beginnt B 3, C 3 und A 3 mit dem Drill.
7. Es werden 2 Bälle benutzt.
8. Jeder Spieler muß nach dem Drill außenherum in seine neue Reihe laufen, damit die Laufwege der anderen Spieler nicht behindert werden.

**Methodische Hinweise:**

Es ist besonders darauf zu achten, daß die Spieler nach der Aktion sich gegenseitig sofort Platz für die nächste verschaffen. Es muß stets hinter dem Mitspieler (nie vor) herumgelaufen werden.

**Übungsvariationen:**

Die Übung wird auf der linken oder rechten Seite gestartet. Ausgangspunkt (näher zur Mittellinie) und Abstände können variiert und die Übung auch als Aufwärm-Drill verwandt werden.

# 6. Fußarbeit

Bei der Fußarbeit geht es vor allem um das Abstoppen, dem Beendigen einer Lauf- oder Dribbelbewegung, die man mit zwei Schritten oder im Sprung mit dem Ball in den Händen zum Stand bringt, oder dem Sternschritt, dem ein- oder mehrmaligen Setzen eines Fußes in beliebiger Richtung, während der andere Fuß an seiner Berührungsstelle mit dem Boden bleibt. Das Ziel des Abstoppens ist das Einnehmen einer Stellung, die eine sichere Auf- und Annahme des Balles gestattet sowie die Voraussetzung für weitere Aktionen schafft. Ziel des Sternschrittes ist die Sicherung des Balles, die Täuschung oder das Wegblocken des Gegners. Da Stoppen und Sternschritt nie Selbstzweck sind, werden sie im Zusammenhang mit Angriffs- oder Verteidigungsübungen geschult. Eine zweckmäßige Fußarbeit dient dabei auch dem Wechsel von Laufgeschwindigkeit und -richtung.

## 6.1 Beinarbeit des Boxer-Drills (*Abb. 93* und *94*)



**Zielsetzung:**

Die Spieler sollen die Beinarbeit des Boxers lernen, da sie ideal für die Basketball-Verteidigung ist.

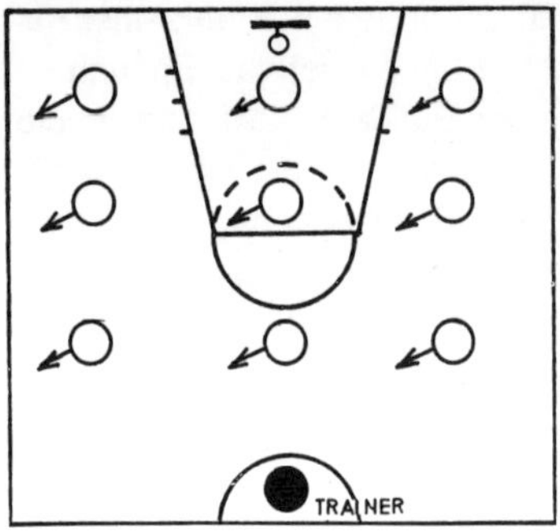


*Abb. 93*

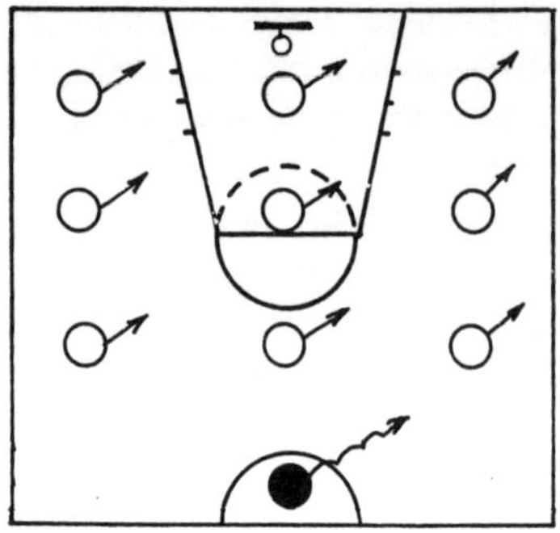

*Abb. 94*

**Durchführung:**

1. Die Spieler stellen sich in einer Spielfeldhälfte auf (siehe *Abb. 93*). Jeder Spieler braucht um sich herum ein paar Meter Platz, um sich frei bewegen zu können.
2. Der Trainer zeigt mit dem Arm rechts, links, vorwärts und rückwärts, oder ein Spieler macht diese Bewegungen vor.
3. Die Spieler bewegen sich in Verteidigungshaltung in die angegebene Richtung. Besonders die Beinarbeit sollte bei jedem Spieler kontrolliert werden. Die Beine dürfen bei diesem Drill niemals gekreuzt werden *(Abb. 94).*

**Methodische Hinweise:**

Die Bewegungen sollten kurz sein und denen eines Boxers ähneln. Die Spieler bewegen sich alle gleichzeitig, meist mit kurzen Gleitschritten. Bei einem Richtungswechsel kann auch leicht umgesprungen werden. Eine kurze Zeit ist für diesen Drill ausreichend.

**Übungsvariationen:**

Als Varianten kann ein Dribbler die Bewegungen der Spieler bestimmen, der Trainer kann zur Korrektur einen Platz hinter den Spielern einnehmen.
Es werden tatsächliche Boxbewegungen mit Armen und Beinen imitiert.

## 6.2 Beinarbeit Ausscheidungs-Drill *(Abb. 95)*

**Zielsetzung:**

Die Spieler sollen lernen, sich in der Verteidigung schnell zu bewegen, ohne die Beine zu kreuzen.

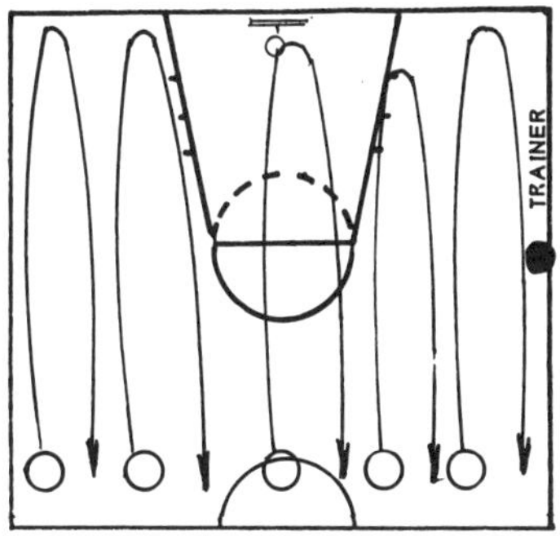


*Abb. 95*

**Durchführung:**

1. Alle Spieler stellen sich in einer Richtung an der Mittellinie auf.
2. Auf Pfiff gleiten alle nach rechts, bis sie die Wand mit der rechten Hand berühren. Dann gleiten sie zurück zur Mittellinie. Der Erste gewinnt und scheidet aus. Der Drill wird solange fortgesetzt bis der langsamste Spieler übrigbleibt. Das spornt langsamere Spieler an, ihre Beinarbeit zu verbessern.
3. Derselbe Wettbewerb sollte auch zum Vorwärts- und Rückwärtsgleiten verwendet werden. Die Spieler stellen sich mit dem Gesicht in Richtung Wand auf und gleiten vorwärts auf die Wand zu, berühren sie und gleiten rückwärts bis zur Mittellinie zurück. Auch bei diesem Drill sollte der langsamste Verteidiger ermittelt werden.

**Methodische Hinweise:**

Bei Anfängern sollte diese Form der Negativ-Auswahl (siehe Variation) nicht verwendet werden.
Bei allen Bewegungen sollen die Spieler gleiten, nicht springen.

**Übungsvariationen:**

Es werden gleichstarke Gruppen gebildet, z. B. die Großen (Center), die Kleinen (Aufbau, Flügel) für sich usw.

## 6.3 Verteidigungspiegelungs-Drill *(Abb. 96)*

**Zielsetzung:**

Der Drill sollte die Wichtigkeit einer guten Verteidigungsstellung in Bewegung unterstreichen.

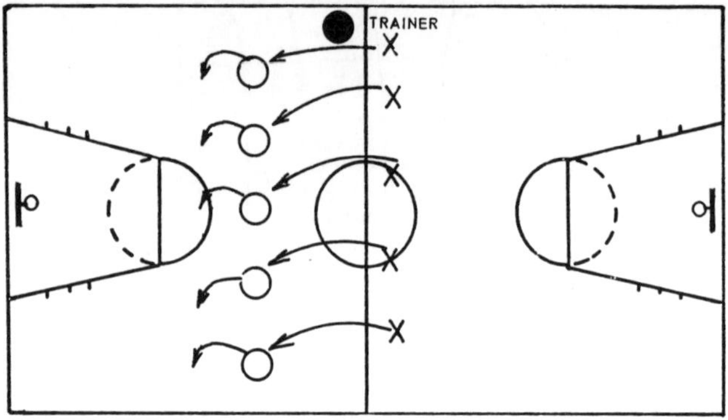


*Abb. 96*

**Durchführung:**

1. Die Spieler bilden Paare.
2. Sie stellen sich gegenüber an der Mittellinie auf.
3. Jeder Spieler nimmt Verteidigungsstellung ein. Eine Seite, die Anführer, bestimmen die Richtung.
4. Auf Pfiff gleiten die Spieler in eine beliebige Richtung. Die andere Reihe, die Verteidiger, müssen dieselbe Fußarbeit und Richtung nachvollziehen.
5. Nach kurzer Zeit sollte die andere Reihe die Bewegung bestimmen.

**Methodische Hinweise:**

Es ist darauf zu achten, daß die Spieler eine gute Verteidigungsstellung mit gebeugten Knien, gespreizten Füßen usw. einnehmen. Sie sollen ständig in Bewegung sein.

**Übungsvariationen:**

Es kann der dem Lehrer/Trainer am nächsten stehende Anführer die Bewegung bestimmen oder jedes Paar macht seine eigenen Bewegungen.

## 6.4 Drill zum Fühlen nach dem Block *(Abb. 97)*

**Fußarbeit**

**Zielsetzung:**

Die Spieler, die selten ausgeblockt werden, fühlen ständig, wo der vermeindliche Block steht, um dann daran vorbeizukommen. Dieser Drill soll dabei helfen, dies zu erkennen.

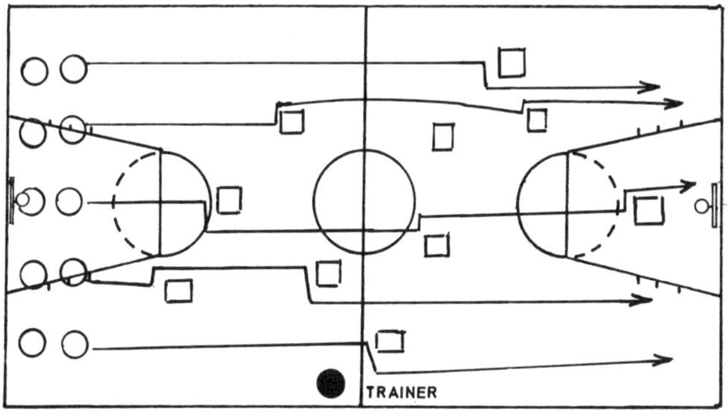


*Abb. 97*

**Durchführung:**

1. Es werden Hindernisse auf dem Spielfeld verteilt.
2. Die Spieler stellen sich an einem Ende der Halle in 5 Reihen auf.
3. Die ersten fünf drehen sich mit dem Rücken zum Spielfeld. Auf Pfiff gleiten sie rückwärts zum anderen Ende der Halle.

**Methodische Hinweise:**

Die Spieler müssen ständig mit den Händen fühlen, um die Hindernisse nicht umzulaufen. Es sollte darauf geachtet werden, daß der Kopf nicht mehr als 20° gedreht wird. Das kann der Lehrer/Trainer kontrollieren, indem er plötzlich einen Arm hebt und die Spieler dann in ihrer Position verharren müssen. Bei mangelndem peripheren Sehen bzw. zu heftigem Kopfdrehen wird dieses Signal übersehen.

**Übungsvariationen:**

Die Spieler gehen jetzt im Spiel 1—1 übers Feld, wobei der Angreifer versucht, den Verteidiger in die Hindernisse zu führen. Zunächst mit halber Kraft.
Die Hindernisse werden vermehrt.

## 6.5 Massen-Sternschritt-Drill *(Abb. 98)*

**Zielsetzung:**

Der Anfänger soll mit dem einfachen Drill den Sternschritt erlernen.

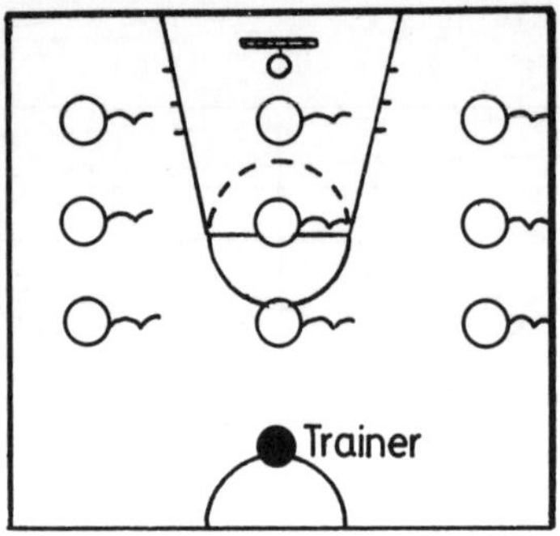


*Abb. 98*

**Durchführung:**

1. Die Spieler verteilen sich so in der Halle, daß der Trainer möglichst alle beobachten kann.
2. Auf ein Kommando machen alle Spieler einen Sternschritt in derselben Weise.
3. Als Kommando eignet sich: Rechts und links rückwärts, rechts und links vorwärts usw.

**Methodische Hinweise:**

Es werden sowohl das linke wie auch das rechte Bein als Spielbein bzw. Standbein benutzt.
Die Schrittregel ist zu beachten.
Der Körperschwerpunkt sollte tief sein, die Sternschritte sollten flach herausgesetzt werden.

**Übungsvariationen:**

Der Drill kann mit und ohne Ball durchgeführt werden.

## 6.6 Sternschritt im Kreis-Drill *(Abb. 99)*



**Zielsetzung:**

Dieser Drill soll das „Gleichgewichthalten" beim Sternschritt schulen.

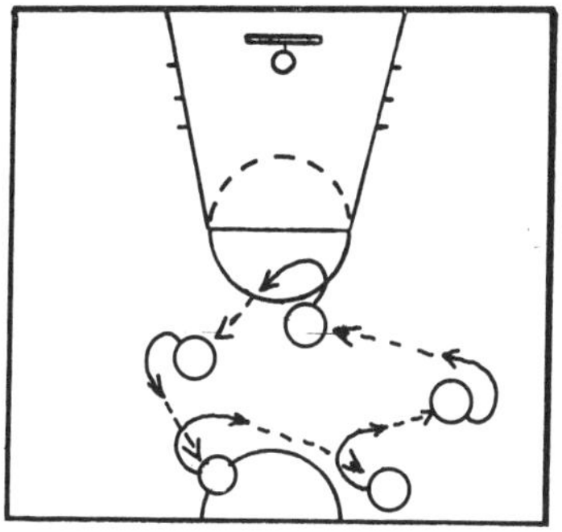

*Abb. 99*

**Durchführung:**

1. 5 Spieler stellen sich zu einem Kreis mit ca. 4 m Radius auf. Es können beliebig viele Kreise gebildet werden.
2. Ein Spieler mit Ball macht einen Sternschritt und passt zu einem Nachbarn. Dieser fängt, macht einen Sternschritt und passt weiter.
3. Es sollen verschiedene Arten von Sternschritten benutzt werden.

**Methodische Hinweise:**

Der Körperschwerpunkt muß tief liegen; das Spielbein sollte bewußt in die Passrichtung gesetzt; das Standbein dabei nicht als Drehkreisel benutzt werden.

**Übungsvariationen:**

Die Art des Sternschrittes (rückwärts, vorwärts) wird festgelegt. Die Abstände und die Pässe werden variiert.

## 6.7 Abstopp-Sternschritt-Rückpass-Drill *(Abb. 100)*



**Zielsetzung:**

Die Spieler sollen das Abstoppen, den Sternschritt rechts und links im Zusammenhang mit dem Pass erlernen.

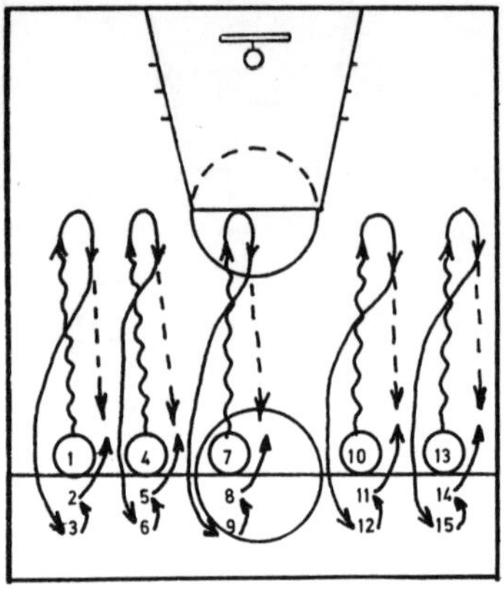


*Abb. 100*

**Durchführung:**

1. Dreiergruppen stellen sich mit Ball an der Mittellinie auf *(Abb. 100).*
2. Der erste jeder Gruppe dribbelt zur gegenüberliegenden Freiwurflinie und stoppt dort. Er macht einen Sternschritt und passt den Ball dem zweiten Spieler seiner Reihe zu.
3. Der Zweite beginnt zu dribbeln, und der Erste stellt sich in seine Reihe.
4. Es sollen Sternschritte mit dem rechten und linken Fuß durchgeführt werden.

**Methodische Hinweise:**

Zunächst sollen die Spieler im Schrittstopp zum Halt kommen und einen vorderen Sternschritt zum Rückpass herumsetzen.
Vor dem Rückpass muß stets Blickverbindung aufgenommen werden.

**Übungsvariationen:**

1. Es sollte rechts und links gedribbelt und rechts-links bzw. links-rechts abgestoppt werden.
2. Als Erweiterung wird der Sprungstopp verwandt.
3. Der zweite Spieler, der Ballempfänger, verändert während der Aktion des ersten leicht seine Position.

## 6.8 Dribbeln — Sternschritt — Passen-Drill (*Abb. 101* und *102*)



**Zielsetzung:**

Die Spieler sollen lernen, ihre Fähigkeiten, im besonderen die Fußarbeit, variabel einzusetzen.

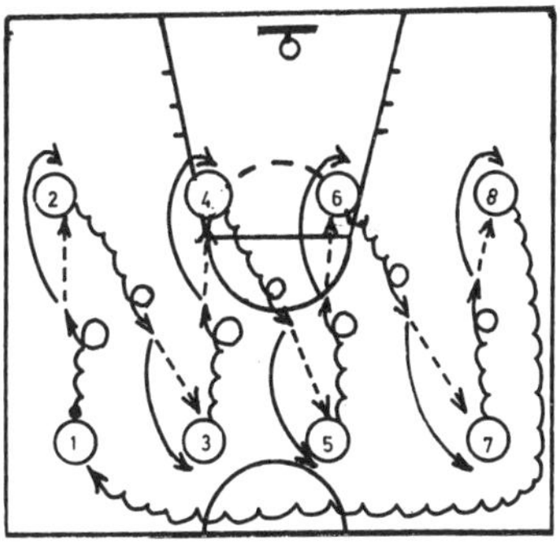


*Abb. 101*

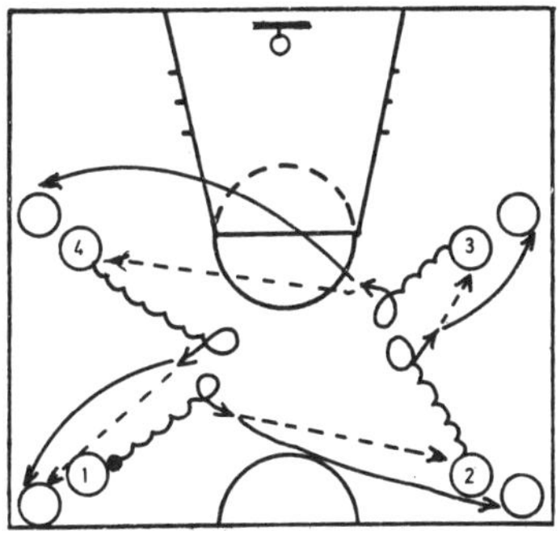


*Abb. 102*

**Durchführung:**

*Abb. 101:*

1. Jeder Spieler dribbelt, macht einen Sternschritt und passt zum nächsten Mann, wie es in der Abb. beschrieben ist.
2. Danach übernimmt er den Platz des Spielers, zu dem er gepasst hat.
3. Der Spieler auf der letzten Station dribbelt mit dem Ball außen herum an den Anfang und beginnt von vorne.

*Abb. 102:*

1. Es werden 4 Gruppen gebildet.
2. Irgendein Spieler beginnt den Drill und dribbelt zur Mitte, macht einen Sternschritt und passt zur Nachbarreihe.
3. Nach dem Pass schließt sich der Spieler am Ende der Reihe an, zu der er gepasst hat.

**Methodische Hinweise:**

Trotz des Schnelligkeitscharakters und der Beobachtung durch die gesamte Gruppe muß der ballkontrollierende Spieler den Drill technisch sauber und regelgerecht durchführen. Der Sternschritt muß stets mit Blickverbindung in die Passrichtung gesetzt werden.

**Übungsvariationen:**

Dribbling und Passarten werden variiert bzw. festgelegt, ebenso die Abstände zwischen den Spielern.

Für Drill in *Abb. 102:* Ein Verteidiger kann dazugenommen werden, der den Dribbler wie in einer echten Spielsituation zu stören versucht.

## 6.9 Abstoppen — Sternschritt — Ballübergeben-Drill *(Abb. 103)*

**Zielsetzung:**

Dieser Drill bietet einer Vielzahl von Spielern intensive Übungsmöglichkeiten in relativ kurzer Zeit.

Es soll geschult werden, daß sich nach dem Abstoppen sofort ein Sternschritt (meist rückwärts) anschließen muß, um einen sicheren Pass geben zu können.

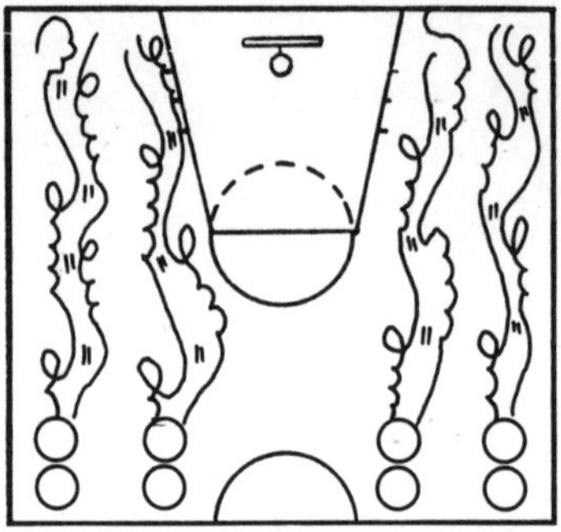

*Abb. 103*

**Durchführung:**

1. Beliebig viele Reihen oder Paare können gebildet werden.
2. Die Spieler stehen hintereinander.
3. Der erste Spieler macht einen Sternschritt und übergibt den Ball. Der zweite Spieler startet, übernimmt den Ball und kommt damit zu einem Sprungstopp.
4. Der Sprungstopp bringt den zweiten Spieler etwa einen Schritt am ersten Mann vorbei, der jetzt für die Übernahme des Balles vorbeistartet und zum Sprungstopp kommt, ohne dabei den Ball zum Dribbling auf den Boden zu setzen.

**Methodische Hinweise:**

Besonders beim Sprungstopp ist auf tiefen Körperschwerpunkt zu achten. Der Sternschritt sollte zunächst rückwärts — außen herum vom imaginären Verteidiger weg — gesetzt werden.

**Übungsvariationen:**

1. Der Sternschritt rückwärts sollte links und/oder rechts herumgesetzt werden.
2. Als Variante ist auch der „aggressive" Sternschritt vorwärtsherum und dann nach hinten gesetzt möglich.
3. Als Erweiterung des Drills kann nach dem Stopp zusätzlich gedribbelt werden.

## 6.10 Ballschutz durch Sternschritt-Drill *(Abb. 104)*



**Zielsetzung:**

Die Spieler sollen lernen, nach einem (erzwungenen) Stopp sofort einen Sternschritt auszuführen, um den Ball vor dem Verteidiger schützen zu können.

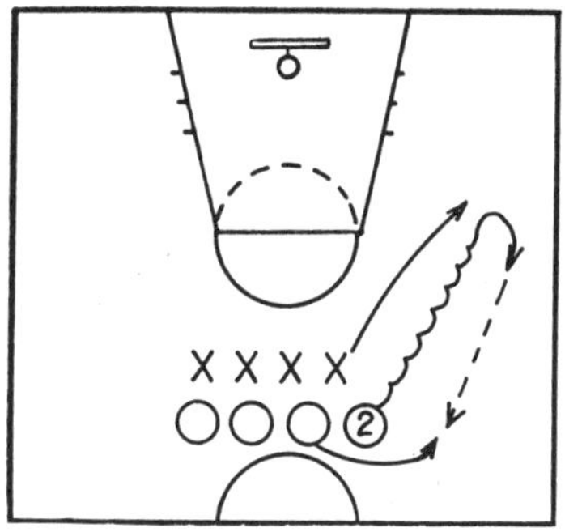


*Abb. 104*

**Durchführung:**

1. 2 Reihen stellen sich an der Mittellinie auf *(Abb. 104).*
2. Die Innenreihe X bilden die Verteidiger und die Außenreihe O die Angreifer.
3. Der erste Angreifer dribbelt zu einem Punkt, wo er in Gefahr ist, zu eng an die Seitenlinie gedrängt zu werden.
4. Er stoppt, macht einen Sternschritt im Winkel von 45° und passt mit der linken Hand zum zweiten Spieler seiner Reihe. Der Drill beginnt von vorne.

**Methodische Hinweise:**

Es ist wichtig, daß die Spieler mit der Außenhand dribbeln, den Sternschritt außen herum setzen und mit der Außenhand passen.

**Übungsvariationen:**

Der Drill wird auf beiden Seiten des Feldes durchgeführt. Der Pass kann variiert werden.

## 6.11 Finte — Dribbling — Korbleger-Drill (*Abb. 105* und *106*) **Fußarbeit**

**Zielsetzung:**

Die Spieler sollen lernen, im schnellen Wechsel zu dribbeln, zu fintieren und zu werfen.

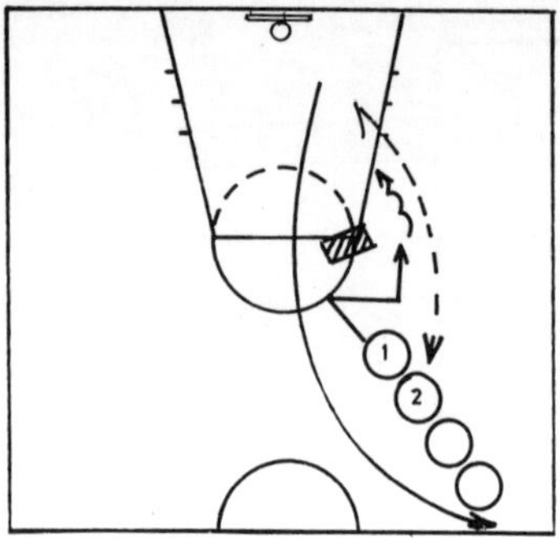


*Abb. 105*

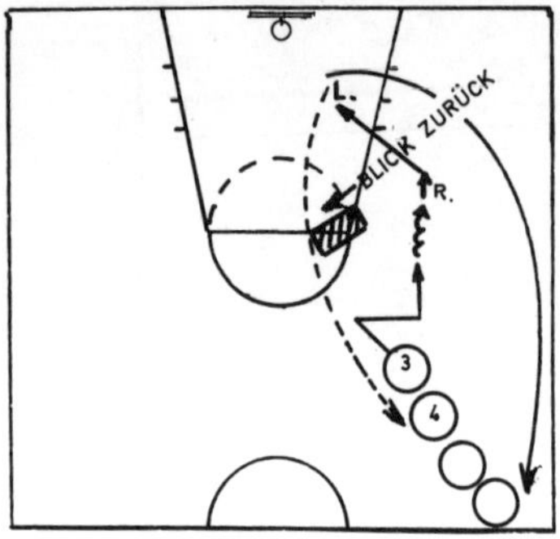


*Abb. 106*

**Durchführung:**

Vorübung:

1. Alle Spieler haben einen Ball und dribbeln in 4- bis 5-Mann-Gruppen auf den Freiwurfkreisen (es entsteht ein „natürlicher" Zweierrhythmus).
2. Nach zweimaligem Kreisdribbeln geht der Dribbler an der Freiwurflinie aus dem Kreis und macht einen Korbleger.

*Abb. 105:*

1. Alle Spieler haben einen Ball und stehen hintereinander (siehe *Abb. 105*).
2. Spieler 1 steht ca. 1 m vor einem Stuhl oder einem anderen Hindernis. Er macht eine Kreuzschrittfinte links (mit dem linken Fuß), setzt diesen Fuß dann nach rechts, dribbelt auf und geht mit einem Korbleger direkt zum Korb.
3. Es darf nur einmal gedribbelt werden.

*Abb. 106:*

1. Spieler 3 beginnt die Übung wie Spieler 1 in *Abb. 105.*
2. Er geht jetzt aber nicht direkt, sondern im leichten Winkel zum Korb.
3. Nach dem Dribbling und Absprung links, landet er rechts, bleibt einen winzigen Moment auf diesem Fuß stehen und blickt dabei mit leichter Kopfdrehung zum Hindernis oder zur Freiwurflinie zurück.
4. Er setzt den linken Fuß und macht einen Korbleger.

**Methodische Hinweise:**

Der Sternschritt bzw. erste Schritt muß flach und weit aus der Hüfte heraus gesetzt werden, gleichzeitig wird der Ball aufgedribbelt (Schrittregel genau beachten).

**Übungsvariationen:**

Die Spieler sollten an beiden Seiten des Hindernisses mit entsprechender Fußarbeit vorbeigehen. Drill auf der rechten und linken Spielfeldseite führen.

## 6.12 Sternschritt rückwärts und Durchziehen-Drill *(Abb. 107)* Fußarbeit

### Zielsetzung:

Die Spieler sollen den schnellen Sternschritt rückwärts als Einleitung eines Durchbruchs lernen.

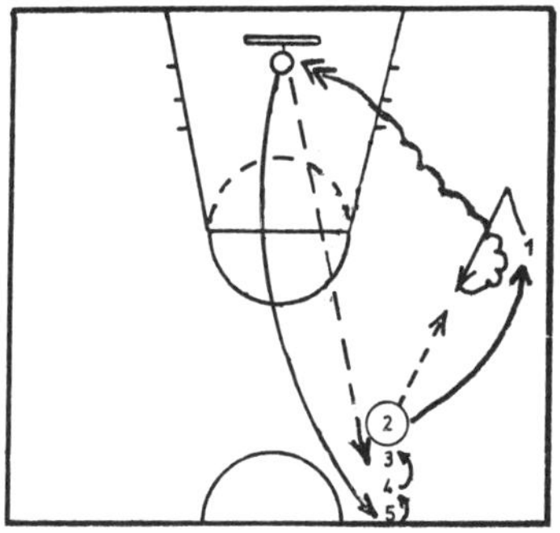

*Abb. 107*

### Durchführung:

1. Gruppen von fünf Spielern stellen sich auf Höhe des Mittelkreises auf (siehe *Abb. 107*).
2. Spieler 2 passt zu 1 und läuft dann auf den Platz von 1.
3. Nach kurzer Finte und Sprungstopp erhält Spieler 1 (mit dem Rücken zum Korb) den Ball auf die Außenhand. Sein Innenfuß steht in Richtung Korb, er macht einen schnellen Sternschritt rückwärts, d. h. er schwingt den Außenfuß zurück, dribbelt zum Korb und wirft.
4. Er folgt seinem Wurf und passt den Ball zu Spieler 3 zurück.
5. Danach geht er an das Ende der Reihe.

### Methodische Hinweise:

1. In diesem Beispiel ist der linke Fuß das Spielbein, mit dem Spieler 1 den Sternschritt rückwärts setzt. Es sollte ein langer, flacher Schritt aus der Hüfte heraus sein.
2. Als Variante ist auch ein Schrittstopp, hier rechts-links möglich (aber man bedenke die Festlegung des Standbeines).

### Übungsvariationen:

Der Drill sollte von verschiedenen Stellen des Spielfeldes, besonders von den Seitenlinien und den Ecken, durchgeführt werden.

## 6.13 Sternschritt vorwärts und Durchziehen-Drill *(Abb. 108)* Fußarbeit

**Zielsetzung:**

Die Spieler sollen den schnellen Sternschritt vorwärts als Einleitung eines Durchbruchs lernen.

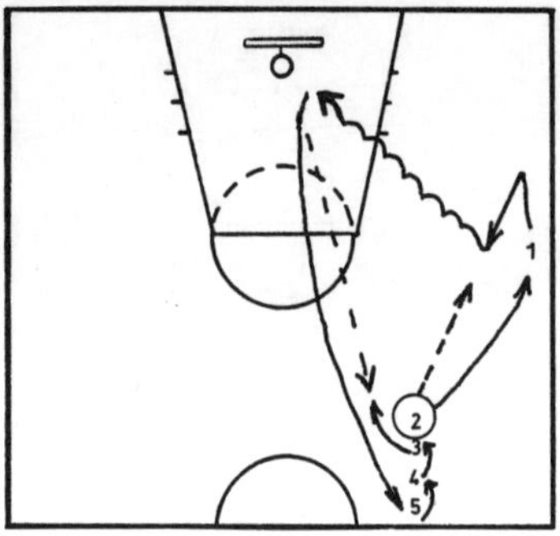


*Abb. 108*

**Durchführung:**

1. Gruppen von fünf Spielern stellen sich auf Höhe der Mittellinie auf (siehe *Abb. 108*).
2. Spieler 2 passt zu 1 und läuft dann auf den Platz von 1.
3. Nach kurzer Finte und Sprungstopp erhält Spieler 1 den Ball auf die nach außen gestreckte linke Hand. Er landet in paralleler Fußstellung mit dem Gesicht zum Korb.
4. Mit einem Sternschritt vorwärts, einer Kreuzschrittfinte etwa im Winkel von 90°, täuscht er einen Durchbruch auf einer Seite an und zieht auf der anderen zum Korb.
5. Er folgt seinem Wurf und passt den Ball zu Spieler 3 zurück. Danach geht er an das Ende der Reihe.

**Methodische Hinweise:**

Nach dem Freilaufen, Absprung mit Ballerhalt, muß der Spieler in der Luft eine kleine Drehung machen, damit er in Richtung Korb landet. Zur Vermeidung eines Schrittfehlers sollte er vor dem Sternschritt einen kurzen Moment zum Stillstand kommen. Ein Dribbling muß genügen.

**Übungsvariationen:**

Die Spieler sollten an beiden Seiten (des imaginären Verteidigers) vorne und im Rücken (Endlinie) vorbeiziehen und je nach Seite mit der linken oder rechten Hand dribbeln.
Der Drill sollte besonders von den Seitenlinien und aus den Ecken durchgeführt werden.

## 6.14 Fußarbeit vor dem Sprungwurf-Drill *(Abb. 109)*



**Zielsetzung:**

Die Spieler sollen lernen, in unterschiedlichen Spielsituationen (im Stand, nach Dribbling, nach Schneiden) die passende Fußarbeit zum Sprungwurf anzuwenden.

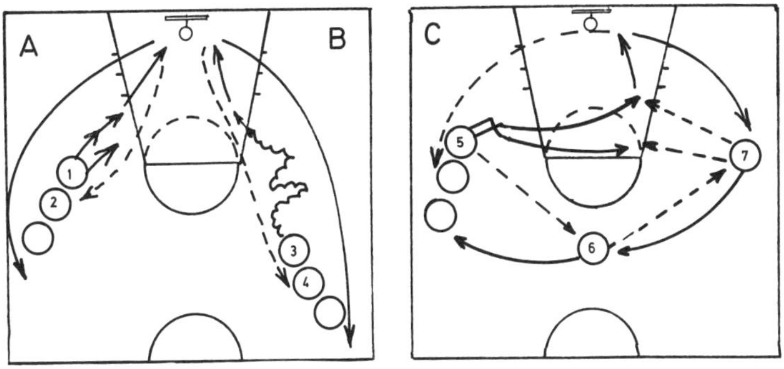


*Abb. 109*

**Durchführung:**

*Abb. A:*

1. Spieler 1 setzt einen großen Ausfallschritt (Durchbruchsfinte) nach vorne, und zwar mit dem Wurffuß, d. h. der Rechtswerfer mit dem rechten Fuß.
2. Der Ball bleibt am Körper. Er setzt den Fuß zurück, kommt ins Gleichgewicht, um optimal hochspringen zu können und macht einen Sprungwurf.
3. Er folgt seinem Wurf, passt den Ball zu seiner Reihe zurück und schließt sich auch dort wieder an.

*Abb. B:*

1. Spieler 3 dribbelt im Zickzack zu einer Mitteldistanz.
2. Er kommt zum Stopp, und zwar
   a) im verkürzten Schrittstopp, d. h. der jeweils vorn befindliche Fuß bleibt stehen und der hintere wird daneben gesetzt oder
   b) im Sprungstopp, was durch einen kleinen Sprung erfolgen sollte.
3. Er wirft, holt den Ball, passt zurück und schließt sich hinten an.

*Abb. C:*

1. Spieler 5 passt zu 6 und dieser zu 7.
2. Spieler 5 täuscht und schneidet in Richtung Korb und Ball.
3. Er erhält den Ball und kommt zum Stopp, und zwar
   a) im Schrittstopp, hier links (Standbein) — rechts. Das Spielbein muß stets der Außenfuß (hier rechter) sein oder
   b) im Sprungstopp.
4. Bei beiden Stopparten müssen die Füße vor dem Sprung und Wurf zum Korb gedreht sein.
5. Er wirft, holt den Ball, passt zu seiner Reihe zurück und nimmt die Position von 7 ein. Spieler 7 geht auf Position 6, 6 ans Ende der Reihe.

**Methodische Hinweise:**

Vor Sprung und Wurf müssen die Füße stets zum Korb zeigen. Es ist wichtig, daß vor dem Absprung beide Fußsohlen total aufgesetzt sind (wie beim normalen Hochsprung), um eine optimale Höhe zu erreichen. Zwischen Abstoppen und Sprung sollte eine kurze Bewegungspause sein.

**Übungsvariationen:**

1. Der Drill wird von der anderen Spielfeldseite bzw. variierten Positionen durchgeführt.
2. Die Übungen A, B und C werden als eine Folge durchgeführt; Spieler 1 geht nach seinem Rückpass zu B, 3 zu C, 5 zu A usw.

# 7. Fintieren

Unter Fintieren versteht man das absichtliche Irreführen des Gegners mit dem Ball, dem Kopf, dem Körper, der Schulter, den Füßen, den Augen oder der Stimme. Hiervon ist das Fintieren mit dem Ball am wenigsten zweckmäßig, da es am ehesten zu Ballverlusten führen kann. Ziel des Fintierens ist es, den Gegner aus seiner günstigen Haltung zu bringen, um ungehindert spielen zu können. Die neurophysiologische Bedeutung des Fintierens ist in Kapitel 2 von KRÜGER beschrieben worden. Eine Finte muß glaubhaft sein, um erfolgreich verwendet zu werden. Es entspricht daher nicht den normalen Spielsituationen, z. B. an der Mittellinie einen Wurf anzutäuschen, um dann doch weiter zum Korb zu dribbeln. Auch wäre ein schablonenmäßiges Fintieren eines Durchbruchs vor einem Korbwurf wirkungslos, wenn bekannt ist, daß dieser Spieler gar nicht oder nur schlecht durchziehen kann. Der Spieler darf nur etwas antäuschen, was er auch tatsächlich mit Erfolg ausführen könnte. Je näher der Angreifer am gegnerischen Korb und Verteidiger steht, desto wirkungsvoller ist die Finte. Die glaubhafte Korbbedrohung ist die gefährlichste Form. Aber auch an anderen Stellen des Spielfeldes begünstigen Finten mit dem richtigen Timing die Möglichkeit des Durchbruches zum gegnerischen Korb. Grundlage aller Finten ist eine korrekte Fußarbeit, die schon vor Beginn der eigentlichen Täuschung einsetzt. Angriffsfinten werden mit und ohne Ball ausgeführt. Der Ballbesitzer stellt für die Verteidigung eine dreifache Bedrohung dar, durch Wurf, Pass oder Dribbling. Alle drei Möglichkeiten können auch als Finten verwandt werden. Vom Angreifer ohne Ball geht Gefahr aus durch Freilaufen direkt zum Korb und einem sich Anbieten zum Ball auf kurzem Weg, was im steten Wechsel fintiert werden kann.

## 7.1 Drill zum Täuschen und Durchziehen *(Abb. 110)*



**Zielsetzung:**

Dieser Drill hilft, den Verteidiger aus dem Gleichgewicht zu bringen.

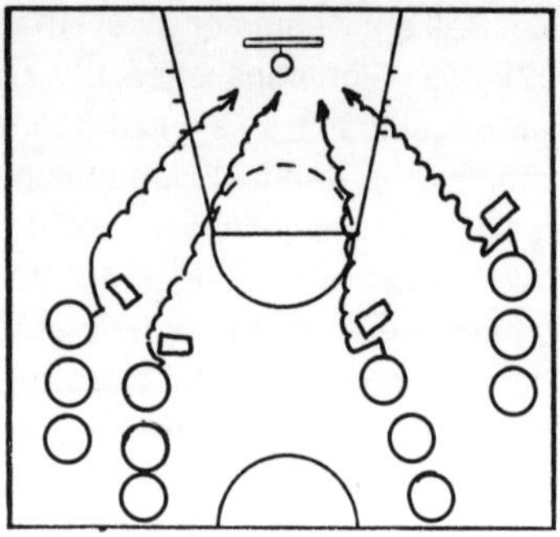

*Abb. 110*

**Durchführung:**

1. Jeder Spieler stellt sich auf die Position, die er auch im Spiel bekleidet.
2. Vor jedem Spieler wird ein Stuhl gestellt.
3. Die Spieler sollten auf mehrere Körbe verteilt werden. Jeder Spieler täuscht erst rechts oder links mit dem Kopf, der Schulter oder den Füßen, bevor er zum Korb zieht und einen Korbleger macht.

**Methodische Hinweise:**

Besonders wichtig sind die Wurffinte (Verteidiger kommt heran) und die Durchbruchsfinte (Verteidiger weicht zurück), die meist wechselseitig anzuwenden sind. Die Augen müssen stets zum Korb gerichtet sein.

**Übungsvariationen:**

Es sollte rechts und links am Stuhl (Verteidiger) vorbeigezogen und sowohl mit dem rechten, wie mit dem linken Fuß fintiert bzw. begonnen werden. Auf die Schrittregel ist zu achten.

## 7.2 Drill zur sicheren Kontrolle des Balles während des Wurfes *(Abb. 111)*

**Zielsetzung:**

Viele Spieler verlieren den Ball beim Wurf, wenn sie dabei leicht gestoßen werden. Das kann viele Punkte kosten und, wenn der Schiedsrichter es nicht ahndet, auch den Ballbesitz. Dieser Drill soll den Spielern die sichere Beherrschung des Balles beim Korbleger beibringen.

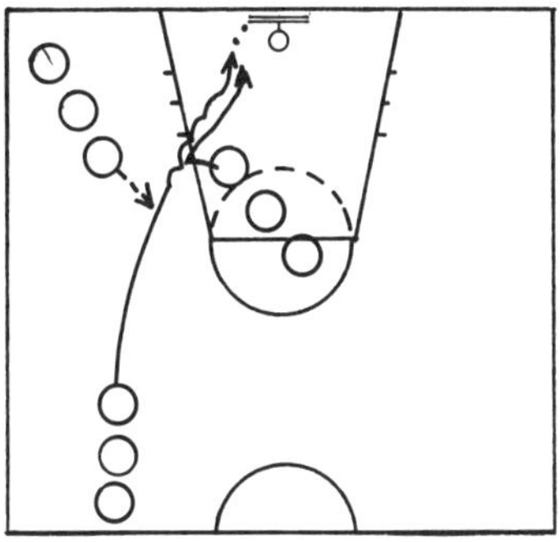

*Abb. 111*

**Durchführung:**

1. Einige Spieler stellen sich in einer Reihe mit dem Gesicht in Richtung Korb auf. Sie sollte in einem Winkel zum Korb stehen, der nach einiger Zeit verändert wird.
2. Eine andere Reihe steht am Freiwurfraum neben dem Korb.
3. Die Spieler schneiden nacheinander zum Korb und erhalten einen Pass von der dritten Reihe, die in Flügelposition steht.
4. Nachdem die Spieler den Ball bekommen haben, werfen sie auf den Korb. Dabei werden sie von den Spielern neben dem Korb ein bißchen gestoßen.

**Methodische Hinweise:**

Die Durchziehenden müssen unterscheiden lernen, von einem oder beiden Füßen abzuspringen, und den Ball optimal durch Körper, Hände und Arme zu schützen. Der Verteidiger sollte nur leicht rempeln.

**Übungsvariationen:**

Der Angriffswinkel wird variiert.
Der Verteidiger darf auch einen schlecht kontrollierten Ball herausspielen.

## 7.3 Korbleger- oder Pass-Drill *(Abb. 112)*

**Zielsetzung:**

Viele Spieler sehen, wenn sie zum Korb ziehen, oft die besser postierten Nebenleute nicht. Das soll verbessert werden.

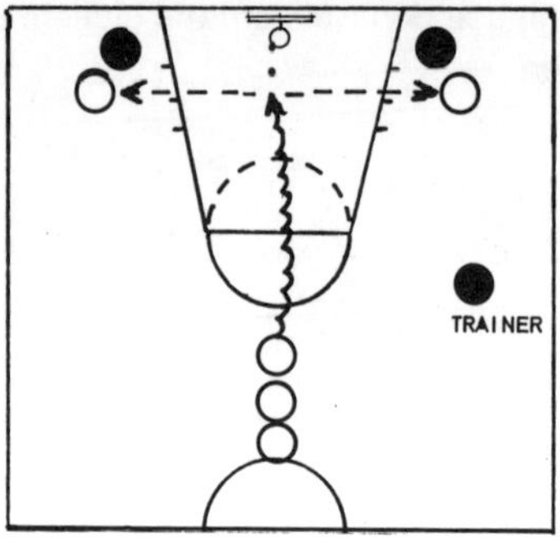


*Abb. 112*

**Durchführung:**

1. Auf jeder Seite des Korbes steht ein Spieler.
2. Zwei Helfer werden jeweils auf der Innenseite der Spieler aufgestellt.
3. Der Lehrer/Trainer gibt verschiedene Zeichen mit den Fingern, Armen usw., so daß die beiden Helfer wissen, ob sie gegen ihre Gegenspieler verteidigen oder einer von ihnen oder beide den Ballbesitzer angreifen sollen. Der Ballbesitzer muß erkennen, ob er selbst ungedeckt bleibt oder ob einer seiner beiden Mitspieler ungedeckt ist.
4. Alle übrigen Spieler stehen in einiger Entfernung vom Korb, dann dribbeln sie nacheinander auf den Korb zu und müssen dabei schnell entscheiden, ob es günstiger ist, einen Pass zu geben oder selbst zum Korb zu ziehen.
5. Die Signale des Lehrers/Trainers sollten wechseln, so daß die übrigen Spieler nicht wissen, was passieren wird.

**Methodische Hinweise:**

Der ungedeckte Ballbesitzer muß zum Korb ziehen, um zu allererst den Korb zu erzielen und erst in zweiter Stelle zu passen (sonst Ursache der meisten Fehlpässe). Erst wenn er vom Verteidiger angegriffen wird, wird er frei zum guten Abspiel.

**Übungsvariationen:**

Der Winkel der Dribbler zum Korb sollte geändert werden.

## 7.4 Reaktion — Korbleger-Drill *(Abb. 113)*



**Zielsetzung:**

Der Drill lehrt schnelle Reaktion und Antizipation, wenn es darum geht, einen freien Ball zu bekommen und schnelle Entscheidung der Verteidigung zu schulen. Aggressivität kann auch entwickelt werden.

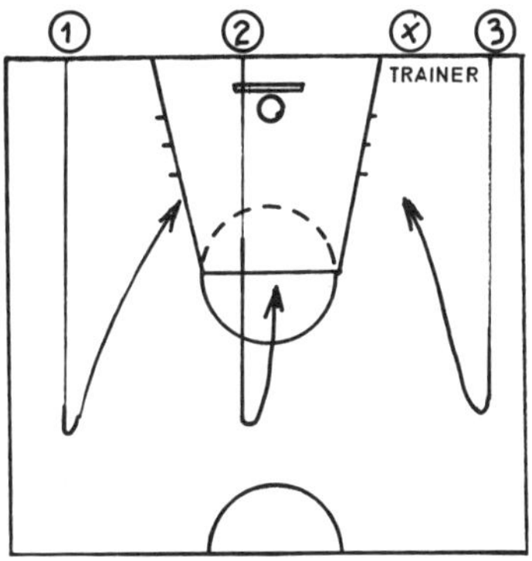


*Abb. 113*

**Durchführung:**

1. Drei Spieler stellen sich an der Endlinie auf.
2. Auf Pfiff sprinten sie in Richtung Mittellinie.
3. Der Lehrer/Trainer ruft den Namen eines Spielers. Auf dieses Signal hin drehen sich die Spieler um und laufen zurück zur Endlinie.
4. Der Genannte holt den Ball und versucht, einen Korbleger zu erzielen. Die anderen beiden Spieler werden zu Verteidigern und versuchen, das zu verhindern.
5. Der Lehrer/Trainer steht an der Endlinie und wirft den Ball irgendwo in das Spielfeld, nachdem die Spieler in Richtung Endlinie gestartet sind.

**Methodische Hinweise:**

Trotz des sehr dynamischen Charakters ist regelgerechtes Spiel wichtig, beim Kampf um den freien Ball und bei der nachfolgenden Aktion zum Korb.
Der Ballbesitzer muß sowohl beim Sprungwurf wie beim Durchziehen versuchen, Ball und Körper (Absprung, Landung) zu kontrollieren.

**Übungsvariationen:**

1. Die Wurfart bzw. sofortiges Durchziehen werden festgelegt.
2. Der Lehrer/Trainer passt gleich zum genannten Spieler oder in seine Nähe.

## 7.5 Sternschritt-Dribbel-Finten-Drill *(Abb. 114)*



**Zielsetzung:**

Die Spieler sollen täuschen, dribbeln, Sternschritte und Ballübergeben in Kombinationen lernen.

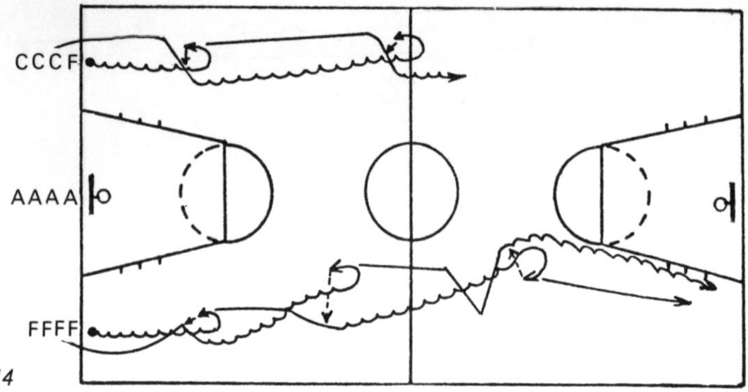


*Abb. 114*

**Durchführung:**

1. Die Spieler bilden Paare.
2. Der erste Spieler dribbelt ein paar Mal (ca. 5 m). Er stoppt im Schrittstopp, macht einen Sternschritt und verteidigt den Ball gegen einen imaginären Angreifer.
3. Der zweite folgt ihm in einem solchen Abstand, daß er selbst einen scheinbaren Gegner täuschen kann, bevor er den Ball übergeben bekommt und dribbelt ca. 5 m. Stoppt im Schrittstopp, macht einen Sternschritt und übergibt den Ball wieder.
4. So bewegen sich beide über das Spielfeld hin und zurück.

**Methodische Hinweise:**

1. Anfänger sollten den Drill zunächst bei mittlerem, Fortgeschrittene bei vollem Tempo durchführen.
2. Finten sollten besonders bei Dribbel- bzw. Laufbeginn, während des Dribblings und vor dem Abstopp und hierbei speziell vor der Ballübernahme gesetzt werden.
3. Da alle Finten in der Bewegung erfolgen, ist besonders auf das Körpergleichgewicht zu achten.

**Übungsvariationen:**

1. Es muß abwechselnd mit der linken oder rechten Hand gedribbelt und danach entsprechend gestoppt werden.
2. Bei Fortgeschrittenen werden zwei Verteidiger dazu genommen, die bei der Ballübergabe auch aggressiv übernehmen dürfen.

## 7.6 1 gegen 1 Angriffsbewegungen-Drill *(Abb. 115)*

**Fintieren**

**Zielsetzung:**

Die Spieler sollen im Spiel 1—1 die verschiedensten Angriffsbewegungen bzw. -finten erlernen.

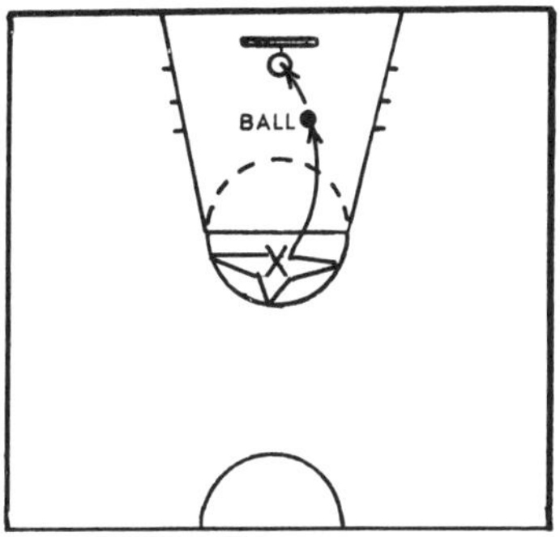


*Abb. 115*

**Durchführung:**

Die Spieler stehen paarweise an je einem Korb in der Aufbau-/Flügelspielerposition; der Angreifer versucht, die nachfolgenden Manöver durchzuführen:

1. Schaukelschritt vorwärts, rückwärts (am besten mit dem Fuß der Wurfhand), Sprung- oder Standwurf.
2. Antäuschen und rechts mit vollem Tempo zum Korb durchziehen, Abschluß mit Korbleger.
3. Antäuschen und rechts mit vollem Tempo zum Korb durchziehen, stoppen und mit beiden Füßen zum Korb hochspringen.
4. Antäuschen und rechts durchziehen und unter dem Korb durch zur anderen Seite und mit rechts hineinlegen.
5. Antäuschen und rechts durchziehen und unter dem Korb durch einen Hakenwurf mit links machen.
6. Antäuschen und rechts durchziehen. Stoppen für einen schnellen Sprungwurf.
7. Antäuschen und rechts durchziehen. Wenn die Verteidigung ein Durchziehen zur Endlinie nicht zuläßt, wird eine Drehbewegung und ein Sternschritt gemacht und ein Hakenwurf mit links geworfen.
8. Antäuschen nach rechts mit dem rechten Fuß und dann nach links (Kreuzschritt) zur Mitte dribbeln und einen Sprungwurf machen.
9. Antäuschen nach rechts mit dem rechten Fuß und dann nach links (Kreuzschritt) durchziehen und einen Korbleger mit der linken Hand machen.

**Methodische Hinweise:**

1. Der Angreifer soll seine Bewegungen aus dem Stillstand beginnen. Als Startsignal kann das Zuspielen des Balles durch den Verteidiger dienen oder der Angreifer wirft den Ball hoch, fängt ihn und beginnt.
2. Der Angreifer sollte nie mehr als 1—2mal (höchstens 3mal) dribbeln.

3. Bei den Schrittfinten muß besonders auf die Schrittregel geachtet werden.
4. Ein wechselweises Fintieren von Wurf und Durchbruch ist am erfolgreichsten. Das Timing muß auf den Verteidiger abgestimmt werden.
5. Bei mehrmaligem wöchentlichem Training sollten diese 1—1-Bewegungen jeden Tag 15—20 Minuten geübt werden.

**Übungsvariationen:**

1. Alle Übungen sollten von beiden Seiten und von verschiedenen Positionen begonnen werden; dabei sind entsprechende Fußarbeit und die andere Hand einzusetzen.
2. Anfänger sollten bei ca. 5 m Entfernung anfangen, Fortgeschrittene die Entfernung bis auf 7 m erweitern.

## 7.7 Rund-um-die-Welt-Drill *(Abb. 116)*



**Zielsetzung:**

Es ist ein einfacher Drill zur 1—1-Verteidigung. Er verbessert die Ballbehandlung und das Dribbling des Angreifers. Er ist ein guter Drill für die Mannschaften, die viel pressen.

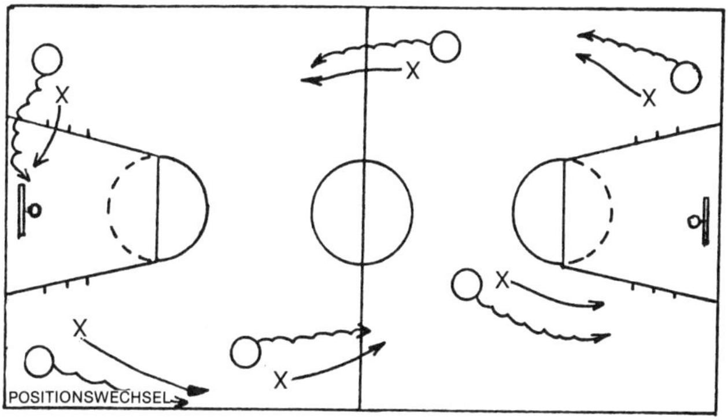


*Abb. 116*

**Durchführung:**

1. Die Spieler werden in Paare aufgeteilt, Aufbau gegen Aufbau, Flügel gegen Flügel, Center gegen Center.
2. Jeder Angreifer dribbelt mit dem Ball über das ganze Spielfeld und macht einen Korbleger oder Sprungwurf.
3. Der Verteidiger X versucht, dies ohne Foul zu verhindern.
4. Nach dem Wurf wird der Verteidiger zum Angreifer und dribbelt nun seinerseits zur anderen Seite des Spielfeldes.

**Methodische Hinweise:**

Die Spieler müssen möglichst konzentriert üben. Eine momentane Pause tritt erst nach dem Korbwurfversuch ein. Die Paare sollten sich in gleichen Abständen über das Feld verteilen, damit ohne gegenseitige Behinderung mit vollem Einsatz geübt werden kann.

**Übungsvariationen:**

Der Drill wird ebenso in die andere Richtung (im Uhrzeigersinn) durchgeführt.
Die Paare werden gewechselt und gemischt, z. B. Aufbau gegen Center, Flügel-Center usw.

# 8. Rebound

Unter Rebound versteht man das Nachsetzen zum Korb, das Erlangen und Sichern des vom Korb oder Brett abprallenden Balles durch Fangen oder das Weiterleiten zu einem anderen Spieler der eigenen Mannschaft. Der Zweck des Rebounds ist es, den Ball in den Besitz der eigenen Mannschaft zu bringen, um als Verteidigungsrebound den eigenen Korb zu sichern bzw. als Offensivrebound die Zahl der eigenen Wurfmöglichkeiten zu erhöhen.

Nicht nur große Spieler haben eine gute Reboundchance, sondern geschicktes Stellungsspiel, zweckmäßiges Ausblocken und Schulung der Antizipation der Richtung des abprallenden Balles ermöglichen auch dem kleineren Spieler den erfolgreichen Rebound. Beim Defensivrebound sind alle fünf Spieler für die Sicherung des Rebounds verantwortlich. Bei jedem Rebound sollte der Verteidiger die Innenposition einnehmen. Wichtig ist hierbei das Herausblocken des Gegners. Die Aufmerksamkeit des Verteidigers ist daher auf seinen Gegenspieler und zunächst nicht auf den Ball gerichtet. Der Verteidiger geht erst zum Ball, wenn er seinen Gegenspieler ausgeblockt hat. Je näher der Gegner zum Korb steht, desto schneller muß er herausgeblockt werden. Bei größerer Entfernung zum Korb weicht der Verteidiger vor dem Herausblocken erst ein oder zwei Schritte zurück. Der Verteidiger nimmt beim Herausblocken eine möglichst breite, raumgreifende Stellung ein. Der Gegner wird durch Hüft- und Beinarbeit, nicht mit Händen und Ellenbogen aufgehalten.

Beim Offensivrebound gehen nicht alle fünf, sondern meist nur drei dazu bestimmte Spieler zum Rebound. Das Wichtigste im Offensivrebound ist der entschlossene Wille des Angreifers, wirklich jedem Ball nachzusetzen, ohne dabei ein Foul zu begehen. Dies wird durch Sperren und Stoßen mit Knie und Ellenbogen der Verteidiger erschwert. Der Offensivrebounder sollte ständig den Ball und weniger den Gegner beachten, um auch die Möglichkeit des im nächsten Kapitel beschriebenen Tipins zu besitzen.

Da im modernen Basketball häufig die Wurfgenauigkeit beider Mannschaften sehr ähnlich ist, entscheidet die Fähigkeit, den Ball durch Verteidigungsrebounds zu sichern bzw. durch Offensivrebounds in den eigenen Reihen zu halten, sehr häufig über Sieg und Niederlage und ist daher besonders zu schulen.

## 8.1 Freiwurf-Positionskampf-Drill *(Abb. 117)*

**Zielsetzung:**

Der Spieler soll lernen, in eine gute Reboundposition nach dem Freiwurf zu gelangen.

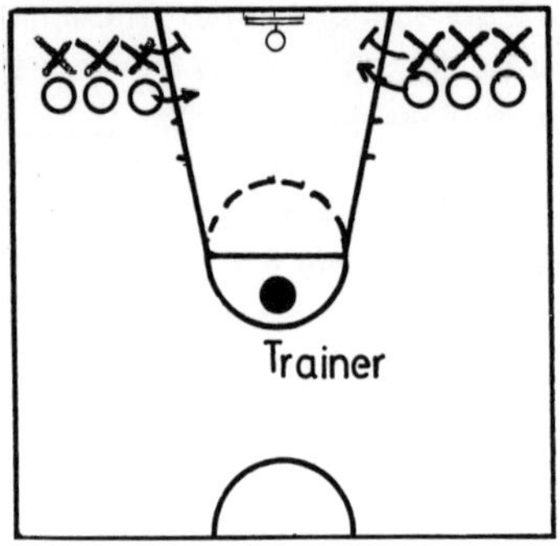


*Abb. 117*

**Durchführung:**

1. Auf jeder Seite der Zone stehen zwei Reihen *(Abb. 117)* von Spielern.
2. Der Trainer steht auf der Freiwurflinie und ruft etwas, wodurch der Drill anfängt. Ein gutes Signal ist ein langes f-e-r-t-i-g und ein kurzes Hopp oder Wurf als Start.
3. Die Spieler in der Innenposition (korbnähere) versuchen nun (wie beim Freiwurf), durch Setzen des Außenfußes vor die anderen Spieler zu kommen. Diese versuchen, das zu verhindern.
4. Die Spieler wechseln die Reihen.

**Methodische Hinweise:**

Die Spieler sollen um die Position kämpfen, mit Fuß- und Armeinsatz, aber dabei die Möglichkeiten innerhalb der Regeln beachten.

**Übungsvariationen:**

Der Trainer kann auch ein akustisches Signal nehmen oder mit dem Ball auf den Korb werfen (als spielgerechtes Signal), ohne daß der Ball gereboundet wird.

## 8.2 Rebound-an-der-Wand-Drill *(Abb. 118)*

**Zielsetzung:**

Bei diesem Drill kann die ganze Mannschaft zur gleichen Zeit ihre Sprungkraft verbessern und die Ballsicherung beim Rebound schulen.

*Abb. 118*

**Durchführung:**

1. Es bilden sich Paare, die sich rundum in der Halle an den Wänden verteilen.
2. Jedes Paar hat einen Ball. Ein Spieler wirft gegen die Wand, der andere springt hoch, greift den Ball, macht die Taschenmesser-(Spreiz-Buckel-)Bewegung und kommt mit dem Ball wieder herunter.
3. Der Spieler, der geworfen hat, versucht einen Halteball zu erreichen.
4. Kommt es zum Halteball, reboundet derselbe Spieler noch einmal, bis er den Ball richtig sichert. Kommt es zu keinem Halteball, reboundet der andere Spieler.

**Methodische Hinweise:**

Der Ball muß hoch genug gegen die Wand geworfen werden; es ist sinnvoll, Markierungen in Korbhöhe an der Wand zu haben.
Der Rebounder springt dem Ball so hoch wie möglich entgegen. Beim Kampf um die Ballsicherung müssen die Möglichkeiten innerhalb der Regeln beachtet werden.

**Übungsvariationen:**

Der Ballwerfer sollte verschiedene Positionen einnehmen, links und rechts, neben und hinter dem Rebounder.

## 8.3 Taschenmesser-Rebound-Drill *(Abb. 119)*

**Zielsetzung:**

Die Spieler sollen lernen, sich vom Gegner wegzudrehen, nachdem sie den Ball sicher beim Rebound gefangen haben.

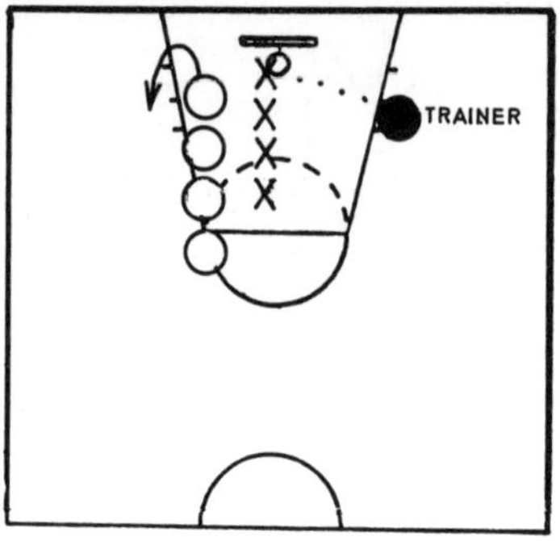


*Abb. 119*

**Durchführung:**

1. Es werden 2 Reihen gebildet. Eine Reihe steht direkt unter dem Korb, die andere versetzt daneben *(Abb. 119).*
2. Der Lehrer/Trainer hat den Ball.
3. Der Lehrer/Trainer wirft den Ball so, daß er direkt vor der Reihe neben dem Korb herunterkommt. Der erste Spieler der Reihe springt hoch, greift den Ball und macht einen Taschenmesser- bzw. Spreiz-Buckel-Sprung in der Luft weg von seinen Gegenspielern aus der anderen Reihe.
4. Nach der Übung wechseln die Spieler die Reihen.

**Methodische Hinweise:**

Der Spieler in der Innenreihe sollte versuchen, dem Rebounder einen ungeschützten Ball regelgerecht herauszuspielen. Der Rebounder muß Foulspiel vermeiden.

**Übungsvariationen:**

Der Drill wird auf der linken und rechten Seite durchgeführt. Er kann mit einem ersten Pass nach dem Rebound heraus zur Seitenlinie verbunden werden.

## 8.4 1 gegen 1-Rebound-Drill *(Abb. 120)*



**Zielsetzung:**

Die Spieler sollen den Rebound in Spielsituationen unter Wettbewerbsdruck beherrschen lernen.

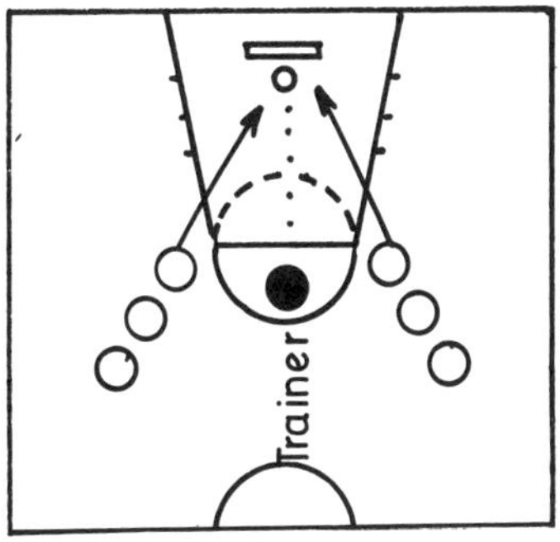


*Abb. 120*

**Durchführung:**

1. Es werden 2 Reihen gebildet. Der erste jeder Reihe steht etwas hinter der Freiwurflinie *(Abb. 120)*.
2. Der Lehrer/Trainer steht zwischen ihnen und wirft den Ball so gegen das Brett, daß er in seine Richtung zurückspringt.
3. Die ersten jeder Reihe gehen zum Rebound und kämpfen um die Position. Nachdem ein Spieler den Ball in der Luft ergriffen hat, versucht er, sich durch eine Taschenmesser- bzw. Spreiz-Buckel-Bewegung von seinem Gegner wegzudrehen.
4. Die Spieler gehen zum Ende ihrer Reihe und die zweiten der Reihen rebounden genauso.

**Methodische Hinweise:**

Die Gegner sollten möglichst gleiches Sprungvermögen haben bzw. etwa gleich groß sein.

Beim Kampf um die Innenposition bzw. den Rebound sollten Arme und Füße eingesetzt, aber dabei die Möglichkeiten innerhalb der Regeln beachtet werden.

**Übungsvariationen:**

Zur Steigerung des Wettbewerbs werden die Rebounds gezählt und notiert. Der Drill kann mit einem Pass zur nächsten Seitenlinie verbunden werden.

## 8.5 Rebound-Wettbewerb zu dritt, jeder gegen jeden *(Abb. 121)*

**Rebound**

**Zielsetzung:**

Die Spieler sollen durch diesen Drill in einer Spielsituation lernen, sich beim Rebound gegen einige Gegner durchzusetzen.

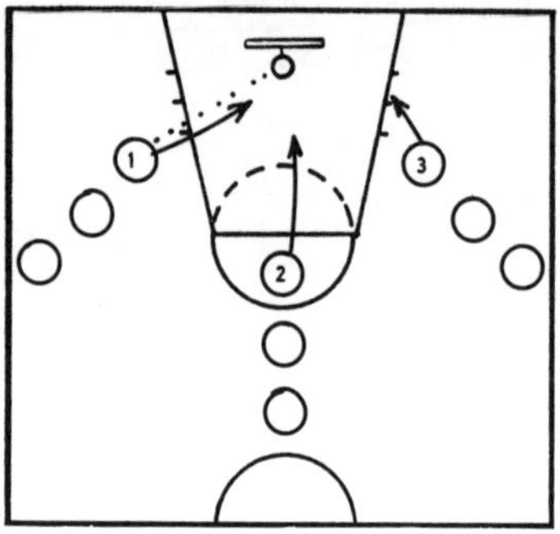


*Abb. 121*

**Durchführung:**

1. Es werden 3 Reihen gebildet, die sich in einem Halbkreis Richtung Korb aufstellen.
2. Der erste Spieler aus Reihe 1 macht einen Sprungwurf und geht zum Rebound. Zur selben Zeit versuchen auch die jeweils ersten Spieler aus Reihe 2 und 3, den Rebound zu bekommen.
3. Die zweiten Spieler jeder Reihe rebounden danach in der gleichen Weise.
4. Nachdem jeder Spieler einmal an der Reihe war, wirft eine andere Reihe.

**Methodische Hinweise:**

Die Spieler sollen jedem Ball, auch einem erfolgreichen Wurf nachsetzen. Es spielt jeder gegen jeden. Neben gutem technischen ist auch taktisches Verhalten wesentlich.

**Übungsvariationen:**

1. Die Entfernungen zum Korb werden variiert.
2. Wer den Ball vor dem Boden erreicht, darf (auch bei erfolgreichem ersten Wurf) nachwerfen.

## 8.6 Tierischer Jeder-gegen-jeden-Drill *(Abb. 122)*



**Zielsetzung:**

1. Der Drill fördert Offensiv-Rebounding.
2. Man lernt, trotz Fouls, 2 Punkte zu erzielen.
3. Es ist eine gute Konditionsübung.
4. Die Spieler lernen, einen zweiten und dritten Versuch zu erkämpfen.

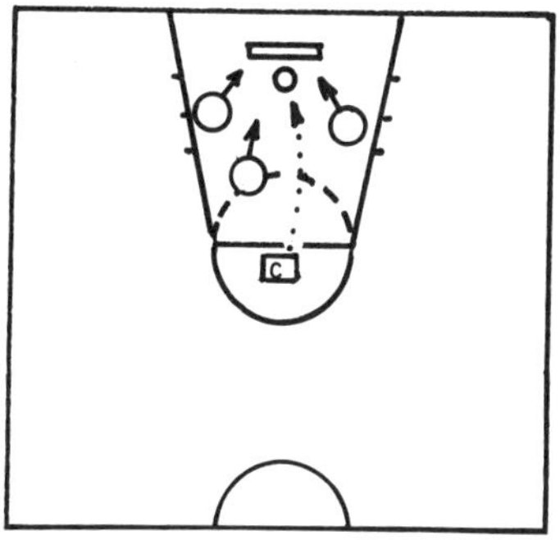


*Abb. 122*

**Durchführung:**

*A. Zahme Form:*

1. Drei Spieler stehen im Freiwurfraum.
2. Der Lehrer/Trainer wirft und verfehlt.
3. Alle 3 Spieler gehen aggressiv zum Rebound.
4. Der Spieler, der den Rebound bekommt, versucht einen Korb zu erzielen.
5. Die beiden anderen Spieler versuchen, dieses zu verhindern.
6. Es wird solange gespielt, bis ein Spieler einen Korb erzielt hat.
7. Danach wird der Ball wieder dem Lehrer/Trainer zugepasst und es beginnt von neuem.

*B. Aggressive Form:*

1. Der Trainer beginnt den Drill wie in A.
2. Jetzt wird auch nach erfolgreichem Wurf gereboundet.
3. Die Spieler versuchen, gleichsam den Ball aus dem Netz zu reißen und sofort wieder zu werfen.
4. Es wird solange gespielt, bis ein Spieler 3 Körbe erzielt hat.
5. Danach startet der Lehrer/Trainer den Drill von neuem.

**Methodische Hinweise:**

„Tierisch" ist ein Kampfspiel um den Rebound und dann ein Spiel 2—1. Es gibt keine Regeln, die aggressive Aktionen verbieten; Foulspiel wird nicht geahndet. Trotzdem sollte immer versucht werden, den Ball zu spielen und gröbliche Ungeschicklichkeiten zu vermeiden.

Der Spieler, der eine bestimmte Punktzahl (z. B. 3 Körbe) erzielt hat, scheidet aus und ein neuer Spieler kommt dazu.

## 8.7 Aggressiver Drei-Mann-Rebound-Drill *(Abb. 123)*

**Zielsetzung:**

1. Der Drill hat großen Wettbewerbscharakter.
2. Hierbei haben große und technisch weniger versierte Spieler die Möglichkeit, erfolgreich zu spielen.
3. Es stimuliert die Mannschaft, wirklich zu kämpfen. Der einzelne Spieler gewöhnt sich an Körperkontakt unter dem Korb.

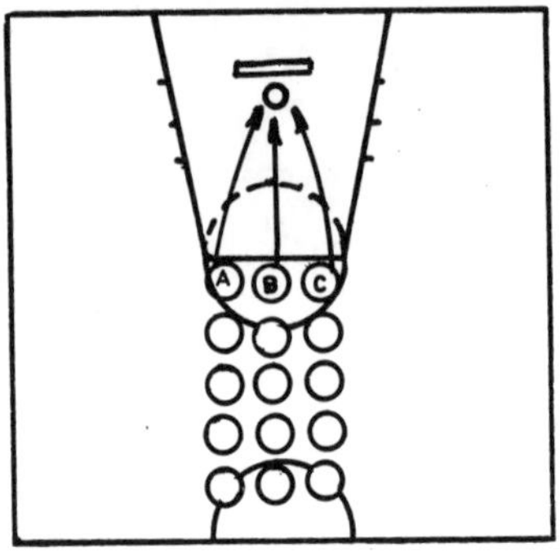


*Abb. 123*

**Durchführung:**

1. Es werden 3 Mannschaften gebildet.
2. Der Lehrer/Trainer wirft den Ball gegen das Brett und die ersten jeder Mannschaft versuchen, den Rebound zu holen und 2 Punkte zu erzielen.
3. Der einzelne Spieler reboundet so lange, bis er drei Körbe erzielt hat. Es ist natürlich möglich, daß ein Spieler, wenn er klein oder nicht aggressiv spielt, sehr lange dort reboundet.
4. Hat ein Spieler dreimal getroffen, wird er durch einen anderen Spieler seiner Mannschaft ersetzt.
5. Gewonnen hat die Mannschaft, in der zuerst alle Spieler 3 Treffer erzielt haben.
6. Fouls werden nicht geahndet, es gibt hier keine Regeln, um aggressive Aktionen zu verhindern.

**Methodische Hinweise:**

Der Lehrer/Trainer muß aber auf die Art von aggressiven Aktionen hinweisen. Sie sollten im besonderen beim Positionskampf durch harten Körpereinsatz, mit Hüfte, Bauch und Schulter erfolgen. Aktionen wie Schlagen und Herunterreißen, die außerdem nicht auf den Ball gerichtet sind, sollten geahndet werden.

**Übungsvariationen:**

Die zu erzielende Punktzahl kann auf ein oder zwei Punkte reduziert werden. Die Regeln dieses aggressiven Drills können sich von bestimmten Einschränkungen und Verboten bis hin zu allem Erlaubten erstrecken.

## 8.8 Drei-Mann-Rebound-Achter-Drill *(Abb. 124)*

**Zielsetzung:**

1. Der Drill schult das Timing.
2. Die Spieler müssen sich an dem Zielviereck orientieren lernen.
3. Es werden Sprungkraft und Geschicklichkeit, Schnelligkeit und Beinarbeit entwickelt und verbessert.
4. Es erfordert Teamarbeit.
5. Die Spieler lernen, den Ball im höchsten Punkt zu rebounden.

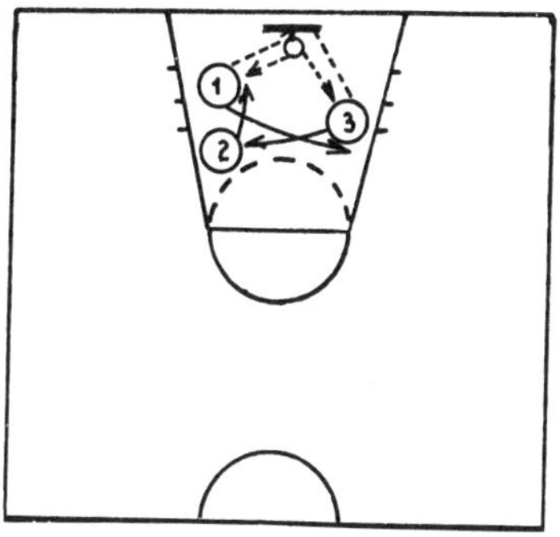


*Abb. 124*

**Durchführung:**

1. Der Ball ist immer in der Reihe, in der 2 Spieler sind (siehe *Abb. 124*).
2. Nr. 1 wirft den Ball oberhalb des Quadrates gegen das Brett und wechselt die Reihe.
3. Nr. 3 reboundet den Ball im höchsten Punkt seines Sprunges und wirft ihn wieder gegen das Brett und wechselt die Reihe.
4. Nr. 2 reboundet, wirft den Ball gegen das Brett und wechselt die Reihe.
5. Die 3 Spieler müssen 25 Rebounds in Folge schaffen, bevor sie eine Pause haben dürfen. Der Ball darf dabei weder den Ring noch den Boden berühren. Falls es doch passiert, so müssen die Drei von vorne beginnen.

**Methodische Hinweise:**

Der Drill gelingt nur, wenn der Ball tatsächlich im höchsten Punkt gespielt wird. Dabei können die Rebounder, je nach Geschicklichkeit, den Ball mit einer Hand oder beiden Händen spielen.
Bei Anfängern sollten mehr als 3 Spieler pro Gruppe teilnehmen.

**Übungsvariationen:**

Das zu erreichende Endergebnis von 25 Folgerebounds kann variiert bzw. reduziert werden.
Zu Beginn des Drills und bei Anfängern können mehrere Spieler in jeder Reihe stehen.

## 8.9 Offensiver Rebound-Drill 1—1 *(Abb. 125)*

**Zielsetzung:**

1. Der Offensiv-Rebounder soll lernen, nicht aufzugeben, wenn er ausgeblockt ist.
2. Die Beinarbeit des Offensivrebounders, das um den Gegner Herumdrehen oder -gleiten, wird geschult.
3. Der Drill kann zum 1—1 offensiv und defensiv ausgebaut werden.
4. Timing und Positionskampf werden geschult.

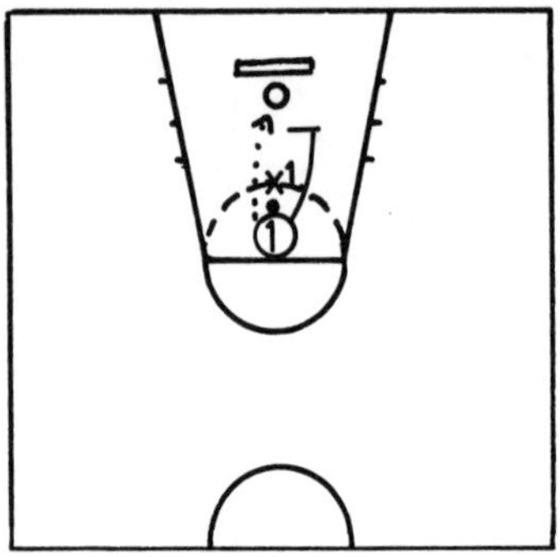


*Abb. 125*

**Durchführung:**

1. Spieler 0 1 hat den Ball.
2. X 1 steht mit dem Gesicht zum Korb, genau wie 0 1.
3. 0 1 wirft.
4. 0 1 muß seine Schritte um X 1 herumsetzen, den Rebound holen und einwerfen.
5. Der Drill sollte von verschiedenen Positionen durchgeführt werden.

**Methodische Hinweise:**

Bei Einführung des Drilles geht 0 1 zunächst immer rechts am Verteidiger vorbei, und dann immer links vorbei. Im weiteren Verlauf ist es X 1 erlaubt, 0 1 am Vorbeikommen zu hindern. Der Angreifer muß nun versuchen, mit Schrittfinten bzw. ein, zwei großen Schritten um den Verteidiger herumzusetzen. Diese Beinarbeit sollte vom Lehrer/Trainer genau gezeigt werden.

**Übungsvariationen:**

Es können auch seitliche Positionen aus der Mitteldistanz gewählt werden. Die Spieler zählen wie im Spiel 1—1 alle erfolgreichen Versuche.
Der Verteidiger steht mit dem Gesicht zum Angreifer.

## 8.10 Rennen in die Reboundposition — Drill *(Abb. 126)* **Rebound**

**Zielsetzung:**

Die Spieler sollen üben, aus Weitdistanz in gute Reboundposition zu kommen. Dabei müssen sie vermeiden lernen, einen Weitsprung-Rebound zu machen, der gewöhnlich zu Fouls führt.

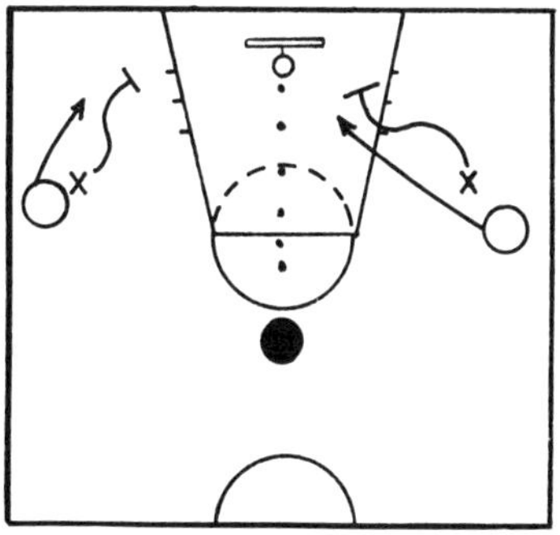

*Abb. 126*

**Durchführung:**

1. 2 Reihen werden gebildet, die sich hinter der Flügelposition aufstellen.
2. Der erste Spieler jeder Reihe ist Verteidiger bzw. Defensivrebounder, der zweite Angreifer bzw. Offensivrebounder.
3. Der Lehrer/Trainer wirft von der Birne und alle 4 Spieler gehen zum Rebound. Die Verteidiger versuchen dabei, die Angreifer auszublocken.
4. Verteidiger und Angreifer wechseln dann die Positionen.

**Methodische Hinweise:**

Beim jeweiligen Beginn des Drills müssen die Verteidiger eng zu ihren Angreifern herausgehen. In der Regel werden sie den Angreifern einen Weg anbieten und diesen durch einen Sternschritt zumachen.

**Übungsvariationen:**

Nach einiger Zeit werden die Seiten gewechselt.
Es werden weitere Weitdistanzpositionen einbezogen.

## 8.11 Katz-und-Maus-Rebound-Drill *(Abb. 127)*



**Zielsetzung:**

1. Der Verteidiger soll Gewandtheit und Reaktion sowie Ausblocken lernen.
2. Es ist eine gute Reboundübung, die zur Einleitung zum Schnellangriff durch den Pass zu X 1 oder X 2 dient.
3. Die Angreifer sollen kurze genaue Pässe geben und unter Druck werfen lernen. Sie lernen auch, nach dem Wurf in eine gute Reboundposition zu gelangen.

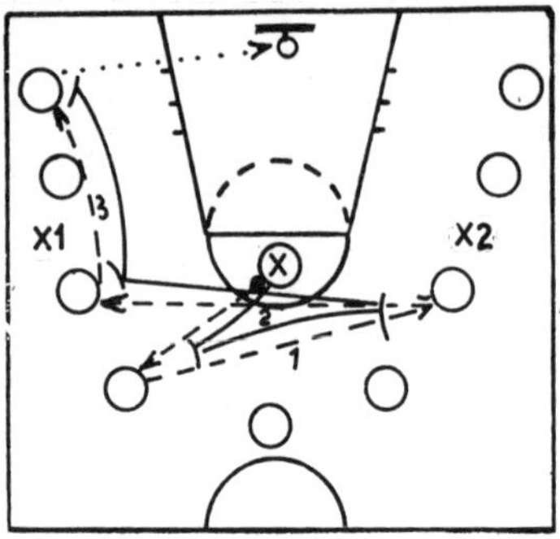


*Abb. 127*

**Durchführung:**

1. Die Spieler stellen sich im Halbkreis um den Korb auf, die Katzen.
2. Ein Spieler ist Verteidiger, er ist die „Maus".
3. Er spielt harte, enge Verteidigung und folgt immer den Pässen.
4. Es müssen 3 Pässe erfolgt sein, bevor geworfen werden kann.
5. Der Nachbar darf nicht angepasst werden.
6. Der Spieler, der den 3. Pass erhält, wirft auf den Korb und die „Maus" versucht, diesen herauszublocken und geht dann zum Brett.
7. Erlangt der Verteidiger den Rebound, passt er zu X 1 oder X 2.
8. Bekommt der Angreifer den Ball, wirft er solange, bis er trifft oder der Verteidiger den Ball hat.
9. Wenn der Verteidiger reboundet und zu X 1 oder X 2 passt, wird der Werfer zum neuen Verteidiger und sein Platz wird von dem bisherigen Verteidiger eingenommen.

**Methodische Hinweise:**

Der Verteidiger muß mit großem Einsatz spielen und gegen jeden Ballbesitzer aggressiv verteidigen, im besonderen aber den Werfer, der zum Offensivrebounder wird, vor dem Rebound herausblocken.

Bei Anfängern sollte der Halbkreis in Mitteldistanz um den Korb stehen.

**Übungsvariationen:**

Die Zahl der beteiligten Spieler sowie die Entfernungen zum Korb und die Anzahl der Pässe können variiert werden.

## 8.12 Ausblocken auf Pfiff-Drill *(Abb. 128)*

**Rebound**

**Zielsetzung:**

Die Spieler lernen ihren Körper und die Beine zu benutzen, um den Gegner beim Defensivrebound auszublocken. Die Spieler üben regelrechten Körperkontakt und aggressives Kämpfen beim Offensiv- und Defensivrebound. Die Angreifer lernen, regelgerechte Bewegungen, um am Verteidiger vorbei zum Rebound zu kommen.

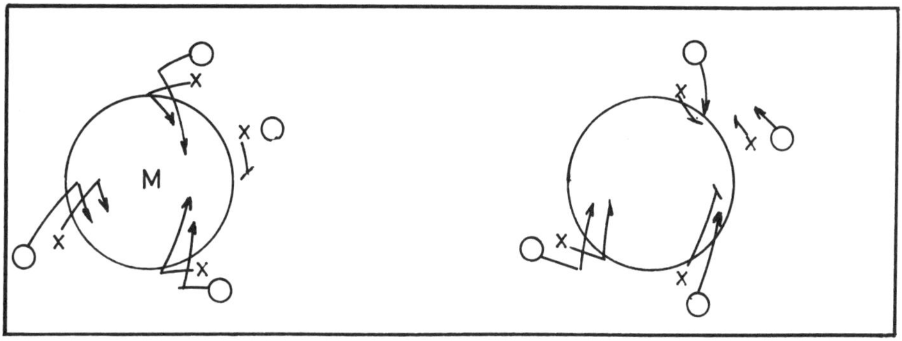


*Abb. 128*

**Durchführung:**

1. Um die drei Sprungballkreise auf dem Spielfeld stellen sich jeweils 3 oder 4 Paare, wobei man darauf achten sollte, daß die Spieler eines Paares gleich groß sind. Der Lehrer/Trainer und je 1 Spieler stellen sich in die Mitte der Kreise.
2. Ein Spieler jedes Paares ist Angreifer, der andere Verteidiger.
3. Auf Pfiff des Lehrers/Trainers oder der Spieler in der Mitte der Kreise versuchen die Angreifer, in den Kreis einzudringen und den Lehrer/Trainer zu berühren. Die Verteidiger versuchen, mit regelgerechten Mitteln das zu verhindern.
4. Die Angreifer haben 3—5 Sek. Zeit, um ihr Ziel zu erreichen. Danach wechseln die Spieler die Positionen, und es beginnt von neuem.

**Methodische Hinweise:**

Der Angriffsrebounder muß lernen, regelgerecht um den Verteidiger herum und nicht über ihn hinweg zu rebounden. Der Verteidiger muß lernen, mit dem Rücken zum Angreifer einen Sternschritt auf dem dem Angreifer zugewandten Fuß durchzuführen. Die Ellenbogen des Verteidigers sind ausgestreckt, um die Bewegungen des Angreifers zu erfühlen. Der Verteidiger muß sein Gesäß in den Angreifer strecken, um dessen Arme weiter von sich wegzuhalten, ohne ihn umzustoßen.

**Übungsvariationen:**

Um den Wettbewerb zu erhöhen, werden die Positionen dann nicht gewechselt, wenn es dem Angreifer gelingt, in den Kreis zu gelangen und den Lehrer/Trainer zu berühren.

## 8.13 Dummy-Rebound-Drill *(Abb. 129)*



**Zielsetzung:**

Der Rebounder soll lernen, wie man richtig zum Rebound hochgeht, den Ball sichert, einen Sternschritt und einen schnellen Pass nach außen macht, um einen Schnellangriff einzuleiten.

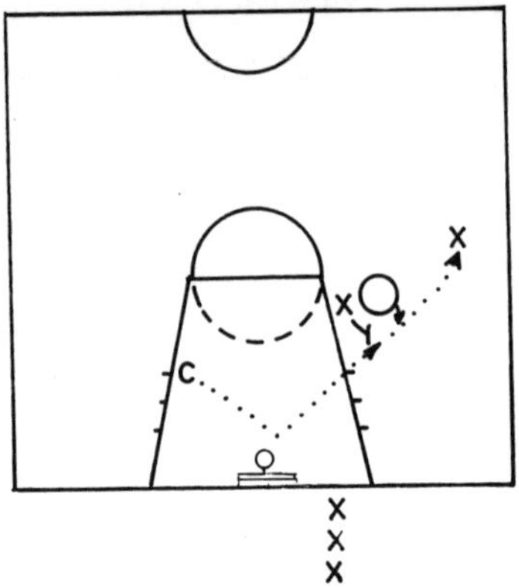


*Abb. 129*

**Durchführung:**

1. Der Lehrer/Trainer steht mit dem Ball auf einer Seite des Korbes, 2 Spieler (Angreifer und Verteidiger) auf der anderen Seite etwa 2,50 m vom Korb.
2. Der Angreifer soll nur versuchen, um den Verteidiger herum zu kommen, so daß der Verteidiger richtig ausblocken muß. Der Angreifer geht nicht aktiv zum Ball.
3. Der Lehrer/Trainer wirft den Ball gegen das Brett und der Verteidiger blockt aus, holt den Rebound, macht einen Sternschritt und passt zu einem dritten Spieler, der sich auf die Außenposition freiläuft.
4. Die übrigen Spieler warten hinter der Endlinie. Die Rebounder wechseln jedesmal. Es sollten zum schnellen Fortgang auch mehrere Bälle verwendet werden.

**Methodische Hinweise:**

Der verteidigende Rebounder muß den Angreifer wenigstens 2—2,50 m vom Brett fernhalten, damit der Ball nicht über seinen Kopf hinweg zu diesem fliegt. Der Verteidiger muß den Ball in einem Winkel zur Flugrichtung und eigenem Körper fangen. Wird der Ball direkt über dem eigenen Körper oder unterhalb Brusthöhe gefangen und gesichert, hat der Angreifer die Möglichkeit, ihm den Ball aus den Händen zu stehlen oder zu schlagen. In einem Spreiz-Buckel-Sprung (Taschenmesser) holt der Verteidiger den Ball herunter, hält ihn vor sich in Augenhöhe bei nach außen zeigenden Ellenbogen. Bevor er den schnellen, genauen Pass nach außen zur nächsten Seitenlinie gibt, muß er sich vom Korb wegdrehen und sicher sein, daß sich der Ballempfänger für den Pass freigemacht hat.
Wenn das Herausblocken und Sichern des Balles gelingt, kann der Angreifer aktiv zum Ball gehen — zunächst mit halber Kraft — und diesen beim Rebounden und Sichern stehlen oder herausschlagen bzw. den Pass zur Seite stören.

## 8.14 3 gegen 3 Rebound- und Pass-nach-außen-Drill *(Abb. 130)*

**Rebound**

**Zielsetzung:**

Die Spieler lernen Angriffs- und Verteidigungsrebound. Die Rebounder sollen sich an den Körperkontakt unter dem Korb gewöhnen. Aggressives Rebounden soll gefördert werden. Timing unter dem Korb wird geschult. Nach dem Rebound sollen schnelle Pässe nach außen geübt werden.

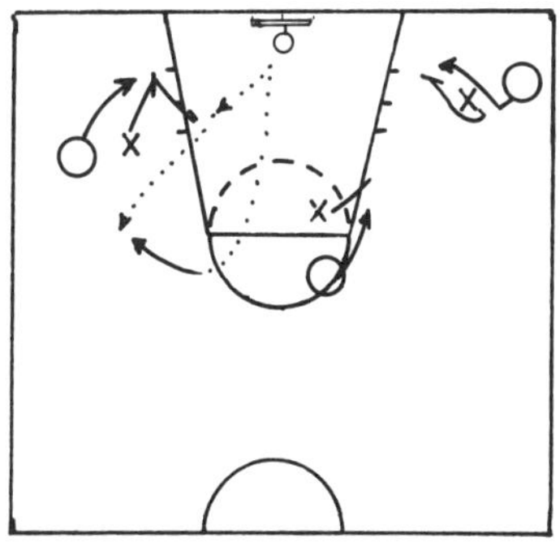

*Abb. 130*

**Durchführung:**

1. Es werden Dreier-Gruppen gebildet.
2. Eine Gruppe im Angriff, eine andere in der Verteidigung.
3. Ein oder zwei Außenstehende werfen den Ball auf den Korb. Die Verteidiger blocken aus, holen den Rebound und passen den Ball nach außen zu einem Außen oder zum Lehrer/Trainer.
4. Bekommen die Angreifer den Rebound, versuchen sie 2 Punkte zu erzielen.
5. Die Verteidiger müssen 2 Rebounds in Folge bekommen, um aussetzen zu können. Danach wird der Angriff zur Verteidigung und die neue Gruppe spielt Angriff.

**Methodische Hinweise:**

Wenn alle Verteidiger effektiv blocken, kann es sein, daß der Ball unberührt zu Boden fällt. Die Verteidiger müssen warten, bis der Ball vom Brett zurückgesprungen ist. Dann fängt der dem Ball am nächsten stehende Verteidiger ihn auf.
Die Außen zielen nur auf den Ring, sie passen sich gelegentlich den Ball zu, um die Situation spielgerecht zu halten.

**Übungsvariationen:**

Die Offensivrebounder sollten in einer mittleren Entfernung von etwa 5 m beginnen, später sollten sie aus der Post- und Centerposition spielen. Die Außenpositionen der Werfer können von Spieler oder Lehrer/Trainer eingenommen werden.

## 8.15 Rebound und Schnellangriff nach Freiwurf-Drill *(Abb. 131)* Rebound

**Zielsetzung:**

Die Spieler trainieren das Ausblocken und Rebounden nach einem Freiwurf. Der Ball soll nach einem Freiwurf zur Einleitung eines Schnellangriffes möglichst schnell herausgepasst werden.

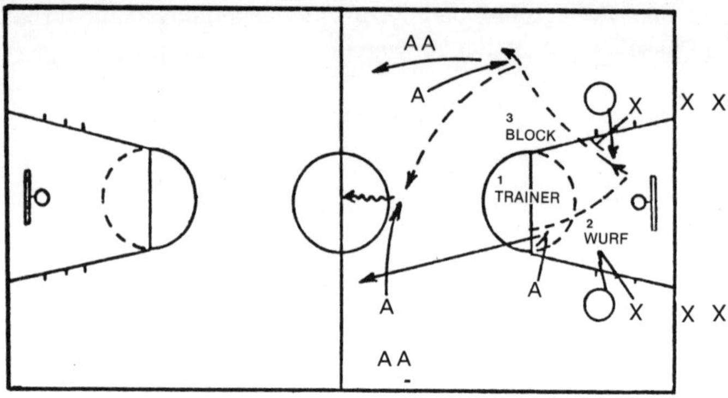


*Abb. 131*

**Durchführung:**

1. Der Flügel und der Center blocken ihre beiden Gegner aus, holen den Rebound und geben den Pass nach außen. Diese beiden bzw. vier Rebounder wechseln ständig Angriff und Verteidigung.
2. Ein Aufbau blockt den Freiwerfer aus, zwei andere bewegen sich nach außen, um den Pass von den Reboundern zu bekommen und einen 3-Mann-Schnellangriff einzuleiten.
3. Der Lehrer/Trainer oder Assistent werfen die Freiwürfe.
4. In der Regel soll der Aufbauspieler, auf dessen Seite der Rebounder geholt wird, nach außen gehen, um den ersten Pass zu bekommen. Nach Ballerhalt dribbelt er selbst in die Mitte oder er passt zu einem Mitspieler, der bereits dorthin gestartet ist. Mehrere Variationen sollen trainiert werden.
5. Drei Spieler laufen einen Schnellangriff auf den anderen Korb.
6. Diese drei Spieler werden durch neue ersetzt, Angriffs- und Verteidigungsrebounder wechseln ihre Positionen und der Drill beginnt von vorne.

**Methodische Hinweise:**

Die Verteidigungsrebounder müssen lernen, durch einen schnellen Schritt vorwärts in den Raum die Angreifer auszublocken. Es muß klar sein, wer den Freiwerfer vom Rebound weghält. Der erste Pass nach außen muß schnell und genau sein; jedoch muß sich der Passgeber vorher sicher sein, daß sich ein Außen freigelaufen hat. Die Spieler sollen auch beim Schnellangriff bereits ein gemeinsames System üben.

**Übungsvariationen:**

Dieser Drill kann auch als Spiel 5—5 übers Feld von Korb zu Korb gespielt werden, wobei stets mit einem Freiwurf-Rebound begonnen wird.

## 8.16 Verteidigungs-Rebound-Drill 3 gegen 3 *(Abb. 132)*

**Zielsetzung:**

Die Spieler sollen lernen, ihre Gegner beim Defensivrebound auszublocken.

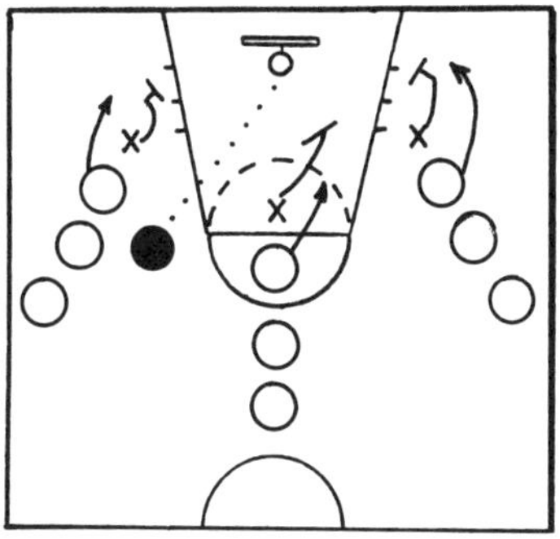

*Abb. 132*

**Durchführung:**

1. Drei Reihen stellen sich in Richtung Korb auf.
2. Die ersten Spieler jeder Reihen sind die Verteidiger, sie stehen mit dem Rücken zum Korb, die anderen Spieler die Angreifer.
3. Der Lehrer/Trainer wirft auf den Korb oder gegen das Brett. Die Angreifer, d. h. die Zweiten jeder Reihe jagen zum Korb, um den Rebound zu bekommen. Die Verteidiger blocken die Angreifer aus und holen den Rebound.
4. Die Verteidiger gehen an das Ende ihrer Reihe, und die Angreifer werden zu den neuen Verteidigern.

**Methodische Hinweise:**

Abhängig von der Entfernung zum Korb können die Verteidiger a) sich gleich an Ort und Stelle fast in den Angreifer hineindrehen und ihn „auf den Rücken nehmen", oder b) ihm eine Seite anbieten und dann diesen Weg mit einem Sternschritt zumachen. Die Foulregel ist zu beachten.

**Übungsvariationen:**

Es kann auch ein Reboundring (Ringeinsatz) verwendet werden, der alle Bälle abprallen läßt.
Die Positionen der Spieler können leicht variiert werden, Nah- und Mitteldistanz.

## 8.17 3 gegen 3 Ausblock-Drill *(Abb. 133)*

**Zielsetzung:**

1. Die Verteidiger sollen ausblocken lernen, rebounden und einen Schnellangriff einleiten.
2. Die Angreifer müssen um die Verteidiger herumkommen und lernen, nach dem Offensiv-Rebound 2 Punkte zu erzielen.
3. Es ist ein gutes Konditionstraining und es erhöht die Kampfbereitschaft, besonders der Spieler in den Innenpositionen.

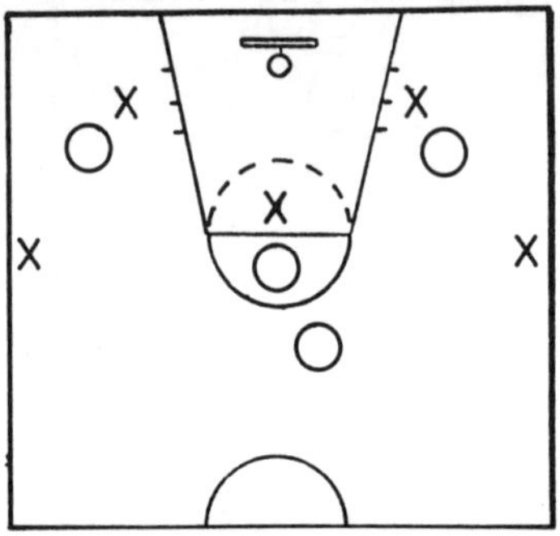

*Abb. 133*

**Durchführung:**

1. Bei diesem Drill spielen 3 Angreifer (O) gegen 3 Verteidiger (X) um den Rebound.
2. Der Werfer steht auf der Birne. Wenn er wirft, blocken die Verteidiger ihre Gegenspieler aus und holen den Rebound.
3. Bekommen die Verteidiger den Rebound, passen sie schnell zu einem der beiden Aufbauspieler, um einen Schnellangriff einzuleiten.
4. Bekommen die Angreifer den Ball, geht das Spiel solange weiter, bis die Angreifer einen Korb erzielen oder die Verteidiger den Ball bekommen.
5. Nach dem Wurf versucht der Werfer, den Pass zu verhindern, den die Verteidiger nach dem Rebound zu dem Aufbauspieler geben.

**Methodische Hinweise:**

Abhängig von der Entfernung zum Korb müssen sich die Verteidiger entscheiden, ob sie ihre Gegenspieler a) gleich direkt am Ort herausblocken oder b) zurückgehen und einen angebotenen Weg zumachen.

Nach einiger Zeit werden alle Positionen und Funktionen gewechselt.

**Übungsvariationen:**

1. Die Angreifer versuchen, taktisch variabel vorzugehen, z. B. Doppelblock.
2. Angreifer und Verteidiger machen ein regelrechtes Spiel, die Feldkörbe werden gezählt und die erzielten Schnellangriffspunkte abgezogen.

## 8.18 5 gegen 5 Ausblock-Drill *(Abb. 134)*



**Zielsetzung:**

Die Spieler lernen, wie wichtig eine gute Position ist und entwickeln Aggressivität durch ständige Wiederholung dieser Übung.

*Abb. 134*

**Durchführung:**

1. In diesem Drill wird das Ausblocken gelernt und geübt.
2. Die Verteidiger rotieren, während die Angreifer in ihren Positionen bleiben. Dadurch erhält jeder Verteidiger die Gelegenheit, verschiedene Angreifer in verschiedenen Positionen herauszublocken.
3. Der Drill wird durch ein Signal des Lehrers/Trainers in Gang gesetzt; alle Spieler üben gleichzeitig im Kollektiv.
4. Nachdem der Verteidiger Körperkontakt zu dem Angreifer hergestellt hat, blockt er diesen an Ort und Stelle mit einem Sternschritt rückwärts aus. Dabei müssen die Hände nach hinten ausgestreckt werden.

**Methodische Hinweise:**

Dieser Drill wird bei jedem Training wiederholt, denn der Erfolg jeder Mannschaft ist im wesentlichen abhängig von gutem Herausblocken und Rebounden. Die Angreifer sollten versuchen, mit verschiedenen Schrittfinten und Drehungen, sowohl links wie rechts am Verteidiger vorbeizukommen, so daß dieser mit dem linken wie rechten Fuß Herausblocken lernt.

**Übungsvariationen:**

Zunächst wird im Stand geübt, dann versuchen die Angreifer mit halber Kraft und dann mit vollem Einsatz zum Korb zu gehen.
Zum Schluß wird ein Ball dazugenommen, den der Lehrer/Trainer auf den Korb wirft.

## 8.19 Komplexe Rebound-Drill-Folge *(Abb. 135—141)*
## Herkömmlicher, mechanischer Rebound-Drill *(Abb. 135)*

**Zielsetzung:**

Das richtige Rebounden wird geübt. Die Spieler lernen beim Rebound, ihren Gegenspieler auszublocken. Der Drill verbessert auch die Kondition.

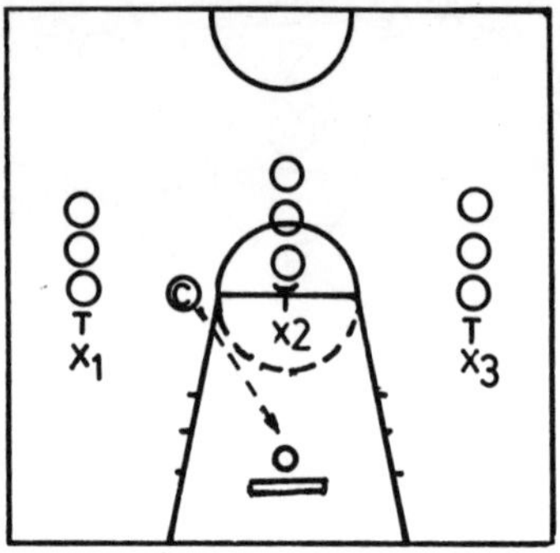


*Abb. 135*

**Durchführung:**

1. Es werden 3 Gruppen gebildet, die sich wie in *Abb. 135* aufstellen.
2. Der Lehrer/Trainer wirft den Ball auf den Korb. X 1, X 2, und X 3 blocken aus und holen den Rebound.
3. Die Angreifer werden die neuen Verteidigungsrebounder und der Drill beginnt von neuem.

**Methodische Hinweise:**

Dieser konventionelle Rebound-Drill schult die Grundlagen des Defensiv-Rebounders wie Wegzumachen oder Herausblocken auf der Stelle, und zwar durch Setzen eines Sternschritts rückwärts, Mann-auf-den-Rücken-nehmen u. a.
Der Drill muß später in eine ausreichend spielnahe Form gebracht werden, Situationen des Helfens müssen dazukommen.

**Übungsvariationen:**

Dieser Drill ist der Einstieg für die 6 folgenden Drills *(Abb. 136—141).*

## Überkreuz-Rebound-Drill (3 gegen 3) *(Abb. 136)*

**Zielsetzung:**

Der Rebound soll in einer Spielsituation, speziell der Aushilfs-Situation entlang der Endlinie, geschult werden. Ein Angreifer kommt an seinem Verteidiger vorbei und wird von einem anderen Verteidiger übernommen. Der ausgespielte Verteidiger muß so schnell wie möglich den ungedeckten Angreifer bewachen.

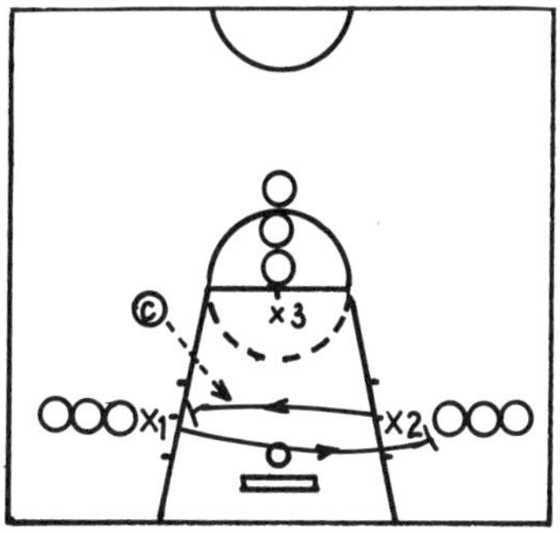


*Abb. 136*

**Durchführung:**

1. Drei Gruppen stellen sich, wie in *Abb. 136* gezeigt wird, auf.
2. Nachdem der Lehrer/Trainer den Ball gegen das Brett geworfen hat, wechseln X 1 und X 2 die Position, während X 3 seinen Gegenspieler ausblockt.
3. Bekommen die Verteidiger den Rebound, können sie sofort versuchen 2 Puntke zu erzielen, als ob es ein Offensivrebound wäre.
4. Die Angreifer müssen sofort versuchen, dies zu verhindern. Treffen die Verteidiger nicht, können die Angreifer werfen, wenn sie den Ball bekommen.
5. Hat der Lehrer/Trainer auf den Korb geworfen, wird gereboundet und geworfen, bis 2 Punkte erzielt sind.

**Methodische Hinweise:**

Dieses Übernehmen beim Rebound (entlang der Endlinie) ähnelt der Situation des Übernehmens beim Durchziehen oder Schneiden entlang der Endlinie, wenn ein Angreifer seinem Verteidiger entwischt ist. Der überlaufene Verteidiger muß dann rennen, um dann den neuen freien Mann von der Innenposition her zu übernehmen bzw. auszublocken.

**Übungsvariationen:**

Entweder wird nach jedem Korb gewechselt oder die Verteidiger spielen den Drill mit der ganzen Gruppe einmal durch.

**Überkreuz-Rebound** *(Abb. 136)*

**Allgemeine Zielsetzung:**

Bei einer Zonenverteidigung, einer Kombinations- und auch bei der Mann-Mann-Verteidigung sind die Spieler häufig in Situationen, in denen sie zwei Schritte von ihrem Gegner entfernt sind. Wie beim Schneiden entstehen dann auch beim Rebound Aushilfs-Situationen. Der Schlüssel für erfolgreiches Rebounden besteht dann darin:

— In eine Rebound-Position zu kommen,
— einen Gegner herauszublocken
— oder den möglichen Reboundort zu besetzen.

Überkreuz-Rebound-Drills schulen außerdem:

1. Das Werfen unter Belastung.
2. Das Verteidigen speziell gegen Nahdistanzwürfe.
3. Das Interesse während des Drills hoch zu halten.
4. Eine mehr wettbewerbsnahe Situation zusammen mit Körperkontakt herzustellen.

## Gegen-Uhrzeiger-Rebound-Drill (3 gegen 3) *(Abb. 137)*

**Zielsetzung:**

Die Spieler sollen lernen, sich beim Rebound der wechselnden Situation anzupassen.

1. Reicht die Zeit zwischen Wurf und Rebound, sollen die Spieler erst ausblocken und dann zum Rebound gehen. Reicht die Zeit nicht, sollen die Spieler versuchen, während sie zum Ball gehen, mit dem Gegner Körperkontakt zu bekommen, um in die Innenposition zu kommen.
2. Die Spieler sollen mit 2 Händen rebounden, sofort wieder hochspringen und trotz Behinderung oder Fouls zwei Punkte erzielen.
3. Die Verteidiger müssen verhindern, daß sie von den anstürmenden Angreifern unter den Korb gedrängt werden; sie müssen ihre Position halten.
4. Alle Spieler sollen lernen, während sie zum Rebound gehen, Körperkontakt herzustellen.

*Abb. 137*

**Durchführung:**

1. *Abb. 137* zeigt denselben Drei-Mann-Drill wie *Abb. 136.*
2. Nachdem der Lehrer/Trainer geworfen hat, wechseln alle 3 Mann im Gegen-Uhrzeigersinn die Position, bevor sie rebounden.
3. Nachdem ein Korb erzielt wurde, werden die Angreifer zu den neuen Verteidigern und es beginnt von vorne.

**Methodische Hinweise:**

Es ist darauf zu achten, daß technische Fertigkeiten und taktisches Verhalten sich wechselweise bedingen, d. h. technisch richtiges Ausblocken usw. in der taktisch richtigen Situation.

**Übungsvariationen:**

Um Schwierigkeit und Wettbewerb zu erhöhen, müssen die Verteidiger 2 oder 3 Körbe erzielen, ehe sie von einer anderen Gruppe abgelöst werden.

## Überkreuz-Rebound 4 gegen 4 *(Abb. 138—141)*

**Zielsetzung:**

Übernehmen und Rebounden.

Die Spieler sollen wiederum in einer Aushilfssituation (ähnlich der des ausgespielten Verteidigers diesmal nach Durchbruch von der Birne her) lernen, zu übernehmen und zu rebounden.

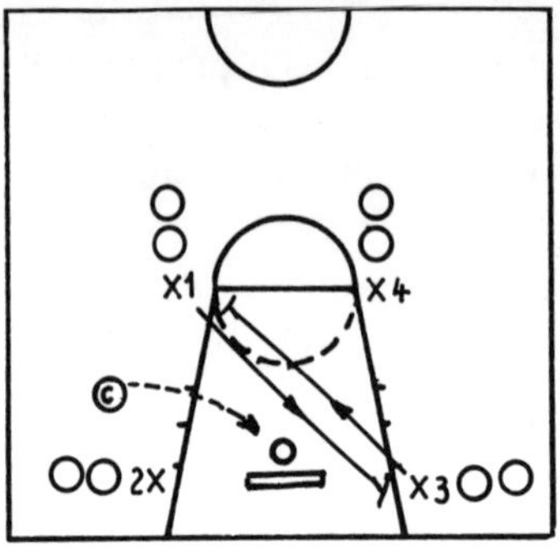


*Abb. 138*

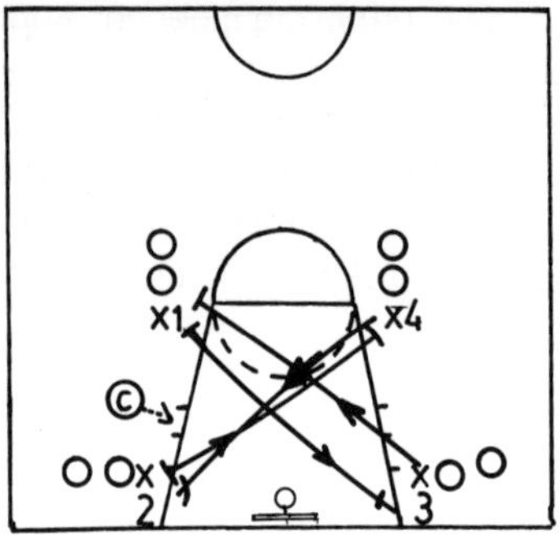


*Abb. 139*

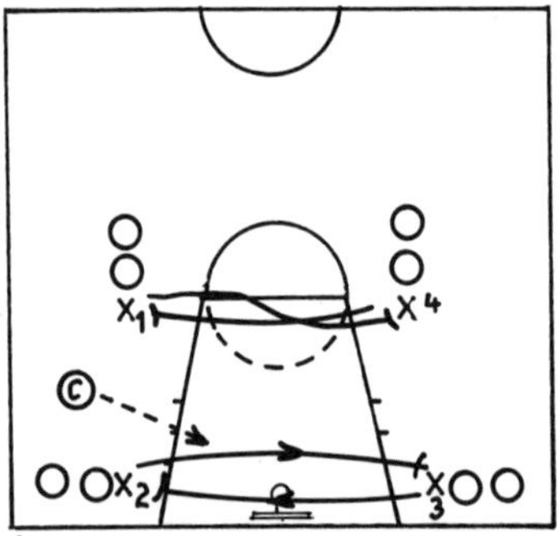


*Abb. 140*

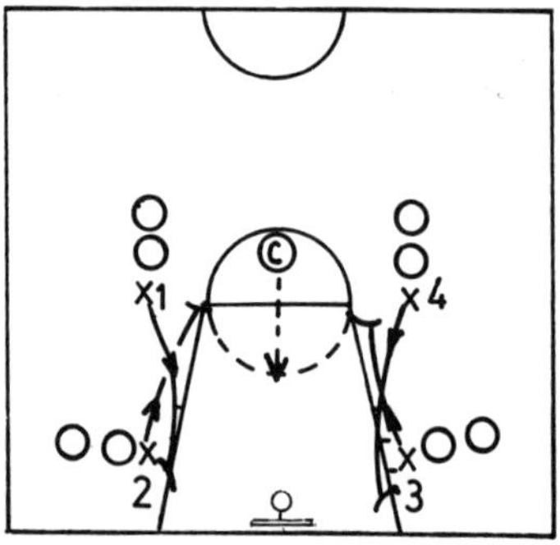


*Abb. 141*

**Durchführung:**

1. *Abb. 138* zeigt denselben Drill wie in *Abb. 137* beschrieben. Es sind jetzt nur 4 Gruppen, wobei X 1 und X 3 nach dem Wurf ihre Positionen tauschen, bevor sie rebounden. Im übrigen gelten die gleichen Regeln wie bei *Abb. 136* und *135.*
2. *Abb. 139* ist der schwierigste Drill dieser Reihe. X 1 und X 3, X 2 und X 4 wechseln die Position nach dem Wurf des Lehrers/Trainers. Die Verteidiger müssen hierbei sehr aufpassen, daß sie sich erstens nicht beim Kreuzen behindern und zweitens Ball und Gegner nicht aus den Augen verlieren.

**Methodische Hinweise:**

Auch bei den vielen variierenden Spielsituationen ist stets auf technisch saubere Durchführung der Rebound-Grundlagen zu achten.

**Übungsvariationen:**

Um noch mehr Aufmerksamkeit des Verteidigers zu erreichen und den Drill abwechslungsreicher zu gestalten, kann der Lehrer/Trainer den Spieler Nummern geben, so daß er während des Werfens zwei Zahlen ruft und diese Spieler ihre Positionen wechseln. *Abb. 140* und *141* zeigen weitere Variationen des 4 gegen 4 Rebound-Drill.

## 9. Tip-in

Der Tip-in (Nachtippen) wird nur in unmittelbarer Korbnähe und etwa in Ringhöhe oder darüber ausgeführt. Er ist somit eine Sonderform des Offensivrebounds. Der Tip-in hat sich, obwohl er von allen Spielern beherrscht werden soll, zu einer speziellen Wurfart des Centers entwickelt. Ziel ist es, den Ball im höchsten Punkt des Sprunges, auf 20 bis 30 cm über dem Ring, anzunehmen und in den Korb zu tippen. Auch unterhalb der Korbhöhe ist ein Nachtippen möglich, meist jedoch nicht so erfolgreich, da dieser Versuch selbst von einem ungünstig stehenden Verteidiger abgewehrt werden kann.

Neben Körpergröße und Sprungkraft gehört ein gutes Timing zu den Voraussetzungen für den erfolgreichen Tip-in. Dies bedeutet, daß Tip-in-Drills in wettkampfgerechter Geschwindigkeit durchgeführt werden müssen.

## 9.1 Punkt an der Wand Tip-Drill *(Abb. 142)*

**Zielsetzung:**

Die Spieler sollen Sprungkraft und kontrolliertes Tippen verbessern.

*Abb. 142*

**Durchführung:**

1. An der Wand werden verschiedene Punkte in Korbhöhe markiert.
2. Die Spieler stellen sich vor den Punkten auf.
3. Der erste wirft den Ball gegen die Wand und tippt dann so lange, bis er den Punkt fünfmal hintereinander getroffen hat.
4. Danach kommt der nächste Spieler an die Reihe usw.

**Methodische Hinweise:**

Der Drill eignet sich gut für die Anfängerschulung, um das Springen und Tippen im richtigen Zeitpunkt zu üben. Der Ball muß einen Moment an den Fingern liegen, er darf nicht (wie im Volleyball) geschlagen werden.

**Übungsvariationen:**

Es kann einzeln, paarweise oder in der Gruppe geübt werden. Die Anzahl der Tippversuche wird erhöht.
Es wird mit der rechten, linken Hand oder beiden Händen getippt.

## 9.2 Timing für den Tip-Drill *(Abb. 143)*



**Zielsetzung:**

Die Spieler sollen das Springen und Tippen zum richtigen Zeitpunkt erlernen.

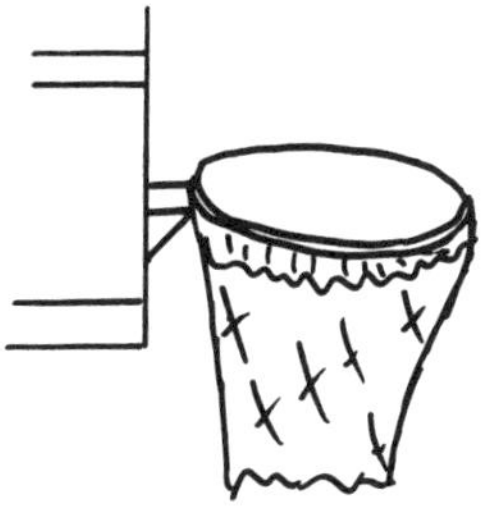

*Abb. 143*

**Durchführung:**

1. Der Korb wird mit etwas bedeckt, so daß der Ball nicht durchgehen kann (z. B. Brett, Rebounddeckel).
2. 3 Spieler stehen an einem Korb. Einer wirft und danach tippen alle 3 jedesmal, wenn der Ball auf ihrer Seite vom Ring weg- oder hochspringt.
3. Die Spieler wechseln den Standort und es beginnt von neuem.

**Methodische Hinweise:**

Schneller als beim Tippen gegen das Brett müssen die Spieler in viel kürzeren Intervallen hochspringen und tippen. Auch am Boden sind die Arme und Hände schon in Bereitschaft zu halten.

**Übungsvariationen:**

Es ist eine eiserne oder hölzerne Abdeckung des Korbes möglich. Erfahrene Spieler können nach jedem Tip den Platz wechseln. Es muß eine bestimmte Anzahl von Tipversuchen gemacht werden.

## 9.3 Brett-Tip-Drill *(Abb. 144)*



**Zielsetzung:**

Die Spieler sollen lernen, im richtigen Augenblick zum Ball zu springen und diesen (im höchsten Punkt) gefühlvoll gegen das Brett tippen.

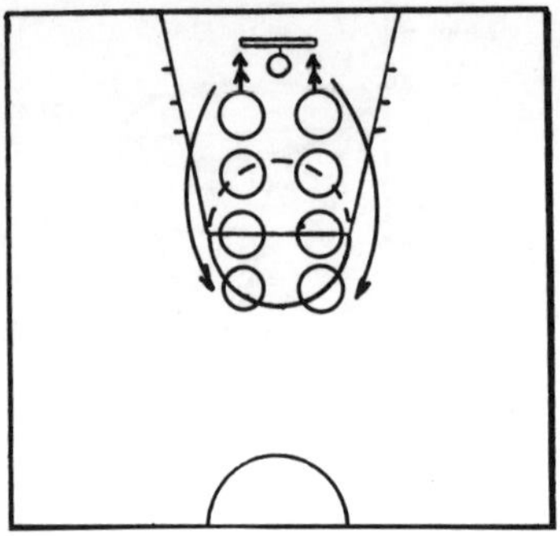

*Abb. 144*

**Durchführung:**

1. Zwei Gruppen stehen rechts und links vor dem Brett.
2. Der erste Spieler jeder Gruppe hat einen Ball. Er wirft bzw. tippt diesen hoch gegen das Brett und läuft sofort an das Ende der Gruppe.
3. Der nächste Spieler springt dem Ball hoch entgegen und tippt ihn in der Luft gegen das Brett, schließt sich hinten an usw.
4. Der Ball wird wechselweise mit der rechten oder linken Hand oder beiden Händen getippt.

**Methodische Hinweise:**

Der Ball sollte so getippt werden, daß er möglichst kurz und hoch zurückprallt. Dazu ist nötig, daß die Spieler den Ball hoch in der Luft und mit weit gespreizten Fingern annehmen und nach momentanem Verweilen gegen das Brett drücken (nicht schlagen).

**Übungsvariationen:**

1. Es muß beispielsweise 25 Mal in Folge getippt werden, ohne daß der Ball zu Boden fällt oder im Stand angenommen wird.
2. Beide Gruppen spielen im Wettbewerb gegeneinander.
3. Um die Belastung zu erhöhen, müssen die Spieler nach dem Tip eine Fahnenstange umlaufen, die an der Birne oder an der Mittellinie steht.

## 9.4 Tip-in-Drill *(Abb. 145)*



**Zielsetzung:**

Die Spieler sollen lernen, dem abprallenden Ball im richtigen Augenblick (Timing) entgegenzuspringen und in den Korb zu tippen.

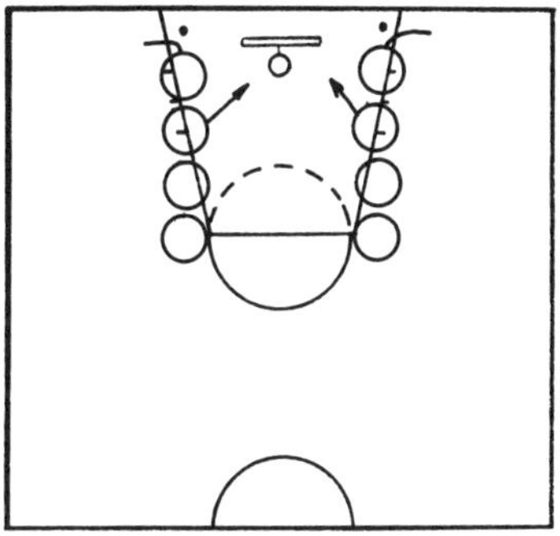

*Abb. 145*

**Durchführung:**

1. Zwei Gruppen stehen rechts und links vom Korb. Der erste jeder Gruppe hat einen Ball.
2. Der erste der linken Gruppe wirft den Ball gegen das Brett und geht schnell zur Seite. Der zweite tippt den Ball mit der linken Hand in den Korb.
3. Der erste rechts wirft den Ball gegen das Brett und der zweite tippt den Ball mit der rechten Hand in den Korb.
4. Nachdem alle Spieler einmal an der Reihe waren, wechseln Tipper und Werfer die Plätze.

**Methodische Hinweise:**

Die Spieler müssen den Ball im höchsten Punkt ihres Sprungs annehmen und in den Korb tippen. Der Ball wird nicht (wie beim Volleyball) geschlagen, sondern nach momentanem Verweilen mit der Hand in den Korb gelenkt; meist ist es sicherer, den Ball mit Hilfe des Brettes in den Korb zu spielen.

**Übungsvariationen:**

Der Anfänger kann zunächst mit seiner „guten“ Hand tippen, später sollte nur die Außenhand benutzt werden, auch beidhändiges Tippen ist möglich.
Nach einiger Zeit werden die Seiten gewechselt.

## 9.5 Achter-Tip-Drill *(Abb. 146)*



**Zielsetzung:**

Mit dem Drill soll der große Spieler Gewandtheit, Timing, Reaktions- und Antizipationsfähigkeit und Sprungkraft schulen und lernen, die Hände oben und die Handgelenke und Finger flexibel zu halten.

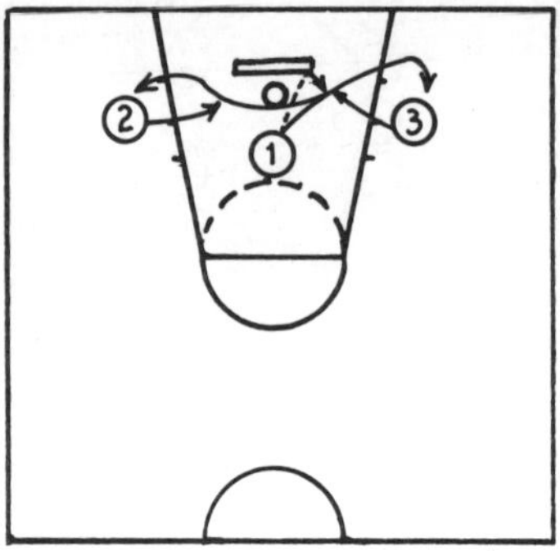


*Abb. 146*

**Durchführung:**

1. Spieler 1 wirft den Ball hoch an das Brett, so daß der Ball ins Feld zurückspringt. Er läuft vor Spieler 3 vorbei.
2. Spieler 3 läuft so rechtzeitig in Richtung auf das Brett, daß er den Ball hoch und in Richtung auf 2 tippt. 3 läuft vor 2 vorbei.
3. 2 tippt den Ball zu 1.
4. Der Achter-Lauf mit Tippen wird solange fortgesezt, bis der Lehrer/Trainer die Erlaubnis gibt, den Ball in den Korb zu tippen.

**Methodische Hinweise:**

Der Drill hat seine weitere Bedeutung im Bereich von Rebound- und Konditionstraining.

Er sollte wegen Verletzungsgefahr bei nicht aufgewärmten Spielern nicht am Anfang eines Trainings stehen. Bälle sollten im höchsten Punkt beim Tippen erreicht werden.

**Übungsvariationen:**

Achter-Lauf in entgegengesetzter Richtung.

Es muß eine bestimmte Anzahl, z. B. 25mal in Folge, und der letzte Versuch in den Korb getippt werden.

## 9.6 Freiwurf-Tip-in-Drill *(Abb. 147)*

**Zielsetzung:**

Es soll das Tippen nach dem Freiwurf trainiert werden.

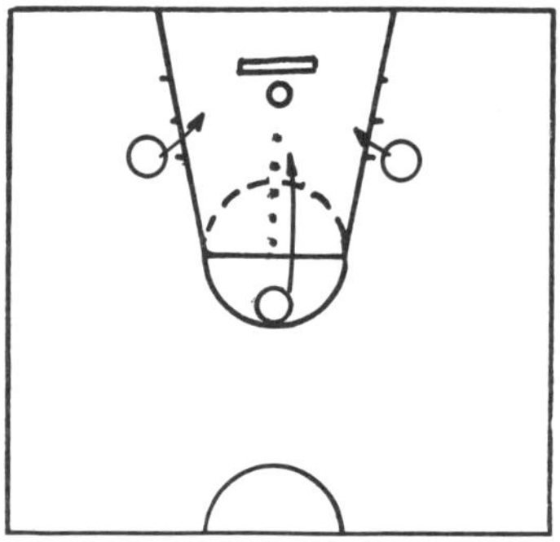

*Abb. 147*

**Durchführung:**

1. Auf jeder Seite des Freiwurfraumes steht ein Spieler.
2. Ein Spieler steht als Werfer auf der Freiwurflinie.
3. Nachdem der Werfer einen Freiwurf gemacht hat, versuchen alle 3 Spieler, den Ball in den Korb zu tippen. Trifft der Freiwurf, wirft derselbe Spieler solange, bis er verfehlt. Der Spieler, der den nicht getroffenen Ball in den Korb tippt, wird der neue Freiwerfer.
4. Die Spieler wechseln die Positionen im Uhrzeigersinn, es sei denn, ein Spieler tippt den Ball erfolgreich in den Korb.

**Methodische Hinweise:**

Die Spieler dürfen erst nachsetzen, wenn der Ball den Ring berührt hat. Der Ball muß in der Luft gereboundet und getippt werden.

**Übungsvariationen:**

Es kann mit der rechten, linken Hand oder beiden Händen getippt werden.
Zur Erhöhung des Wettbewerbs wird eine bestimmte Punktzahl als Ziel gesetzt.

## 9.7 2 gegen 1 Tip-Drill *(Abb. 148)*

**Zielsetzung:**

Die Spieler sollen das Tippen in Spielsituationen schulen.

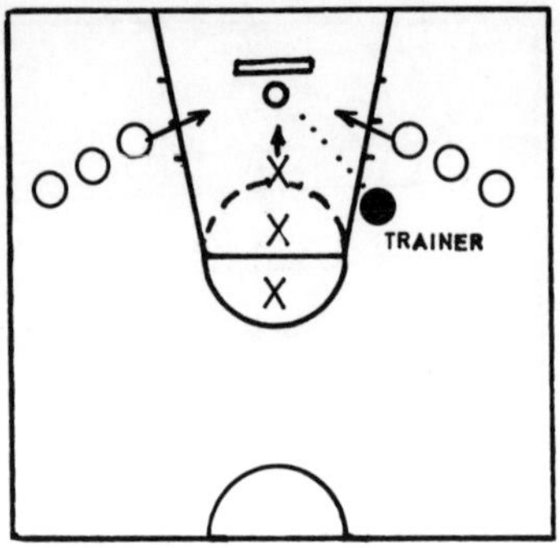


*Abb. 148*

**Durchführung:**

1. Die Spieler stellen sich in 3 Reihen auf. Eine Reihe rechts, links und in der Mitte vom Korb.
2. In der Mittelreihe stehen die Verteidiger.
3. Der Lehrer/Trainer wirft und die ersten der äußeren Reihen versuchen, den Ball in den Korb zu tippen. Der erste der Mittelreihe versucht, das zu verhindern.
4. Die Spieler wechseln die Reihen.

**Methodische Hinweise:**

Die Angreifer müssen den Ball in der Luft annehmen und, wenn möglich, im höchsten Punkt des Sprunges in den Korb tippen.

**Übungsvariationen:**

Die Angreifer dürfen den Ball mit einer und/oder beiden Händen tippen. Es kann völlig spielgerecht gespielt werden, d. h. der Ball darf auch gefangen werden, maximal 3 Sek. Spieldauer.

# 10. Individuelle Verteidigung

Der Zweck der individuellen Verteidigung ist es, durch einen Verteidiger einen oder mehrere Angreifer zu decken und die Grundlage für eine mannschaftliche Verteidigung zu schaffen. Auch wenn Angriff und Verteidigung beim Basketballspiel ineinander übergehen, so müssen sie doch zu Trainingszwecken voneinander getrennt werden. Der Erfolg jeder Verteidigung, gleichgültig ob Press-, Mann—Mann- oder Zonenverteidigung, ist zunächst von der Verteidigungsleistung der einzelnen Spieler abhängig. Nicht nur körperliche Anlagen, sondern eine feste, entschlossene Einstellung zeichnen den guten Verteidiger aus. In der Grundstellung nimmt der Verteidiger eine Schrittstellung ein, wobei die Füße etwa schulterbreit auseinander stehen. In der rechten Verteidigungshälfte ist der linke, in der linken Verteidigungshälfte der rechte Fuß vorgestellt. Die vordere Hand ist leicht über Kopfhöhe erhoben, die hintere Hand schräg zur Seite gehalten. Der Kopf ist erhoben, so daß die Augen den Gegner und den Ball verfolgen können. Die Bewegung in der Grundstellung gleicht der eines Boxers. Die Verteidigung ist in ständiger Bewegung. Sie erfolgt in schnellen, kurzen Gleitschritten. Der Verteidiger darf niemals seine Beine kreuzen oder mit sprunghaften (hohen) Bewegungen an den Angreifer heransetzen. Bei einer Wurffinte darf der Verteidiger niemals hochspringen.

Viele Verteidigungsdrills dienen in gewissem Umfang auch der Schulung der Angreifer, so daß der Lehrer/Trainer auf diese bei den Verteidigungsdrills entsprechend zu achten hat, um die Übungszeit optimal zu nutzen.

## 10.1 Verteidigungskreis-Drill *(Abb. 149)*

**Zielsetzung:**

Bei diesem Drill soll der schnelle Wechsel vom Angriff zur Verteidigung trainiert werden.

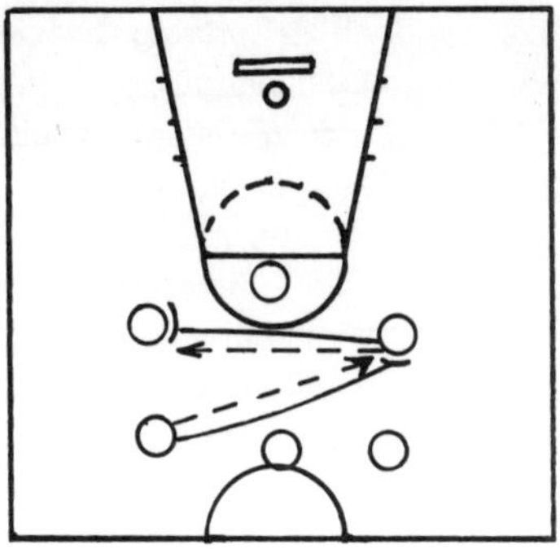

*Abb. 149*

**Durchführung:**

1. 6 Spieler bilden einen Kreis.
2. Ein Spieler passt zu einem anderen. Der Empfänger passt am Verteidiger vorbei, folgt dem Ball und spielt seinerseits Verteidiger usw.
3. Es kann in verschiedenen Kreisen gleichzeitig trainiert werden.

**Methodische Hinweise:**

Es sollte scharf und genau gepasst werden und erst nach Ballerhalt im festen Stand losgelaufen werden. Der Verteidiger setzt in schnellen Gleitschritten mit wedelnden Armen und Händen heran.

**Übungsvariationen:**

Der Ballbesitzer muß den Ball 1—2 oder 3—5 Sek. halten und sichern, ehe er passt und losläuft.

## 10.2 Drill zum peripheren Sehen *(Abb. 150)*



**Zielsetzung:**

Das Blickfeld der Spieler muß möglichst groß sein. Um das Sehen aus den Augenwinkeln zu schulen, sollen die Spieler dessen Bedeutung erkennen und peripher Gesehenes beschreiben.

*Abb. 150*

**Durchführung:**

1. Verteidiger 2 dreht seinen Kopf zur anderen Seite, um das Spiel zu verfolgen. Diesen Fehler des Verteidigers nutzt B und schneidet im Rücken des Verteidigers 2 zum Korb. Das soll zeigen, wie gefährlich es ist, nur den Ball oder nur den Verteidiger zu beobachten.
2. Auf der anderen Seite verteidigt 3 richtig; er sinkt zurück, ohne sich umzudrehen. Beim Schneiden muß X 1 Verteidiger X 2 beim Decken von B helfen, bis 2 wieder die richtige Verteidigungsposition erreicht (B kann beliebig zum Korb schneiden, falls 2 zu weit absinkt, bevor er sich zur anderen Seite dreht).
3. Die Verteidiger versuchen, einen Korb der Angreifer zu verhindern, Anspiel vom Trainer.
4. Nachdem alle Spieler diese falsche Verteidigungsart einmal durchgespielt haben, verteidigt 2 richtig, ohne sich umzudrehen, gleichzeitig ruft er alle Bewegungen von C und 3. Um der Aktion von C und 3 zu folgen, muß 2 möglicherweise etwas weiter zurücksinken, ohne den Kopf zu drehen.

**Methodische Hinweise:**

Falls der Winkel zu groß ist (erfahrene Spieler können zwar bis 220° Bewegungen wahrnehmen), muß der Verteidiger zurücksinken. Für die Wahrnehmung ist es hilfreich, wenn die Hände links und rechts an den Rand des Blickfeldes zeigen.

**Übungsvariationen:**

Es werden auch Aufstellungen für das periphere Sehen beim Seiteneinwurf durchgespielt.

## 10.3 Drill zum Ball — Ablenkungsmanöver mit den Händen *(Abb. 151)*

**Zielsetzung:**

Die Spieler sollen lernen, in der Verteidigung mit hoch erhobenen Armen und Händen den Ball des Gegners aus der optimalen Flugbahn zu zwingen.

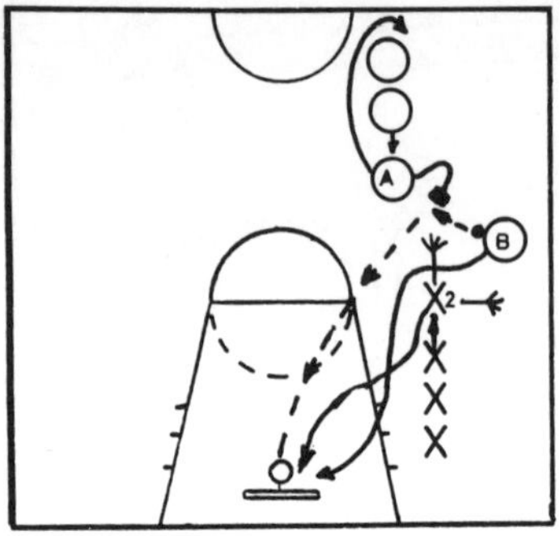


*Abb. 151*

**Durchführung:**

1. Verteidiger 2 hält seinen rechten Arm nach außen zur Seitenlinie und den linken Arm hoch mit der Hand vor das Gesicht von B.
2. B passt zu A, täuscht nach außen und schneidet dann innen zum Korb.
3. 2 wartet eine Sekunde (zählt 1—2) und läuft dann mit erhobenen Armen hinter B her.
   Er versucht, entweder den Pass abzufangen oder einen ungenauen Pass zu erzwingen.
4. Es werden die Positionen und Rollen getauscht.

**Methodische Hinweise:**

Verteidiger 2 sollte mit wedelnden Armen und Händen wenigstens einen ungenauen, langsamen Pass erzwingen. Er muß vermeiden, auf Angreifer B aufzulaufen.

**Übungsvariationen:**

Der Drill wird ebenso von der anderen Seite durchgeführt.
Später kann ein Verteidiger zu A dazugenommen werden.

## 10.4 Komplexer Stopp den schneidenden Mann-Drill *(Abb. 152—155)*

**Allgemeine Zielsetzung:**

Ziel der Verteidigung ist es,

a) die Angreifer aus ihrem Angriffsgrundmuster zu bringen und

b) die zum Korb schneidenden Spieler am Ballerhalt zu hindern, indem die Verteidiger sich zwischen Ball und Mann bewegen.

Die Verteidiger haben die Wahl zwischen zwei Möglichkeiten: Sie können während des Schneidens-zum-Korb an der Ballseite verteidigen, oder sie können sich direkt vor den Angreifer bewegen/stellen. In beiden Fällen wird es dem Angreifer unmöglich, einen die Verteidigung durchdringenden Pass und den Ball in naher Wurfdistanz zu erhalten.

**Methodische Hinweise:**

Die Verteidiger müssen lernen, die Bewegungen der Angreifer zu antizipieren. Die Verteidiger des Nichtballbesitzers müssen genauso konzentriert verteidigen wie die des Ballbesitzers.

Aus einer Alarmbereitschaftsstellung müssen der Ball und der Gegenspieler beobachtet, es darf nie der Rücken zu ihnen gedreht werden. Blickverbindung und Alarmbereitschaft müssen gewährleistet sein. Wenn der Angreifer gepasst hat und losstartet, muß dessen Hüfte beobachtet werden. Der Verteidiger hat dann folgende Möglichkeit:

1. Sich direkt vor dem Angreifer zu bewegen, wenn dieser zum Korb schneidet.
2. Dessen Bewegungen vom (unbekannten) Ziel abzulenken.
3. Die Bewegung zu stoppen.

Gefahr für die Verteidigung droht von Back-door (Hintertür-)Bewegungen der Angreifer.

## Gegen Schneiden von der schwachen Seite der Endlinienposition

**Zielsetzung:**

Der Verteidiger soll lernen, einen von der Endlinie zu Ball und Korb schneidenden Mann vom Korb wegzuhalten und das Anspiel verhindern.

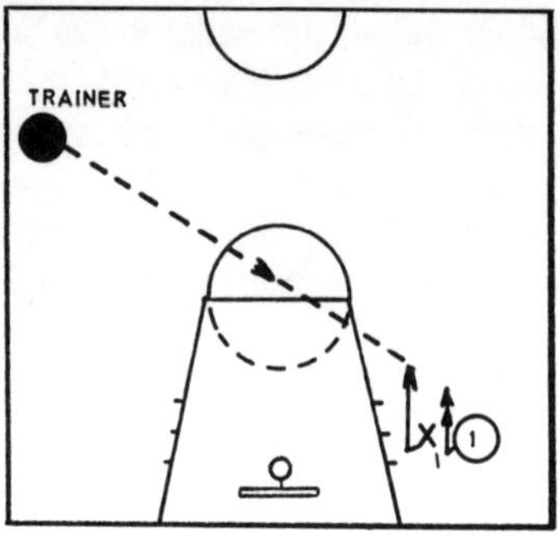


*Abb. 152*

**Durchführung:**

1. *Abb. 152* zeigt einen 1—2-Drill.
2. Spieler X 1 nimmt eine Verteidigungsstellung ein, er ist in Alarmbereitschaft, seine Hände bereit, einen Pass vom Lehrer/Trainer zu O 1 abzulenken oder zu stehlen.
3. Wenn der Lehrer/Trainer mit der Hand auf den Ball schlägt, beginnt O 1 die Bewegung, um den Ball zu bekommen. Er startet jedoch erst nach zwei Sekunden, damit Verteidiger X 1 eine bessere Chance hat.
4. O 1 schneidet in V-Form zur Endlinie und dann zum Ball.
5. X 1 muß unter allen Umständen das Schneiden zum Korb und das Anspiel verhindern. X 1 verteidigt seitlich an O 1.
6. Wenn O 1 hoch zur Freiwurflinie schneidet, kann er einen Pass bekommen.

**Methodische Hinweise:**

Durch diesen Drill lernen die Angreifer, gute spielgerechte Finten und Richtungswechsel in V-Form zu machen, um sich vom Mann zu lösen und für einen Pass freizumachen.

**Übungsvariationen:**

Der Drill wird gegengleich auf der anderen Spielfeldseite durchgeführt.

## Hilfe — beim schneidenden Mann *(Abb. 153)*

**Zielsetzung:**

Ein Verteidiger auf der „schwachen" Seite (Spielfeldseite ohne Ball) der Verteidigung soll Hilfe geben bei einem zum Korb schneidenden Angreifer.

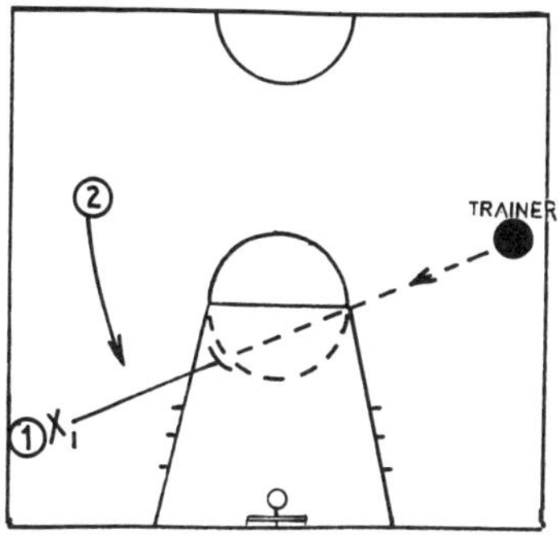


*Abb. 153*

**Durchführung:**

1. Der Lehrer/Trainer hat den Ball.
2. Verteidiger X 1 steht auf der Linie zwischen Ball und O 1.
3. O 2 schneidet zum Korb und kann nach einigen Schritten das Anspiel vom Lehrer/Trainer erwarten.
4. X 1 bewegt sich schnell von O 1 zu O 2 und versucht den Ball zu stehlen oder stoppt den hereinschneidenden O 2.

**Methodische Hinweise:**

X 1 muß zunächst bei O 1 bleiben, erst wenn O 2 hereinstartet, beginnt er seine Hilfsaktion. Der Trainer sollte den Pass nicht zu früh geben, so daß X 1 eine Chance hat. X 1 kehrt zu O 1 zurück.

**Übungsvariationen:**

Der Drill wird gegengleich auf der anderen Spielfeldseite durchgeführt.

## Gegen Give-and-go

Aufbauposition *(Abb. 154)*
Flügelposition *(Abb. 155)*

**Zielsetzung:**

Viele Schneidebewegungen werden direkt nach einem Pass gestartet. Der Verteidiger muß daher lernen, einen eben noch eng gedeckten Mann (Ballbesitzer) — nach dem Pass zum Mitspieler — beim Schneiden von Korb und Ball wegzuhalten.

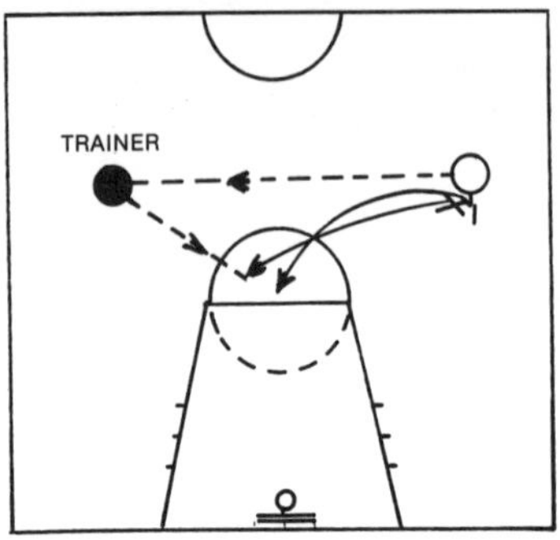


*Abb. 154*

*Abb. 155*

**Durchführung:**

1. Angreifer O 1 hat den Ball und passt diesen zum Lehrer/Trainer. Danach macht er eine Richtungsfinte in V-Form und schneidet zur Ballseite.
2. Der Verteidiger X 1 geht die Bewegung zunächst in der Innenposition (zwischen Mann und Korb) mit.
3. X 1 macht einen Sternschritt (von 90° oder 180°) und bewegt seinen linken Fuß *(Abb. 154)* genau vor O 1, um dessen Schneide-Bewegung abzulenken und in den Passweg zum Ballbesitzer zu kommen.

**Methodische Hinweise:**

Beim Versuch, den Schneidenden zu stoppen, muß der Verteidiger die Foulregel beachten. Er sollte einen Abstand von einem Schritt halten, so daß der sich bewegende Angreifer die Möglichkeit zum Abstoppen und Richtungsändern hat. Andererseits darf jeder Spieler, auch der Verteidiger, jeden Platz auf dem Feld einnehmen. Auf keinen Fall darf aber ein Verteidiger einen Arm, Fuß u. a. in die Bahn des Gegners strecken.

**Übungsvariationen:**

Der Drill sollte von beiden Seiten von der rechten und linken *(Abb. 154)* Aufbau — sowie der rechten *(Abb. 155)* und linken Flügelposition durchgeführt werden.

## 10.5 Post-Verteidigungs-Drill *(Abb. 156)*

**Zielsetzung:**

Der Center soll sich in der Verteidigung — im besonderen im Positionskampf — gegen den Postspieler schulen.

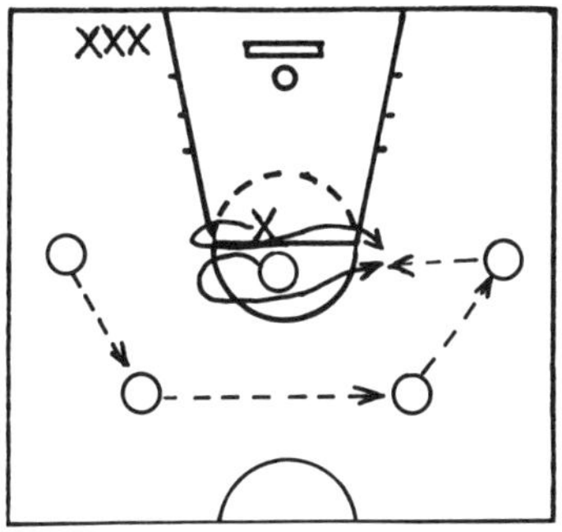


*Abb. 156*

**Durchführung:**

1. 2 Aufbau und 2 Flügel stellen sich auf ihre Positionen. Ein Post steht in der Freiwurflinie und sein Verteidiger dahinter. Die anderen Verteidiger stehen unter dem Korb.
2. Die Spieler passen sich den Ball zu, und der angreifende Post versucht, im Positionskampf mit seinem Verteidiger freizukommen.
3. Nach Ballerhalt muß der Post versuchen, einen Korb zu erzielen.
4. Der angreifende und verteidigende Post wechseln ihre Positionen.

**Methodische Hinweise:**

Der verteidigende Post muß versuchen, das Anspiel an seinen Gegenspieler zu verhindern, indem er sich seitlich zwischen Ball und Mann oder sogar vor diesem bewegt. Die Außenhand muß immer noch vorne in den Passweg gestreckt werden.

**Übungsvariationen:**

Der angreifende Post muß eine Runde laufen, wenn der Pass zu ihm vom Verteidiger abgefangen oder abgelenkt wird. Der verteidigende Center muß eine Runde laufen, wenn der Angreifer einen Korb erzielt.
Die anderen Verteidiger werden mit einbezogen.

## 10.6 Drill zur Verteidigung gegen einen durchschneidenden Spieler *(Abb. 157)*

**Zielsetzung:**

Der Verteidiger soll lernen, einen von der Birne schneidenden Spieler vom Korb und Center-Anspiel fernzuhalten.

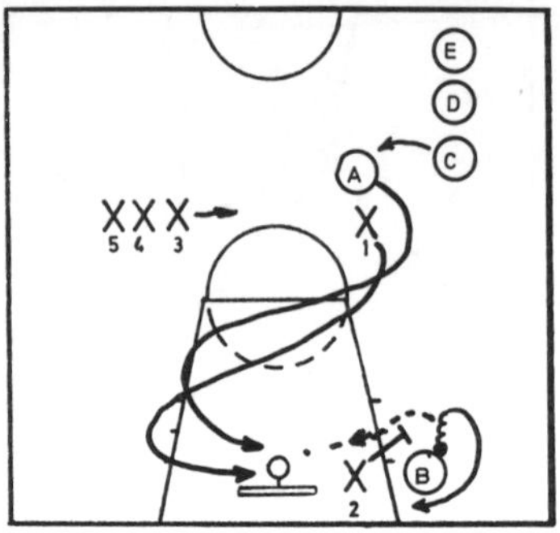


*Abb. 157*

**Durchführung:**

1. B hat den Ball und steht auf der tiefen Postposition. 2 spielt Verteidigung und versucht, den Pass zum durchschneidenden Spieler zu verhindern.
2. Spieler 1 muß mit guter Beinarbeit verteidigen, um nicht von A überlaufen zu werden und versuchen, A daran zu hindern, in nahe Wurfposition zu kommen.
3. Falls ein Wurf erfolgt, blocken beide Verteidiger ihre Gegenspieler aus und holen den Ball.
4. Die Spieler wechseln die Positionen.

**Methodische Hinweise:**

Der Angreifer (A) soll in S-Form zum Korb schneiden. Der Verteidiger muß versuchen, zwischen Ball und Mann zu bleiben und beide ohne großes Kopfdrehen im Auge behalten.

**Übungsvariationen:**

Der Drill wird gegengleich auf der anderen Spielfeldseite (Center rechts usw.) durchgeführt. Die Dauer des Drills, besonders des Freilaufens, wird festgelegt, z. B. 3 oder 5 Sek.

## 10.7 Drill zur Verteidigung gegen Mann ohne Ball Nudel's einer gegen alle (*Abb. 158* und *159*)

**Zielsetzung:**

Es ist ein Verteidigungsdrill mit mehreren Aspekten:

1. Verteidigung gegen einen Spieler ohne Ball.
2. Nach dem Pass eins gegen eins.
3. Ausblocken und rebounden.
4. Verteidigung gegen back door (Schneiden im Rücken).
5. Freilaufen des Angreifers.
6. Pass zum schneidenden Mann.

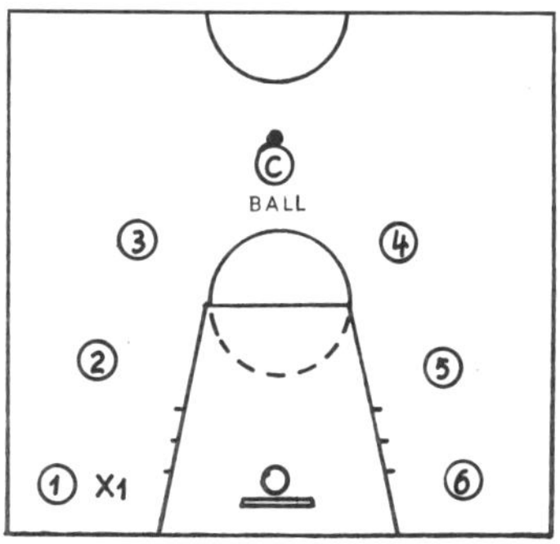


*Abb. 158*

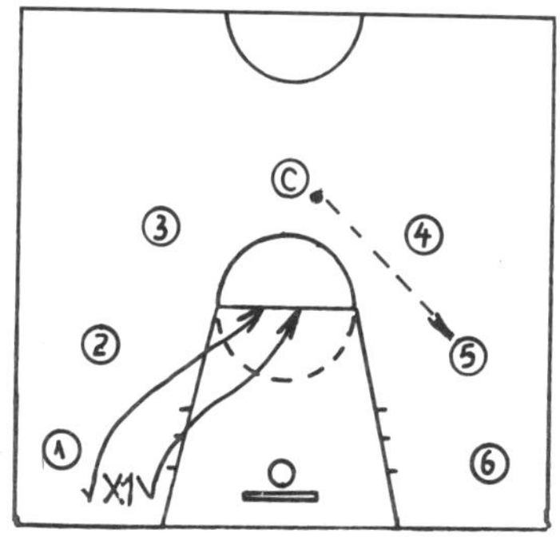


*Abb. 159*

**Durchführung:**

1. Die Angreifer bilden einen Halbkreis.
2. X 1 spielt nacheinander gegen alle Angreifer Verteidigung.
3. Er beginnt bei 1. Der Lehrer/Trainer hat in der Mitte den Ball. X 1 nimmt eine enge Verteidigungsposition zu O 1 ein. Der Lehrer/Trainer passt den Ball zu einem der Spieler auf der anderen Seite (hier zu Nr. 5). Nr. O 1 schneidet jetzt entweder zum Ball oder zur Grundlinie. Versucht X 1 den Pass zu O 1 zu verhindern, schneidet O 1 back door. Kann X 1 auch diesen Pass verhindern, wirft 5.
4. Nach dem Wurf blockt X 1 den Angreifer O 1 aus und holt den Rebound.
5. Bekommt O 1 den Ball zugepasst, spielt er gegen X 1 eins gegen eins. Der Drill ist zu Ende, wenn X 1 den Ball hat.

**Methodische Hinweise:**

Der Verteidiger darf in der Ausgangsposition nicht absinken, sondern muß eine enge Verteidigungsposition einnehmen. Er muß sich über seine Aufgaben (bzw. drohenden Gefahren) klar sein, nämlich normales Anspiel oder back door bzw. einen Korbwurf verhindern. Den mehrere Sekunden dauernden Kampf muß er voll konzentriert durchstehen.

Der Coach notiert die Verteidigungsleistung auf einer Tafel.

## 10.8 Stopp-den-Dribbler-Drill *(Abb. 160)*

**Zielsetzung:**

Die Spieler sollen lernen, den Dribbler rechtzeitig zu stoppen, bevor er in eine günstige Position kommt.

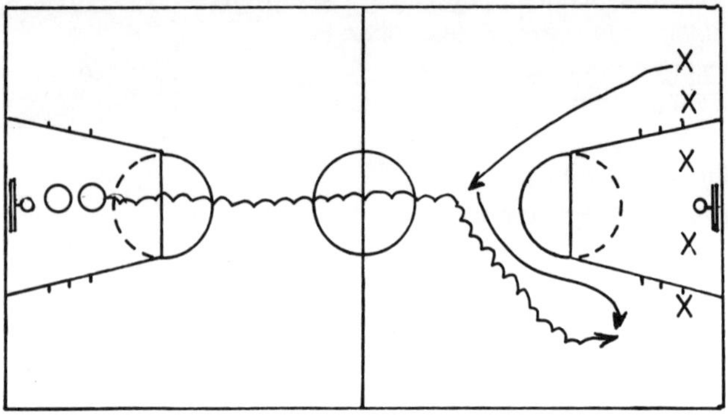

*Abb. 160*

**Durchführung:**

1. Die Spieler bilden 2 Reihen. Eine Reihe steht an der Freiwurflinie, die andere steht am anderen Ende des Spielfeldes.
2. Der erste Spieler der Reihe an der Freiwurflinie beginnt, zum gegenüberliegenden Korb zu dribbeln.
3. Der erste Spieler der anderen Reihe läuft ihm entgegen und nimmt, sobald der Dribbler die Mittellinie überschreitet, eine Verteidigungsstellung zu ihm ein. Der Verteidiger versucht, den Dribbler aufzuhalten, bevor er seine gewünschte Position erreicht hat. Der Lehrer/Trainer sagt jedem Dribbler, wohin er, wenn möglich, dribbeln soll.
4. Der Dribbler kann jederzeit am Verteidiger vorbei dribbeln, wenn der Verteidiger dieses fälschlicherweise zuläßt, um einen Korb zu erzielen.
5. Angreifer und Verteidiger wechseln nach jedem Durchgang die Reihen.

**Methodische Hinweise:**

Der Dribbler sollte zunächst vorrangig das vom Lehrer/Trainer genannte Ziel andribbeln und nur, wenn der Verteidiger den Weg zum Korb freigibt, dorthin durchbrechen.

Der Verteidiger sollte eine möglichst tiefe Verteidigungsstellung mit leicht zur Seite gestrecken Armen einnehmen.

**Übungsvariationen:**

Der Dribbler wird auch auf der anderen Seite von Zielpunkt und Korb abgedrängt. Zur Erhöhung des Wettbewerbs verteidigt ein Spieler einen ganzen Durchgang gegen alle Spieler der Gruppe; die erfolgreichen Versuche werden gezählt.

## 10.9 Abdrängen des Dribblers in die Mitte — Drill *(Abb. 161)*

**Zielsetzung:**

Der Verteidiger soll lernen, den Dribbler in die Mitte nach innen abzudrängen. Damit ist, wie viele Lehrer/Trainer meinen, die Wahrscheinlichkeit größer, daß der Dribbler nicht den ganzen Weg zum Korb gehen kann.

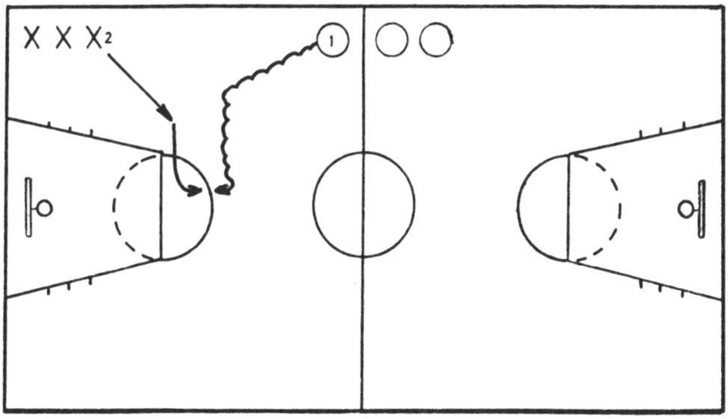


*Abb. 161*

**Methodische Hinweise:**

1. Es werden 2 Reihen gebildet; die einen die Dribbler, die anderen die Verteidiger.
2. Spieler 1 beginnt von der Seite in Höhe der Mittellinie aus zum Korb zu dribbeln.
3. Spieler 2 läuft ihm entgegen. Er bietet ihm die Innenseite an, ohne dem Dribbler dabei einen entscheidenden Vorteil (auf einer der beiden Seiten) einzuräumen.
4. Nach jedem Durchgang wechseln die Spieler die Reihen.

**Methodische Hinweise:**

Wie bei allen seitlichen Verteidigungspositionen (overplay), sollte der Verteidiger eine möglichst tiefe und breite Verteidigungsstellung mit seitlich nach unten gestreckten Armen und Händen einnehmen. Finten des Dribblers zur anderen Seite sollte er ignorieren und einen Durchbruch zwischen sich und der Seitenlinie unmöglich machen.

**Übungsvariationen:**

Der Drill sollte von verschiedenen Positionen aus durchgeführt werden. Er kann auch als Wettbewerb — jeder gegen die Gruppe — gespielt und die Punkte notiert werden.

## 10.10 Abdrängen des Dribblers-Drill und 1 gegen 2 Verteidigung *(Abb. 162)*

**Zielsetzung:**

Der erste Verteidiger soll lernen, den angreifenden Dribbler regelrecht von der Seitenlinie zur Mitte abzudrängen, der zweite gegen Überzahl zu spielen.

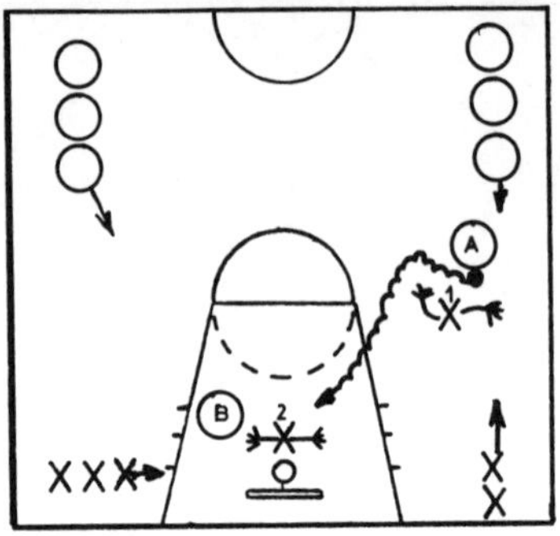


*Abb. 162*

**Durchführung:**

1. Der Verteidiger 1 hält den rechten Arm nach außen zur Seitenlinie und den linken Arm hoch mit der Hand fast im Gesicht von A.
2. A ist es gestattet, an 1 innen vorbeizudribbeln, um dann unter dem Korb mit B zusammen 2—1 zu spielen.
3. 2 spielt gegen A und B Verteidiger, er versucht, einen Korb zu verhindern und den Rebound zu bekommen.
4. Es ist darauf zu achten, daß 2 gegen beide Angreifer Verteidigung spielen muß, weil 1 den Dribbler nach innen und nicht nach außen gedrückt hat.

**Methodische Hinweise:**

Dribbler A muß versuchen, an beiden Seiten von 1 vorbeizudribbeln. Erst wenn 1 die Außenseite tatsächlich sperrt, geht A — nach Kampf — innen an 1 vorbei. Verteidiger 2 nimmt in diesem Drill eine andere Position ein als beim Abdrängen des Dribblers entlang der Seitenlinie.

**Übungsvariationen:**

Der Drill wird ebenso von der anderen Seite durchgeführt.

## 10.11 Drill zum Abdrängen des Dribblers nach außen *(Abb. 163)*

**Zielsetzung:**

Der Verteidiger muß lernen, den angreifenden Dribbler regelgerecht nach außen zur Seitenlinie abzudrängen.

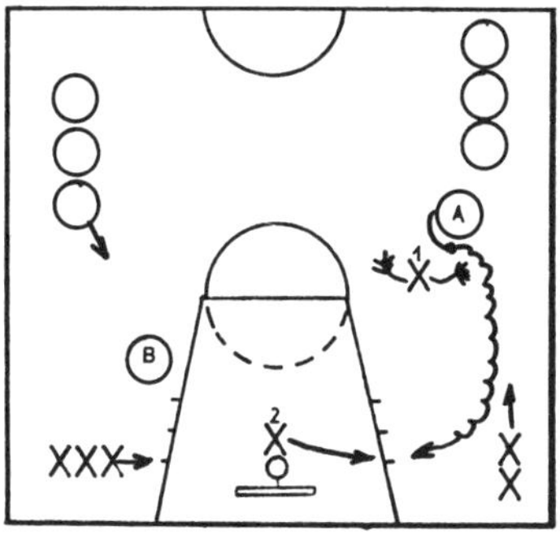


*Abb. 163*

**Durchführung:**

1. Der Verteidiger 1 streckt seinen Innenarm seitwärts und hebt den Außenarm (rechter Arm) nach oben.
2. Angreifer A darf nur außen an 1 vorbei dribbeln, und es kommt zu einer 2—1-Situation unter dem Korb.
3. Verteidiger 2 spielt gegen A und B (1—2). Im Gegensatz zum Durchbruch innen, muß 2 jetzt von seinem Gegenspieler B wegrücken und Dribbling und Wurf von A stoppen.

**Methodische Hinweise:**

Dribbler A muß wiederum versuchen, an beiden Seiten von 1 vorbeizukommen. Erst wenn es 1 tatsächlich gelingt, die Mitte zu sperren, geht A außen — nach Kampf — an 1 vorbei zum Korb.

**Übungsvariationen:**

Der Drill wird ebenso von der anderen Seite durchgeführt.

## 10.12 Block-den-Wurf-Drill *(Abb. 164)*

**Zielsetzung:**

Kommt ein Dribbler an seinem Verteidiger vorbei, sollte dieser ihn nicht foulen. Er sollte versuchen, den Dribbler einzuholen und Seite an Seite zu kommen und beim Korbleger den Wurf zu blocken. Dies wird mit dem Drill geschult.

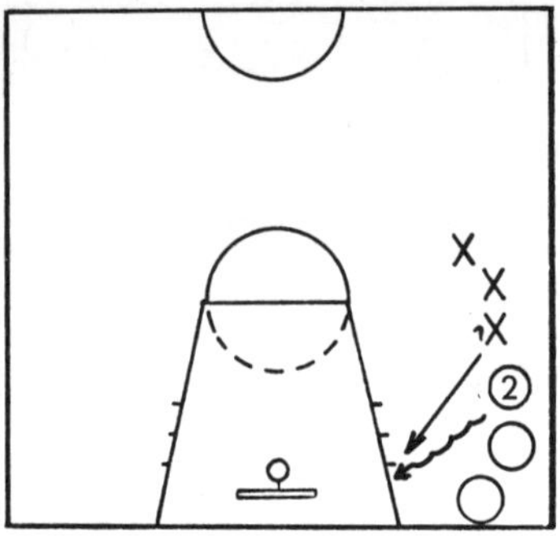


*Abb. 164*

**Durchführung:**

1. Es werden 2 Reihen gebildet und in Angreifer und Verteidiger eingeteilt.
2. Verteidiger 1 gibt 2 einen halben Schritt Vorsprung, wenn 2 zum Korb dribbelt.
3. 1 versucht, beim Korbleger mit 2 in den gleichen Rhythmus oder an dessen Seite zu kommen und den Wurf zu blocken.
4. Spieler 1 und 2 wechseln die Reihen.

**Methodische Hinweise:**

Der Verteidiger muß die Foulregel beachten. Er sollte versuchen, mit der vorderen Hand — hier meist die äußere (linke) Hand — den Ball zu spielen bzw. abzublocken.

**Übungsvariationen:**

Der Drill sollte von verschiedenen Positionen aus begonnen werden. Die dazugehörige Hand- und Fußarbeit ist zu beachten.

## 10.13 Stör-den-Wurf-Drill
(aus der Aushelfer-Position) *(Abb. 165)*

**Zielsetzung:**

Der Verteidiger soll lernen, einen Korbleger eines Spielers, der völlig frei zum Korb dribbelt, regelrecht zu stören oder zu blocken.

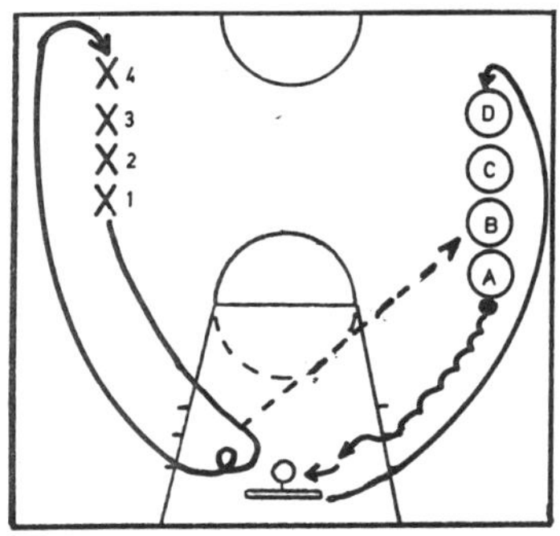


*Abb. 165*

**Durchführung:**

1. A dribbelt schnell und kraftvoll zum Korb und macht einen Korbleger.
2. Verteidiger 1 folgt ihm von der anderen Seite im Abstand von einem Schritt und benutzt (auf der in der *Abb. 165* gezeigten Seite vom Korb) seine linke Hand, um den Wurf zu stören oder zu blocken.
3. Durch diese Vorgehensweise schaut der Verteidiger zum Korb, wenn er den Wurf abgelenkt oder geblockt hat. Er kann die Innenposition einnehmen, den Angreifer so besser ausblocken und den Rebound holen.

**Methodische Hinweise:**

Der Verteidiger muß die Foulregel beachten. Er sollte den Ball erst spielen, wenn er die Hand des Werfers verlassen hat oder den Ball von unten in einer Aufwärtsbewegung ablenken. Bei seiner leicht horizontalen Sprungbewegung muß der Verteidiger darauf achten, nicht in den Werfer hineinzuspringen.

**Übungsvariationen:**

Der Drill wird ebenso von der anderen Seite durchgeführt.

## 10.14 Drill zur 1—1-Verteidigung gegen die ganze Reihe *(Abb. 166)*

**Zielsetzung:**

1. Der Verteidiger muß lernen, mit guter Körperkontrolle sich dem Angreifer in Wurfposition zu nähern.
2. Er soll die Verteidigung gegen das Durchziehen lernen.
3. Er soll die Verteidigung gegen den Sprungwurf lernen (von der Birne wie aus dem Durchziehen).
4. Es soll Herausblocken und Rebound geschult werden.

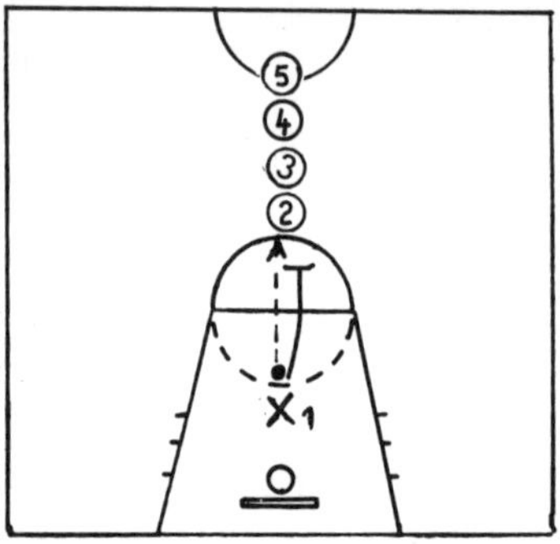


*Abb. 166*

**Durchführung:**

1. X 1 hat den Ball und steht mit einem Bein auf dem Kreis der Freiwurflinie.
2. Er passt zu O 2 (kein Bodenpass) und geht dann in Verteidigungsstellung zu ihm heran.
3. Seine erste Pflicht ist es, O 2 nicht vorbeiziehen zu lassen. Er soll aber auch den Wurf stören, ausblocken und rebounden.
4. Der Drill ist zu Ende, wenn O 2 trifft oder X 1 den Rebound bekommt. O 2 geht ans Ende der Reihe.
5. X 1 verteidigt genau so gegen O 3, 4, 5 usw., bis er gegen alle gespielt hat. Danach wird O 2 der neue Verteidiger.

**Methodische Hinweise:**

Es ist wichtig, daß bei der Eröffnung dieses 1—1-Spiels Verteidiger X 1 diesen Kreisabstand hat und den Ball direkt zu O 2 passt. O 2 darf nach Ballerhalt sofort werfen. Durch diesen Beginn wird eine Spielsituation geschaffen; der zurückgesunkene Verteidiger X 1 muß also zu O 2 heransetzen und den ruhigen Wurf bzw. das Durchziehen verhindern.

**Übungsvariationen:**

X 1 läuft für jeden Korb, der gegen ihn erzielt wurde, eine Runde und auch für jedes Foul, das er gemacht hat.

## 10.15 Verteidigungs-Druck-Drill (1—1 bis Mittellinie) *(Abb. 167)*

**Zielsetzung:**

Der Drill verbessert die Beinarbeit des Verteidigers und stellt ein gutes Konditionstraining dar. Die Spieler sollten versuchen, den Ball zu stehlen, so daß die Angreifer schnell reagieren müssen. Der Angreifer trainiert Dribbeln, wenn er gepresst wird.

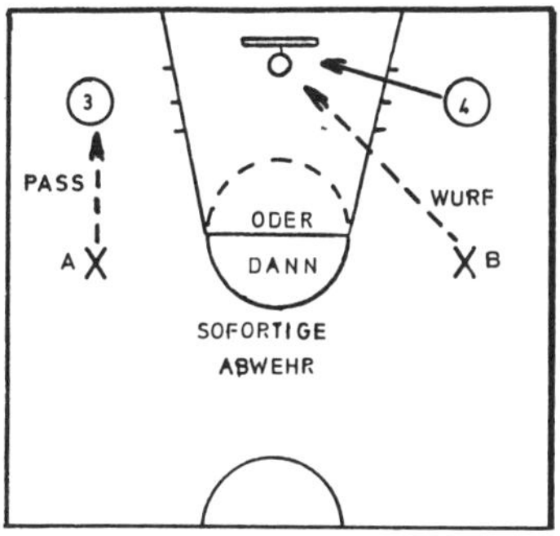


*Abb. 167*

**Durchführung A:**

1. Verteidiger A passt zu 3 und versucht, 3 dann am Vordribbeln zu hindern.
2. Kann der Angreifer den Ball bis zur Mittellinie bringen, bekommt er einen Punkt. Dann werden die Positionen gewechselt und der Drill beginnt an der Mittellinie von neuem.
3. Wer zuerst 10 Punkte hat, gewinnt.

**Durchführung B:**

1. Statt des Passes kann B auf den Korb werfen.
2. 4 holt den Rebound und bringt danach den Ball zur Mittellinie. Es wird genau so gezählt. Es sollte im K.o.-System gespielt werden, bis der Sieger ermittelt ist.

**Methodische Hinweise:**

Der Verteidiger muß hart und aggressiv verteidigen. Einerseits soll er dauernd den Ball attackieren und ihn zu stehlen versuchen, andererseits sollen die Wege des Dribblers antizipiert und mit aggressiver Fußarbeit verstellt werden.

**Übungsvariationen:**

Bei Anfängern und körperlich schwächeren Spieler sollte die zu erreichende Punktzahl reduziert und erst später nach Turnierform gespielt werden.
Es können auch 2—3 Paare gleichzeitig in jeder Spielfeldhälfte üben.

## 10.16 Pressen- und Passweg-Schneiden-Drill *(Abb. 168)*

**Zielsetzung:**

1. Training für die 1—1-Press-Situation und Verhindern des Steilpasses.
2. Der Angreifer lernt, sich der engen Verteidigung zu entziehen und sich für einen Steilpass freizulaufen.
3. Der Verteidiger lernt, wenn er beim Pressen überlaufen wird, so schnell wie möglich seinem Gegner zu folgen und mit äußerster Konzentration den Passweg zu schneiden.

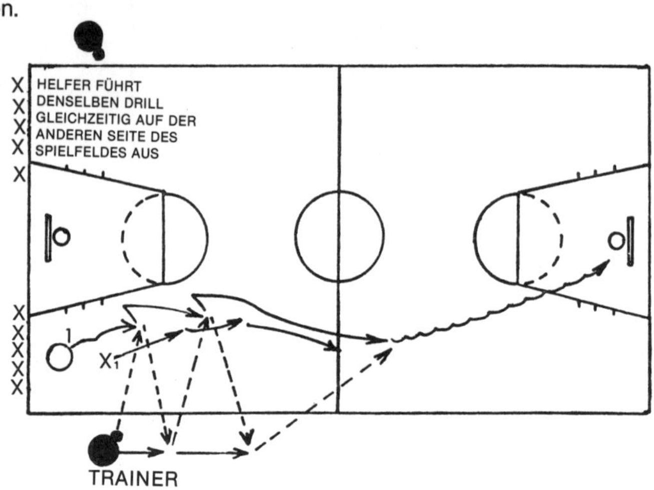


*Abb. 168*

**Durchführung:**

1. X 1 versucht, den Pass vom Lehrer/Trainer zu O 1 zu verhindern. X 1 sollte dabei, wenn das möglich ist, Mann und Ball gleichzeitig sehen.
2. Bekommt O 1 den Ball, passt er ihn zum Lehrer/Trainer zurück. Der Lehrer/Trainer bewegt sich langsam an der Seitenlinie entlang.
3. Nachdem O 1 wenigstens dreimal angepasst wurde, schneidet er plötzlich zum gegnerischen Korb, bekommt einen langen Pass vom Lehrer/Trainer und macht einen Korbleger. X 1 versucht, den Pass abzufangen oder den Korbleger zu blocken.
4. X 1 und O 1 wechseln die Positionen und machen dasselbe auf den anderen Korb.

**Methodische Hinweise:**

Dieser Drill sollte im ersten Trainingsmonat in jedem Training 10 Minuten gemacht werden. X 1 ist es nicht erlaubt, „weich" zu verteidigen. Er muß mit höchstem körperlichem Einsatz immer eng verteidigen und darf keinen einfachen Korb von O 1 zulassen. Jeder Zuspielversuch muß mit äußerster Hingabe bekämpft werden.
Ein Assistent (oder Spieler) führt denselben Drill gleichzeitig auf der anderen Seite des Feldes durch.

## 10.17 Stopp den Dribbler beim 1 gegen 2-Drill *(Abb. 169)*

**Zielsetzung:**

Bei einer 1 gegen 2-Situation muß der Verteidiger den Dribbler stoppen. Der Drill soll helfen, diese schwierige Situation zu meistern.

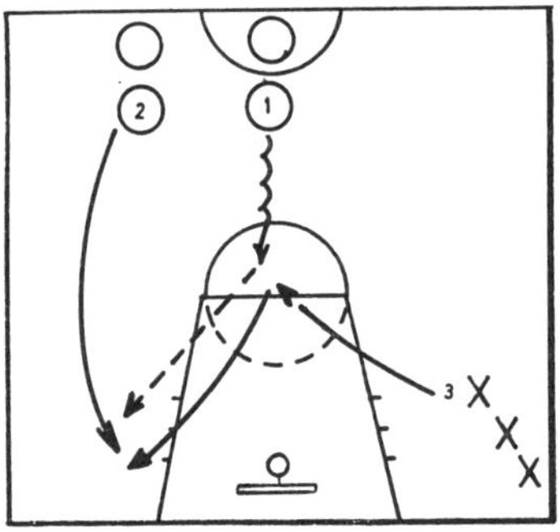


*Abb. 169*

**Durchführung:**

1. Drei Reihen stellen sich, wie in *Abb. 169* beschrieben, auf.
2. Angreifer 1 dribbelt in der Mitte in Richtung Freiwurflinie und dem Verteidiger 3 entgegen.
3. Wenn 1 etwa einen Schritt vor der Birne ist, läuft 3 zu ihm heraus und versucht ihn zum Stoppen zu bringen.
4. Danach muß 3 sofort wieder zurücksinken, um 2 zu decken. Die Spieler wechseln die Reihen.

**Methodische Hinweise:**

Angreifer 1 dribbelt auch im Spiel dem Verteidiger entgegen, um diesen an sich zu binden. Verteidiger 3 muß bei seinem Versuch, den Dribbler zu stoppen, diesem blitzartig und überraschend entgegengehen (oder springen) und den Ball stoßartig angreifen. Gleichzeitig muß er aber sein Gewicht hinten haben, um sofort zum Mitangreifer zurückweichen zu können.

**Übungsvariationen:**

Der Drill wird ebenso auf der linken Angriffsseite durchgeführt.

## 10.18 1 gegen 2 mit defensivem Hänger–Drill *(Abb. 170)*

**Zielsetzung:**

Der zweite zurückhängende Verteidiger (Hänger) soll lernen, seinem Mitspieler in einer 1—2-Schnellangriffsituation zu Hilfe zu eilen.

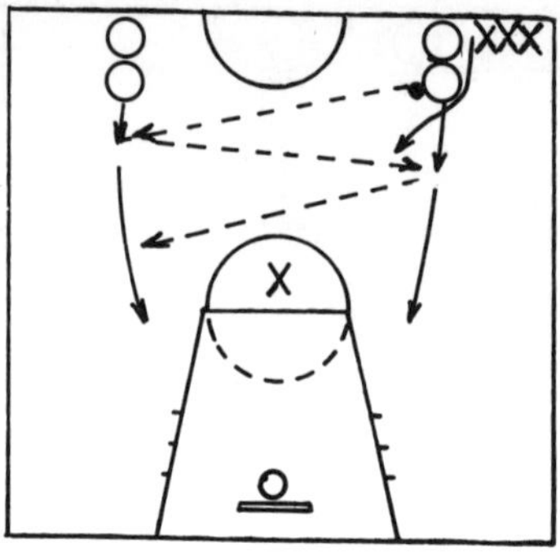

*Abb. 170*

**Durchführung:**

1. Zwei Angreifer passen sich den Ball zu, so daß der Verteidiger immer hin und her gleiten muß.
2. Auf das Kommando des Lehrers/Trainers „los" starten sie dann in Richtung Korb.
3. Der zweite Verteidiger (Hänger) zählt bis 2 und folgt dann hinterher.
4. Verteidiger und Angreifer wechseln die Positionen.

**Methodische Hinweise:**

Der zweite Verteidiger muß durch die Mitte zu Hilfe sprinten und die Situation zu Mitspieler und Ball einschätzen lernen. Wedelnde Arme und Hände sowie gegenseitiges Zurufen sind dabei hilfreich.

**Übungsvariationen:**

Der erste Verteidiger spielt einmal gegen die gesamte Gruppe, oder die Verteidigung wechselt nach jeder abgeschlossenen Aktion.

## 10.19 Drill-Serie für druckvolle individuelle Verteidigung
*(Abb. 171—176)*

### Verteidigungsbewegung ohne Ball *(Abb. 171)*

**Zielsetzung:**

Der Drill trainiert die Beine und den Körper. Der Spieler soll geschicktere Körperkontrolle, Beinarbeit, Verteidigungsposition und auch den Gebrauch der Arme in der Verteidigung lernen.

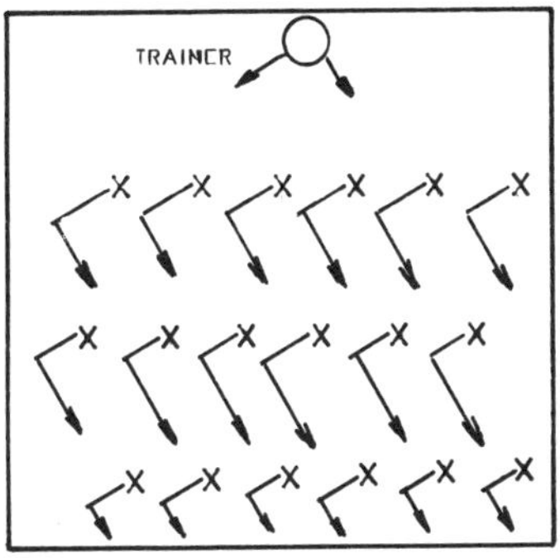


*Abb. 171*

**Durchführung:**

1. Die Spieler verteilen sich über das Spielfeld, mit dem Gesicht zum Lehrer/Trainer.
2. Der Lehrer/Trainer gibt durch Handzeichen an, in welche Richtung sich die Spieler bewegen — rechts zurück, links zurück, vorwärts und stopp.

**Methodische Hinweise:**

Der Lehrer/Trainer sollte darauf achten, daß die Spieler die Arme hoch haben, tiefe Körperhaltung einnehmen, die Beine schnell bewegen und dabei nicht kreuzen. Besonders beim plötzlichen Stopp ist auf Körperkontrolle zu achten. Der Drill sollte 30 Sek. lang dauern, dann haben die Spieler 10 Sek. Pause, in der sie Sprünge auf der Stelle machen, dann erneut 30 Sek. an Belastung usw. Von 6 × 30 Sek. an ist die Belastung zunehmend je nach Alter und Konditionsstand zu dosieren.

**Übungsvariationen:**

Der Lehrer/Trainer oder ein Spieler dribbeln vor der Gruppe und die anderen imitieren ihre Bewegungen spiegelgleich.
Vorschlag: Während der ersten Trainingswoche wird die Anfangsbelastung von 3 Minuten täglich um 2 Minuten erhöht. Um daraus einen Konditionsdrill zu machen, kann der Lehrer/Trainer bis zu 20 Minuten üben lassen.

## 1 gegen 1 übers Querfeld — Hände auf dem Rücken *(Abb. 172)*

**Zielsetzung:**

Der Verteidiger lernt durch seine Fußarbeit (ohne Gebrauch der Hände), Druck auf den Dribbler auszuüben. Der Dribbler übt das Dribbeln mit beiden Händen in Slalomform.

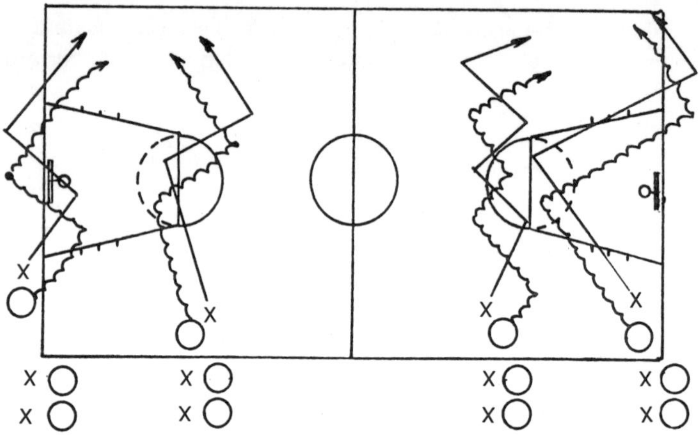

*Abb. 172*

**Durchführung** *(Abb. 172):*

1. Die Spielerpaare üben in vier Gruppen quer über das Spielfeld.
2. Jedes Paar hat einen Ball.
3. Der Angreifer versucht, zur anderen Seite des Spielfeldes zu dribbeln.
4. Der Verteidiger versucht, durch Fuß-, Bein- und Körpereinsatz (Hände auf den Rücken oder an der Hüfte) zu verhindern, daß der Angreifer einfach vorbeidribbelt und zwingt ihn, im Slalom zur Seite auszuweichen.
5. Sind alle Paare auf der anderen Spielfeldseite, wechseln Angreifer und Verteidiger ihre Rollen.

**Methodische Hinweise:**

Der Verteidiger muß den Dribbler in eine seitliche Richtung drängen. Er kann sich mehr seitlich auf die rechte Hand des Rechtsdribblers stellen und diesen so zwingen, mit der linken Hand nach links zu dribbeln und umgekehrt zur anderen Seite.
Der Verteidiger bewegt sich in flachen Gleitschritten und läuft nur dann, wenn der Dribbler im Begriff ist, an ihm vorbeizukommen.
Der Dribbler muß den Ball schützen, beide Hände gebrauchen, Kopf und Augen hoch halten, Richtungs-, Geschwindigkeitswechsel und evtl. Drehdribblings ausführen.
In späteren Übungsstunden nehmen die Verteidiger die Hände dazu, um den Ball zu attackieren, aber nicht wegzunehmen. Der Rechtsdribbler sollte dann mit der rechten, der Linksdribbler mit der linken Hand angegriffen werden.

## 1 gegen 1 übers Ganzfeld — Gebrauch der Hände *(Abb. 173)*

**Zielsetzung:**

Das Dribbeln über das ganze Spielfeld ist ein Konditionstraining. Die Verteidiger werden zu aggressiver Verteidigung über das ganze Spielfeld angehalten. Der Dribbler zieht zum Korb oder macht einen Sprungwurf. Der Verteidiger blockt aus und reboundet.

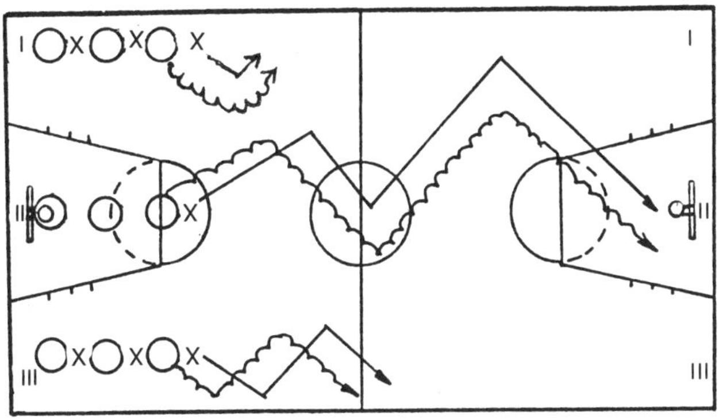


*Abb. 173*

**Durchführung:**

1. Die Spieler stellen sich paarweise in 3 Reihen hinter der Endlinie auf.
2. Jedes Paar hat einen Ball. Einer dribbelt, der andere versucht, den Ball abzunehmen.
3. Das mittlere Paar beginnt, wenn es die Mittellinie erreicht hat, beginnt das erste Paar der rechten Reihe. Ist das an der Mittellinie, kommt das erste linke Paar usw.
4. Die Paare dribbeln 1 gegen 1 über das ganze Feld. Sind alle Paare am anderen Ende angekommen, wechseln Angreifer und Verteidiger und dribbeln wieder zurück.
   Am Ende des Angriffs können die Spieler dann zum Korb ziehen oder einen Sprungwurf machen.

**Methodische Hinweise:**

Beim Versuch, dem Dribbler den Ball abzunehmen, muß der Verteidiger sehr tief heruntergehen. Er muß versuchen, mit der Hand unter den Ball (zwischen Boden und Ball) zu kommen. Nach der Attacke muß der Körperschwerpunkt sofort wieder nach hinten genommen werden.

Wenn der Verteidiger überdribbelt wird, muß er wie im Spiel sofort zurücklaufen und den Korb sichern — nicht hinter den Angreifer herlaufen. Wenn der Dribbler von rechts zum Korbleger am Ende des Angriffs hochsteigt, muß der Verteidiger seine rechte Hand hinüberlangen, um den Wurf zu verhindern. Das ermöglicht maximale Reichweite. Nach dem Wurf muß der Werfer mit richtiger Fußarbeit herausgeblockt und gereboundet werden.

## 1 gegen 1-Angriffsfinten-Abwehr-Drill *(Abb. 174)*

**Zielsetzung:**

Der Drill fördert Fuß- und Beinarbeit und verbessert die Verteidigung gegen verschiedene Finten. Der Angreifer fintiert, wirft oder zieht gegen eine aggressive Verteidigung.

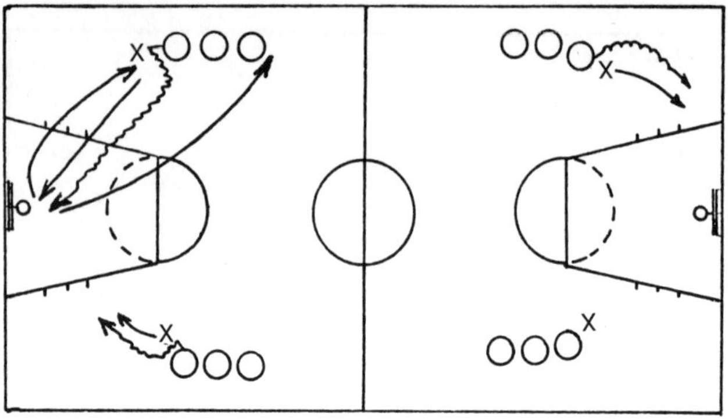

*Abb. 174*

**Durchführung:**

1. Die Spieler werden in Paare oder in 4 Gruppen jeweils rechts und links auf zwei Körbe verteilt. Der erste jeder Gruppe ist Verteidiger.
2. Jede Gruppe hat einen Ball.
3. Der Angreifer versucht unter verschiedenen Körpertäuschungen zum Korb zu ziehen und einen Korbleger oder Sprungwurf zu machen. Der Verteidiger spielt enge Verteidigung und holt nach dem Wurf den Rebound. Der Angreifer geht zurück zu seiner Gruppe.
4. Der Verteidiger spielt gegen alle Gruppenmitglieder Verteidigung. Danach wechselt er mit einem Angreifer in der Gruppe die Position.
5. Die Gruppen, die auf einen Korb spielen, üben abwechselnd, um nicht zu kollidieren.
6. Der Drill ist zu Ende, wenn alle Spieler der Gruppe Verteidiger waren.

**Methodische Hinweise:**

Der Verteidiger sollte sich mehr auf die eine Seite des Angreifers stellen (overplay) und diesen so entweder von den Ecken aus in die Mitte oder von der Mitte aus zu dessen schwacher Seite drängen. Der Verteidiger muß sich dabei aus einer guten Verteidigungsstellung (niedriger Körperschwerpunkt, gebeugte Knie usw.) heraus bewegen. Nach dem Wurf muß der Werfer aggressiv herausgeblockt werden.
Der Angreifer sollte eine Vielzahl von Finten praktizieren, diese aber nicht überstürzt anwenden. Auch Verzögerungsfinten sollten dazugehören.
Dieser Drill sollte in der Vorbereitungszeit 10—15 Minuten täglich, während der Saison einmal wöchentlich durchgeführt werden.

## 1 gegen 1-Dribbling-Sprungwurf-Abwehr (von der Mittellinie) *(Abb. 175)*

**Zielsetzung:**

Schulung der Verteidigung gegen den Dribbler und Sprungwerfer. Anschließendes Herausblocken und Rebounden.
Der Verteidiger lernt, den Angreifer zu dessen schwacher Dribbelseite hinzudrängen.
Der Angreifer lernt täuschen, dribbeln und werfen unter Druck.

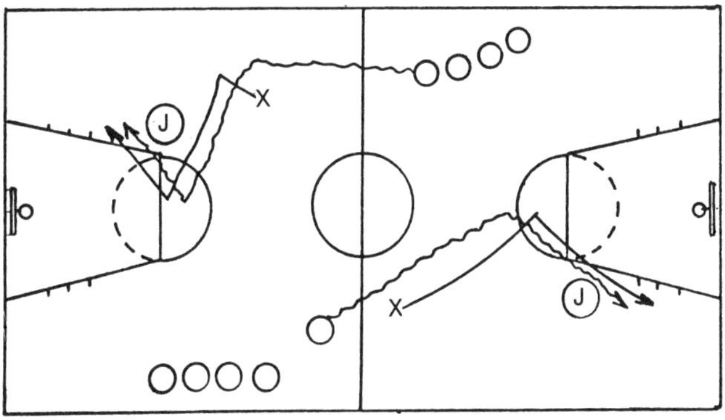


*Abb. 175*

**Durchführung:**

1. Zwei Gruppen stellen sich an der Mittellinie auf, je ein Verteidiger steht davor.
2. Der erste jeder Gruppe hat einen Ball und dribbelt in Richtung Freiwurflinie, um aus dem Bereich einen Sprungwurf zu machen.
3. Der Verteidiger versucht, den Dribbler auf dessen schwache Seite abzudrängen. Danach muß er den Sprungwerfer stören.
4. Der Verteidiger muß 2 Angreifer hintereinander erfolgreich stoppen oder gegen alle Teilnehmer der Gruppe gespielt haben, bevor er gewechselt wird.

**Methodische Hinweise:**

Der Verteidiger muß durch eine seitliche Verteidigungsstellung (overplay) den Dribbler zu seitlichen Bewegungen zwingen. Wenn der Dribbler zum Sprungwurf stoppt, muß der Verteidiger auf seinen Füßen bleiben, bis der Angreifer selbst den Boden verlassen hat. Erst dann steigt der Verteidiger senkrecht hoch und verursacht mit der rechten Hand beim Rechtsdribbler (linken bei links) den Werfer zu einer steileren als vorher beabsichtigten Wurfkurve zu zwingen.
Es ist streng auf die Regeln zu achten, damit der Verteidiger in dieser Situation kein Foul begeht.

**Übungsvariationen:**

Zunächst dürfen nur Sprungwürfe gemacht werden. Später kommen Korbleger dazu, um die Verteidigung zu erschweren.

## 1 gegen 1 Vorbeigleiten am Post-Drill *(Abb. 176)*

**Zielsetzung:**

Die Spieler sollen aggressiv verteidigen und einem Block ausweichen bzw. an ihm vorbeigleiten lernen. Die Verteidiger sollen lernen, sich durch Zuruf zu verständigen.

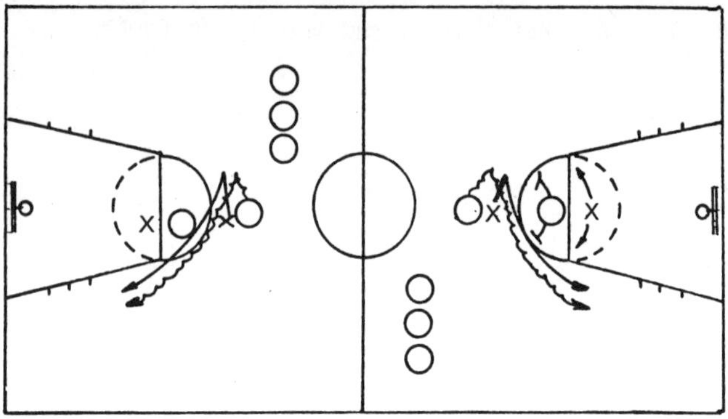

*Abb. 176*

**Durchführung:**

1. Es werden zwei Gruppen gebildet, die an der Mittellinie stehen, vor diesen steht je ein Verteidiger.
2. Ein Post-Spieler stellt sich an der Freiwurflinie auf, ein Verteidiger steht hinter ihm.
3. Der Post stellt dem Dribbler (gegen dessen Verteidiger) einen Block in Höhe der Freiwurflinie.
4. Der erste jeder Gruppe hat einen Ball, dribbelt von der Mittellinie eins gegen eins und versucht, seinen Verteidiger am Block abzustreifen.
   Falls es der Angreifer nicht dribbelnd schafft, seinen Verteidiger am Post abzustreifen, kann er auch zum Post passen und dann eng am Block vorbeischneiden, so daß der Verteidiger keine Chance hat, ihm zu folgen. Der ehemalige Dribbler bekommt den Ball dann zurück und macht einen Korbleger.
5. Zu Beginn darf der durchdribbelnde/-schneidende Spieler nicht übernommen werden. Der Verteidiger muß hart arbeiten, um am Block vorbeizukommen. Der Post darf nicht werfen.
6. Der verteidigende Post muß seinen Verteidiger zurufen „Post hier“, um ihn rechtzeitig vor dem Block zu warnen.
7. Dribbler und Verteidiger tauschen die Rollen oder der Verteidiger spielt einmal gegen alle Mitglieder der Gruppe.

**Methodische Hinweise:**

Der Dribbler soll so eng und intensiv gedeckt werden, daß er nach Möglichkeit nicht selbst zum Korbwurf kommt.

Falls es vom Richtungswinkel und der Geschwindigkeit des Dribblers nötig ist, kann der Verteidiger auch durchgleiten (zwischen Post und dessen Verteidiger). Die Foulregel muß besonders beim Stellen des passiven Blocks beachtet werden.

**Übungsvariationen:**

Dieser Drill soll in der Vorbereitungszeit mehrmals wöchentlich geübt werden. Später kann der Lehrer/Trainer das Übernehmen erlauben, so daß ein echtes 2 gegen 2 entsteht, bei dem auch der Post werfen und durchziehen darf.

# IV. Verzeichnis der wichtigsten Symbole

In den Abbildungen wurden u. a. benutzt:

| **Symbol** | **Bezeichnung** |
|---|---|
|  | Angreifer |
|  | Angreifer mit Ball |
|  | Verteidiger |
|  | Laufweg (Spieler ohne Ball) |
|  | Laufweg mit Hand hin-zum-Ball |
|  | Richtungstäuschung des Angreifers beim Starten |
|  | Dribbling |
|  | Block/Schirm |
|  | Block/Schirm mit Abrollen |
|  | Wurf |

*Anschrift der Verfasser:*

Dr. Dieter Niedlich
Fb. Sportwissenschaft
Universität Hamburg
Mollerstraße 10
20148 Hamburg

Prof. Dr. Arnd Krüger
Institut für Sportwissenschaften
Georg-August-Universität
Sprangerweg 2
37075 Göttingen